HEYNE

W0273606

Steve Biddulph

Mädchen!

Wie sie selbstbewusst und glücklich werden

Aus dem Englischen von Andrea Kunstmann

WILHELM HEYNE VERLAG
MÜNCHEN

Die englische Originalausgabe erschien 2013 unter dem Titel
Raising Girl.
Helping your daughter to grow up wise, warm and strong
bei HarperCollins Publishers Ltd.

Bildnachweis:
Foto S. 33 © Barry Durdant-Hollamby; S. 34 © Anastasiia Markus/Shutterstock; S. 43 © Pavels Rumme/Shutterstock; S. 45 © Stocklite/Shutterstock; S. 49 © Monkey Business Images/Shutterstock; S. 89 © Wrangler/Shutterstock; S. 109 © Louise Mitchell; S. 114 © Harriet Atkins; S. 116 © Brooke Curran; S. 120 courtesy AFP, used with permission; S. 125 © Maridav/Shutterstock; S. 129 © Gorillaimages/Shutterstock; S. 132 © Monica King; S. 153 © Luxorphoto/Shutterstock; S. 156 © Wrangler/Shutterstock; S. 158 © Alexey Lysenko/Shutterstock; S. 161 © Audrey Snider-Bell/Shutterstock; S. 164 © Claudia Veja/ Shutterstock; S. 167 © Asife/Shutterstock; S. 172 © Gemena.com/Shutterstock; S. 180 © Janet Atkins, Georgia Townley; S. 191 © Oliveromg/Shutterstock; S. 195 © Catalin Petolea/ Shutterstock; S. 201 © Shutterstock; S. 216 © Pressmaster/Shutterstock; S. 223 © Monkey Business Images/Shutterstock; S. 232 © Louise Mitchell; S. 234 © Michaeljung/ Shutterstock; S. 245 © Dotshock/Shutterstock; S. 263 © Michaeljung/Shutterstock.
Alle anderen Fotos mit freundlicher Genehmigung des Autors.

FSC® www.fsc.org
MIX
Papier aus verantwortungsvollen Quellen
FSC® C014496

Verlagsgruppe Random House FSC® N001967
Das für dieses Buch verwendete FSC®-zertifizierte Papier
Super Snowbright liefert Hellefoss AS, Hokksund, Norwegen.

Deutsche Erstausgabe 11/2013
Copyright © 2013 by Steve Biddulph
Copyright © 2013 der deutschsprachigen Ausgabe
by Wilhelm Heyne Verlag, München,
in der Verlagsgruppe Random House GmbH
www.heyne.de
Redaktion: Angelika Lieke
Umschlaggestaltung: Eisele Grafik-Design, München,
unter Verwendung einer Illustration von © Mascha Greune
Satz: C. Schaber Datentechnik, Wels
Druck und Bindung: GGP Media GmbH, Pößneck
Printed in Germany 2013

ISBN 978-3-453-60294-6

Inhalt

Dritter Teil

Mädchen und ihre Eltern

Ein Brief von Steve

Liebe Leserinnen und Leser,

bevor Sie sich in die Lektüre dieses Buches stürzen, sollen Sie etwas über mich erfahren, damit Sie sich auch den Menschen hinter den Worten vorstellen können. Viele Leute denken, dass ich Söhne habe, weil ich einige Jahre lang vorwiegend über Jungen schrieb und mich besonders für ihre Belange einsetzte.

Tatsächlich war unser erstes Kind ein Junge (inzwischen ist er erwachsen). Als Freunde uns fragten, was wir uns als nächstes Kind wünschten, sagte ich darauf immer, das sei mir egal, und das glaubte ich auch wirklich. Aber als unsere Tochter geboren wurde – durch Notkaiserschnitt, ich im Kreißsaal, verzweifelt bemüht, nicht in Ohnmacht zu fallen –, überwältigte mich die Freude. Ich konnte gar nicht fassen, wie glücklich ich war. Und dieses Glücksgefühl hat mich nie mehr verlassen.

Ich habe bisher nur aus einem Grund so viel über Jungen geschrieben: Sie befanden sich lange Zeit in einer großen Krise, und mein Berufsethos verlangt von mir, da einzugreifen, wo es am nötigsten ist. Den Mädchen ging es damals gut. Aber vor etwa fünf Jahren begann sich das zu ändern: Wir stellten fest, dass sich psychische Probleme bei Mädchen sehr plötzlich und auffallend häuften. Essstörungen und autoaggressives Verhalten, früher eher selten, kamen nun in jeder

Schule, in jedem Stadtviertel vor. Schlimmer noch, auch ganz normale Durchschnittsmädchen schienen häufig in einem Maße gestresst und deprimiert, wie wir es vorher nie beobachtet haben.

Mädchen werden nicht mit einem Hass auf den eigenen Körper, nicht mit einer Wut auf das Leben geboren. Irgendetwas vergiftet ihr Denken und Fühlen. Es schien zu Beginn der Teenagerzeit hervorzubrechen, doch es nistete sich immer früher bei ihnen ein.

Die Reaktion darauf war eine weltweite Bewegung: Mädchenaktivisten, Mädchentherapeuten und Mädchenforscher wollten Eltern und Gesellschaft mobilisieren. Mit vielen von ihnen bin ich befreundet, und wir alle sahen die Notwendigkeit, mit einem einfachen Ratgeber für Eltern den Mädchen wieder in die Spur zu helfen. Diesen Ratgeber halten Sie in Händen.

Die Erziehung zu starken Mädchen beginnt früh. Wir müssen ihnen viel Liebe schenken und gegen das ankämpfen, was ihnen schadet. Wir müssen gute Entscheidungen treffen, denn die Welt behandelt Mädchen zurzeit nicht so, wie sie es verdienen, und sieht sie in erster Linie als Einnahmequelle. Aber das ist eigentlich nichts Neues: Mädchen mussten schon immer stark sein.

Die Kindheit ist für Mädchen eine Erkundungsreise, bei der sie das Wissen erwerben, das sie benötigen, um eine Frau zu werden. Und wir Eltern sind ihre Reiseführer. Wir brauchen dazu zuverlässige Wegweiser, gute Vorbilder und einen klaren Blick.

Egal, ob Ihre Tochter noch ein Baby oder schon ein Teenager ist: Ich hoffe, dieses Buch wird Sie motivieren, sich für eine bessere Welt für Ihr und alle Mädchen einzusetzen, und Ihnen helfen, Ihrer Tochter all die Liebe zu geben, die Sie im Herzen tragen.

Mit herzlichen Grüßen
Ihr Steve Biddulph

Kaycee und Genevieve

Ich möchte Ihnen zwei Mädchen vorstellen, Kaycee und Genevieve. Beide sind 17 Jahre alt und gehen in die zwölfte Klasse. Es sind großartige Kinder, freundlich und fröhlich. Sie hätten Freude daran, sich mit den beiden zu unterhalten.

Die zwei kennen sich seit der Kinderkrippe. Sie waren während der ganzen Grundschulzeit beste Freundinnen, und alle dachten, das würde immer so bleiben. Aber etwa zu der Zeit, als sie in die höhere Schule kamen, lief etwas schief zwischen ihnen. Der Grund dafür ist schwer zu benennen, ich glaube nicht einmal, dass die beiden selbst es könnten. Aber wenn sie sich heute auf dem Schulflur über den Weg laufen, befällt sie dieses unangenehme Gefühl, das man gegenüber Freunden empfindet, die keine mehr sind.

Die Wege von Kaycee und Genevieve sind in zwei gegensätzliche Richtungen verlaufen. Ich möchte ihre Geschichten erzählen, denn darin werden sowohl die aktuellen Gefahren als auch die Chancen für Mädchen sehr deutlich.

Kaycees Geschichte

Fangen wir mit Kaycee an. Auf den ersten Blick macht sie den Eindruck einer sehr erwachsenen 17-Jährigen. Sie ist sorgfältig geschminkt und trägt extrem trendige Kleidung, sie spricht schnell und mit klarer Stimme. So ein Selbstvertrauen bei einem Teenager könnte authentisch sein, aber wer sich mit Jugendlichen auskennt, wird sich eher fragen, ob Kaycee nicht »zu früh zu erwachsen« geworden ist. Und noch etwas fällt auf – es ist ihr Auftreten. Ihre Ausdrucksweise ist sehr abgeklärt, sie wirkt zynisch und hart. Für eine 17-Jährige scheint sie ziemlich wenig Spaß zu haben.

Als Kaycee 14 war, passierte etwas sehr Entscheidendes. Für eine Zeitungsschlagzeile würde es nicht taugen, aber es war bedeutsam genug, um ihrem Leben eine andere Richtung zu geben.

In der Mitte des neunten Schuljahres war Kaycee zur Geburtstagsfeier einer Klassenkameradin eingeladen. Die Eltern, bei denen die Party stattfand, hatten mehr Beaufsichtigung versprochen, als sie an dem Abend tatsächlich leisteten. Und die Party lief so, wie solche Partys eben laufen, wenn man 40 oder 50 Kids verschiedenen Alters mit viel Alkohol in einem Haus allein lässt: laut, chaotisch, unkontrolliert. Kaycee fand das sehr aufregend – besonders weil der 17-jährige Ciaran auch da war, ein Junge, den sie aus der Schule kannte, er war zwei Klassen über ihr. Kaycee und ihre Schulfreundinnen hatten ihn oft genug angehimmelt, weil er gut aussah und so cool wirkte. Aber heute war etwas anders: Er bemerkte sie.

Und es wurde erstaunlicherweise noch besser. Er setzte sich zu ihr, sie redeten und hatten ein paar Drinks, sie knutschten im Garten ein bisschen herum. Kaycee konnte ihr Glück kaum fassen (sie musste sich richtig zusammenreißen, es nicht sofort herumzusimsen). Nach einer Weile nahm Ciaran sie bei der Hand und zog sie in eines der Schlafzimmer in diesem tollen Haus, in dem anscheinend keine Erwachsenen anwesend waren. Sie hatten Sex.

Es ging alles schneller, als Kaycee sich ihre erste sexuelle Erfahrung vorgestellt hatte, und es war auch weniger liebevoll. Benommen vom Alkohol funktionierte ihr Hirn nicht so richtig. Trotzdem merkte sie, wie sich ihre Beglückung darüber, Ciarans ganze Aufmerksamkeit und Zuwendung zu haben, verschob – hin zu körperlichem Unbehagen und dem Gefühl, zu etwas gedrängt und gleichzeitig als Person nicht richtig gewürdigt zu werden. Als es vorüber war, und das ging schnell, bekam Ciaran gerade noch einen Kuss hin, bevor er sich die Kleidung richtete und hinausging. Als Kaycee sich wieder im Griff hatte und wieder hinunter zur Party ging, fühlte sie sich tief verunsichert. Dann entdeckte sie Ciaran, umringt von Freunden, die alle zu ihr herübersahen und grinsten. Ihr war sofort klar, dass er ihnen von seiner Eroberung erzählt hatte. Tränen brannten in ihrem Gesicht, sie floh schluchzend aus dem Haus in den Garten. Eine Freundin versuchte sie zu trösten, aber Kaycee wollte nicht erzählen, was passiert war.

Als sie in dieser Nacht nach Hause ging, war sie von einer Art eisiger Wut erfüllt. Nun hasste sie Ciaran und eine Zeit lang überhaupt alle Jungen. Kaycee war ein cleveres Mädchen, sie war immer schon sehr selbstständig gewesen, und ihre schwer beschäftigten Eltern schätzen ihre Unabhängigkeit. Sie erzählte niemandem, was passiert war. (Als ihre Eltern schließlich drei Jahre später bei einer Sitzung in der Familienberatung davon erfuhren, waren sie traurig und geschockt.) Doch wie viele Millionen Mädchen, die ihre ersten sexuellen Erfahrungen nicht genießen oder hinterher bereuen, verbarg Kaycee ihre Verletzungen und tat, als wäre nichts geschehen. Aber sie hatte sich verändert.

Waren ihr durch diese Erfahrung die Jungs verleidet? Überhaupt nicht. Es war vielmehr ihre Verwundbarkeit, das Gefühl benutzt zu werden, das sie verabscheute. Sie fing an, aus eigener Initiative und nach ihren Regeln mit Jungen zu schlafen. Sie wählte sie aus, und sie gab den Ton an. Als sie mit 17 zum ersten Mal mit einem Familienberater sprach, hatte sie bereits Sex mit sieben verschiedenen Jungen gehabt. Vielleicht waren es auch acht, denn in einer Nacht war sie vom Alkohol so benebelt gewesen, dass sie nicht mehr ganz sicher war.

Jetzt, in der zwölften Klasse, ist Kaycee halbwegs stabil, sie hat einen festen Freund. Aber sie hält nicht gerade viel von ihm und lässt durchblicken, dass sie ihn demnächst »abservieren« will.

Aus der Forschung (aber auch aus unserer eigenen Teenagerzeit) wissen wir, dass Kaycees Erfahrung nicht ungewöhnlich ist. Vielleicht, so könnte man argumentieren, sollten wir in Sachen Teenagersex nicht so verkrampft sein: Sollen die Heranwachsenden doch ihre eigenen Fehler machen und aus ihnen lernen. (Auch ein bequemes Argument für Eltern, die sich nicht so gerne engagieren wollen oder einfach zu viel zu tun haben, um sich näher mit ihren Kindern zu beschäftigen.) Aber bleiben wir bei unserer Geschichte ...

Kaycees Leben lief zu diesem Zeitpunkt nicht so gut. Ihre Eltern suchten weniger wegen ihres Sexuallebens Beratung, von dem sie nur eine vage Vorstellung hatten und irgendwie auch gar nichts wissen wollten. Es ging ihnen vielmehr darum, dass Kaycees Alkoholkonsum außer Kontrolle geriet (sie war nun wirklich noch nicht in einem Alter, in dem man trinkt) und sie auf der teuren Privatschule zu scheitern drohte. Nach der Hälfte des zwölften Schuljahrs waren die Lehrer besorgt über ihre schlechten Noten und ihr häufiges Fehlen. Der Familie hatte man nahegelegt, sich bei diesen Problemen helfen zu lassen.

Als Kaycee mit ihren Eltern zur Beratung kam, schien sie sehr wütend darüber, dass man sie hergeschleppt hatte. Aber schon eine halbe Stunde später schüttete sie dank eines einfühlsamen Beraters ihr Herz aus.

Dass die Familie Hilfe gesucht hatte, nicht nur für Kaycee, sondern für alle zusammen, war ein mutiger Schritt und erwies sich tatsächlich als Wendepunkt. Am Ende des Buches werden wir auf Kaycee und ihre Eltern zurückkommen, um zu sehen, welche Lösungen sie gefunden haben.

Auffallende und plötzliche Veränderungen

Das Leben von Mädchen hat sich innerhalb der letzten zehn Jahre entscheidend gewandelt. Und dieser Wandel betrifft jede Altersstufe, vom Baby bis zum Teenager. Während die Mädchen auf ihrem Weg ins Erwachsenenleben noch immer die gleichen Wünsche und Träume haben wie wir früher, zwingt die Welt sie zu Veränderungen ganz anderen Ausmaßes. Vor allem beginnen diese Veränderungen für sie bereits zu einem viel früheren Zeitpunkt.

Diesen Schlüsselaspekt bei der aktuellen Situation junger Mädchen müssen wir vor Augen haben. Als Erste hat darauf Maggie Hamilton in ihrem Buch *What's happening to our girls?* hingewiesen. Wenn wir unsere Töchter verstehen wollen, müssen wir uns bewusst sein, dass ihre Kindheit anders verläuft als unsere damals. Um es platt zu sagen,

14 ist das neue 18, zehn ist das neue 14. Das betrifft den Druck, der auf ihnen lastet, ihr Verhalten und wie sie entsprechend der Norm ihrer Peergroup zu handeln und zu sein haben. Und weil es uns nicht gelingt, sie davor zu schützen, sind wir dafür mitverantwortlich.

Wir – und damit meine ich uns alle, Eltern, Verwandte, Freunde und die Gesellschaft – bieten unseren jungen Mädchen nicht mehr die Unterstützung, die sie früher hatten. Wir widmen ihnen nicht mehr genug von unserer Zeit und Aufmerksamkeit oder erziehen sie nicht mehr sorgfältig genug.

Innerhalb der letzten zehn Jahre hat eine Meute gieriger Unternehmer festgestellt, dass Mädchen – insbesondere Mädchen kurz vor der Teenagerzeit – leichte Beute sind. Firmen entdeckten, dass man enormen Profit machen kann, indem man ihre Ängste ausbeutet (oder überhaupt erst welche erzeugt). Ängste, die den Zustand ihrer Haut betreffen, ihr Gewicht, ihre Bekleidung bis hin zu ihren Freundschaften, Ängste, die sie auch im Erwachsenenalter nicht mehr loslassen.

In Vorstandsetagen und Werbeagenturen, in Zeitschriften und anderen Medien begann die Schlacht um die Mädchen. Und sie wurde gewonnen. Wohin Mädchen heute auch schauen, übermittelt man ihnen die Botschaft, nicht gut genug zu sein. Man engt sie ein mit verkrampften und beschränkten Vorstellungen darüber, wie sie auszusehen, zu denken und sich zu verhalten haben. Nie zuvor wurden Mädchen so bombardiert mit Werbung für Diäten und Alkohol, den Diktaten der Mode und sogar mit Pornografie, die bis in die Zimmer der Teenager vordringt.

Die Folge ist, dass den Mädchen vier Jahre Ruhe und Entwicklungsmöglichkeiten verloren gegangen sind. Sie werden aus ihrer Kindheit vertrieben, bevor sie überhaupt zu Ende ist. In nie da gewesener Zahl landen Mädchen heute in Psychokliniken, Polizeistationen, Drogen- und Alkoholentzugsprogrammen.[1]

Wenn wir wachsam sind, können wir das verhindern. Teils durch unsere Liebe und Unterstützung, teils, indem wir ein anregendes Umfeld für sie schaffen, und teils, indem wir sie vor der Dummheit und Ausbeutung der Medien um sie herum schützen. Es gibt ein chinesisches Sprichwort, das ich besonders mag, es hat mir schon oft geholfen: »Du kannst nicht verhindern, dass Vögel des Kummers und der Sorge um dein Haupt kreisen, aber du kannst verhindern, dass sie ihre Nester in deinen Haaren bauen.« Wir können in dieser Welt leben, ohne alles schlucken zu müssen, was sie uns auftischt. Für uns und unsere Töchter können wir all die Erfahrungen bündeln, die uns stark, glücklich und lebendig machen. So wie Genevieve und ihre Eltern.

Genevieves Geschichte

Genevieve ist 17, wie Kaycee, und auch in der zwölften Klasse. Bei der ersten Begegnung scheint Genevieve ein bisschen nervös und scheu, aber sobald sie ihr Gegenüber etwas besser kennt, wird sie lockerer. Wenn sie erzählt, sprüht sie vor Ideen, gibt lustige Geschichten und interessante Sichtweisen zum Besten. Sie kann in einem Moment wie ein aufgeregtes Kind, im nächsten wie eine nachdenkliche junge Frau wirken, so wie es typisch ist für Mädchen an der Schwelle zum Erwachsenwerden. Sie hat nicht das toughe Äußere von Kaycee, aber das braucht sie vielleicht auch nicht. Ihre Geschichte ist eine andere.

Genevieve hat noch keinen Freund. Sie hätte gerne einen, aber sie ist vorsichtig, denn sie weiß, dass so eine junge Liebe nicht immer einfach ist. Außerdem findet sie Unterhaltungen mit gleichaltrigen Jungs frustrierend und anstrengend und freut sich darauf, an der Uni reifere, kommunikativere Jungen kennenzulernen.

Genevieves Schulfreundinnen sind ein aufgeschlossener, netter Haufen, nicht die Tonangeber, sondern die ruhigeren, natürlicheren Kinder. Sie sind füreinander da, und sie sorgen auch dafür, dass Neue oder solche, die mehr am Rand stehen, sich willkommen fühlen und einbezogen werden. Das macht sie zu einer großen, offenen Gruppe; dass sie vielleicht ein bisschen albern oder uncool wirken, ist ihnen ziemlich egal.

Mit 15 hatte Genevieve zum ersten Mal ein Date mit einem Jungen, und das war für sie ein sehr eindrückliches Erlebnis. Justin war so alt wie sie, sie lernten sich am Anfang des Schuljahres kennen. Sie sahen sich so oft wie möglich, gingen zusammen spazieren, hielten Händchen und führten intensive Gespräche. Justin war sexuell erfahrener als sie, und nach ein paar Monaten begann er, Genevieve zu drängen, »weiter zu gehen«, wenn sie allein waren. Er hatte schon Sex mit anderen Mädchen und wollte ihn auch mit Genevieve.

Genevieve hat ein sehr enges Verhältnis zu ihrer Mutter und bespricht üblicherweise alles in ihrem Leben mit ihr. Ihre Mutter sagte einmal scherzhaft, dass jede mit Justin verbrachte Stunde wiederum eine Stunde Reden mit ihr nach sich zog: darüber, was passiert war, was er gesagt hatte, was das wohl bedeutete, was sie geantwortet hatte, und so weiter. So wie viele Mädchen sich für diese detaillierte Nachbereitung mit ihren Freundinnen zusammensetzen, war Genevieve es gewohnt, auch ihre intimsten Gedanken mit ihrer Mutter zu teilen. Deshalb wurde auch dieses neue Problem Gegenstand ihrer Gespräche. Dadurch konnte ihre Mutter mit dem Druck, der in Sachen Sex auf ihrer Tochter lastete, umgehen und war in der Lage, ihr zu helfen.

Dankenswerterweise geriet Genevieves Mutter weder in Panik, noch versuchte sie, die Situation unter Kontrolle zu bekommen, in dem sie Genevieve sagte, was sie tun sollte. Sie erzählte mir später, dass sie den beiden gegebenenfalls die nötigen Grenzen gesetzt hätte hinsichtlich der Art und des Ortes ihrer Treffen. Schließlich waren sie weder im gesetzlich zulässigen Alter noch hatten sie die erforderliche Reife für Sex. Anders gesagt, sie hätte es nicht zugelassen, dass ihre unerfahrene Tochter in eine Situation gerät, die emotional und körperlich eine Gefahr für sie darstellen könnte. Zugleich aber unterstützte sie Genevieve in dem Wunsch, mit einem Jungen befreundet zu sein. Sie fuhr sie in die Stadt, damit sie mit Justin ins Kino gehen oder Freunde treffen konnte, oder holte ihn zu Besuchen zu ihnen nach Hause.

Genevieves bemerkenswert vernünftige Mutter hatte für die Fragen ihrer Tochter eine angemessene und zugleich fürsorgliche Antwort parat: Anstatt als erste Strategie gleich irgendwelche Regeln aufzustellen, half sie ihrer Tochter dabei, deren eigene Bedürfnisse zu erkunden.

Was sagte ihr Gefühl? Was sagte ihr Körper? Wie könnte sie sich verhalten, damit es ihr auch auf lange Sicht gut damit ging?

Sie blieb ruhig und unaufgeregt und ließ ihrer Tochter Raum zum Nachdenken. Genevieves Mutter hatte die Gabe, intensiv zuzuhören, ohne Druck auszuüben, so hatte Genevieve ihre volle Aufmerksamkeit und konnte zugleich ohne Hemmung ihre Gedanken und Gefühle formulieren.

Genevieves Bauchgefühl war recht eindeutig: Sie mochte Justin wirklich, sie war gerne mit ihm zusammen, aber wenn er ihr körperlich zu nahe kam, fühlte sie sich eher unwohl und bedrängt. Sie wollte, dass die Beziehung stärker und fester würde, aber sie wollte sich dabei Zeit lassen. Ihre Mutter hörte zu, nickte und schilderte dann ihren eigenen Eindruck: »Es klingt so, als wärst du noch nicht bereit für Sex mit ihm, du willst nicht, dass es jetzt in diese Richtung geht.«

Genevieve bestätigte das, aber sie machte sich Gedanken, was passieren würde, wenn sie Justins Vorstöße immer wieder zurückweisen würde. Sie besprach mit ihrer Mutter, wie sie ihm ihre Gefühle und Bedürfnisse deutlich machen konnte.

In den folgenden Wochen führten Genevieve und Justin darüber eine Art Debatte. Im Prinzip begegnete er ihren Forderungen mit einem Ultimatum – es war so eine Art Kräftemessen. Justin kannte eine Menge Mädchen, die zwar nicht so interessant und außergewöhnlich wie Genevieve waren, dafür aber jederzeit bereit, mit ihm Sex zu haben, und schließlich macht er Schluss. Genevieve hatte gewusst, dass das passieren konnte, doch das änderte nichts an der Tatsache, dass sie sich furchtbar niedergeschlagen fühlte. Sie war ein sehr offenes, emotionales Mädchen, ihre Seele verfügte nicht über Abwehrmechanismen, und sie brauchte lange, um darüber hinwegzukommen. Aber sie kam darüber hinweg, und als Justin sich sechs Monate später meldete, um wieder mit ihr zusammenzukommen, erteilte sie ihm eine freundliche, aber klare Abfuhr. Sie hatte sich weiterentwickelt.

Realitätscheck

Als ich jung war, reiste ich gerne in ferne Länder, hielt mich in kleinen Dörfern auf Papua-Neuguinea oder den Slums von Kalkutta auf. Wenn ich nach Hause zurückkehrte, überraschte mich immer wieder eine bemerkenswerte Tatsache: Menschen in schwieriger Umgebung sind glücklicher. Das Leben dort war hart, aber die Einwohner waren dennoch gut gelaunt und herzlich zueinander. (Im Wohlstand und Überfluss schienen alle unglücklich.) Diese Erfahrung überzeugte mich: Wir sind dazu gemacht, glücklich zu sein, nicht deprimiert. Besonders nicht im Alter von 15 Jahren.

Ein Mädchen zu sein soll Freude machen, es bedeutet Spaß mit jüngeren und älteren Freunden, mit ersten Liebeserfahrungen, mit dem Beherrschen neuer Fähigkeiten. Aus den jugendlichen Dramen sollen Mädchen lernen und wachsen, aber nicht daran kaputt gehen.

Verglichen mit der aktuellen Lage wird klar, dass etwas komplett falsch läuft. Millionen von Eltern fragen sich, warum ihre Töchter so niedergeschlagen sind und was sie tun können, damit das Leben ihrer Kinder gelingt. Wie Sie sehen werden, können wir eine ganz Menge tun.

Erster Teil

Die fünf Phasen im Leben eines Mädchens

Kapitel 1

Mädchen erziehen – ein erster Überblick

Molly hebt ein Spielzeugauto hoch und will es ihrer Freundin Jemima auf den Kopf schlagen. Auch wenn sie erst zwei ist, weiß sie, dass das nicht wirklich der Sinn einer Spielgruppe ist, und wirft einen schnellen Blick in Richtung ihrer Mutter, die sie dabei beobachtet. Die hat alles gesehen und signalisiert sehr eindringlich »Untersteh dich!«

Gaaanz langsam lässt Molly das Auto sinken und widmet sich wieder den Buntstiften. Jemima hat glücklicherweise von alldem nichts mitbekommen, sie summt vor sich hin und krallt sich den gelben Buntstift.

Die zehnjährige Elise sitzt vor ihrem Computer. Sie hat eben eine Nachricht erhalten, die eine ihrer Freundinnen gepostet hat. Es geht um eine Klassenkameradin, ein sehr scheues und unsicheres Mädchen, und der Text ist sehr gemein und geht unter die Gürtellinie. Elise kaut auf ihrer Lippe herum, bis sie feuerrot ist. Sie hasst das Geläster, aber was soll sie unternehmen, ohne sich selbst unbeliebt zu machen? Sie springt die Treppen hinunter, um mit ihrer Mutter darüber zu sprechen.

Die 15-jährige Samantha sitzt in einer Matheprüfung. Sie macht eine Pause, seufzt und zieht die Stirn in Falten. Sie ist schon fast fertig, obwohl noch viel Zeit bleibt. Wenn sie so weitermacht, wird sie die Erste in der Klasse sein. Sie mag Mathe und ist deshalb auch gut in dem Fach, aber so wird sie wohl als Streberin gelten, was äußerst uncool ist, besonders bei Jungs. Sie könnte ja jetzt aufhören und die letzten Aufgaben einfach nicht lösen. Quatsch, sagt sie zu sich selbst und macht sich kurz Sorgen, ob sie womöglich laut gesprochen hat. Aber niemand scheint etwas gemerkt zu haben. Dann macht sie die Matheprüfung zu Ende.

Ein Mädchen zu sein, kann wunderbar sein, für das Mädchen selbst und auch für seine Eltern, aber es gibt immer wieder problematische Phasen. In jeder dieser Phasen müssen Mädchen schwierige Entscheidungen treffen. Sie sind oft verwirrt und machen Fehler, aber sie lernen daraus und wachsen daran und werden so zu starken, fähigen Frauen.

Damit Sie als Eltern wissen, was Sie erwartet und was zu tun ist, sollen Sie in diesem Buch einen Wegweiser durch die Kindheit bekommen. Darin sind nicht nur die neuesten Erkenntnisse der Entwicklungspsychologie und Neurowissenschaften, der Familien- und Elternforschung eingeflossen, sondern auch die Erfahrungen von Müttern, Vätern und Lehrern in vielen Ländern. Ich traue Experten nur dann, wenn ihre Aussagen mit dem übereinstimmen, was mir mein Gefühl und der gesunde Menschenverstand sagen. Beides wiederum rührt von zahlreichen Gesprächen mit vielen Menschen her. Daraus entstand ein sehr detaillierter Wegweiser, mit dem man sich gut zurechtfinden kann.

Die fünf Phasen im Leben eines Mädchens

Auch wenn jedes Mädchen einzigartig ist, haben doch alle Mädchen den gleichen Weg ins Erwachsenenleben vor sich. Jungen und Mädchen aber unterscheiden sich sowohl hinsichtlich der Phasen, die sie durchmachen, als auch hinsichtlich des Alters, in dem sie in diese Phasen kommen. In den Kapiteln weiter hinten können Sie sich jeweils ausführlich mit dem Alter beschäftigen, in dem sich Ihre Tochter gerade befindet. Zuerst aber sollten Sie sich einen Überblick verschaffen.

Phase 1: Sicherheit – werde ich beschützt und geliebt? (Von der Geburt bis zum 2. Lebensjahr)

Bei keinem Lebewesen sind die Babys so hilflos und abhängig wie beim Menschen. Sie sind völlig schutzlos und wissen instinktiv, dass sie auf die Liebe der sie umgebenden Erwachsenen angewiesen sind, sonst bekommen sie nicht die nötige Zuwendung. Nahrung und Kleidung reichen nicht aus – denn dann könnten auch Maschinen ein Baby am Leben erhalten, aber es würde weder Intelligenz noch Empathie entwickeln und zu einem sehr seltsamen Wesen werden. Nur die Eltern, ihr Trost und ihre Zärtlichkeit, das Sprechen und Singen, das Kitzeln, In-den-Armen-Wiegen und ihre Liebe erwecken das Baby richtig zum Leben und vermitteln ihm, dass dieses Leben gut ist. Erst alles zusammen erfüllt die physischen und emotionalen Bedürfnisse des Kindes und vermittelt ihm das fundamentale Gefühl, *beschützt und geliebt zu werden.* Dieses Gefühl wird es immer in sich tragen.

Phase 2: Auf Entdeckungsreise – Ist die Welt ein lustiger und interessanter Ort? (2. bis 5. Lebensjahr)

In dieser Phase lernt ein Mädchen, der Welt um sie herum zu vertrauen und sich für sie zu interessieren; es entwickelt Intelligenz und Kreativität. Voraussetzung dafür ist das Gefühl der Sicherheit aus Phase 1: Wenn meine Bezugspersonen in der Nähe sind und auf mich aufpassen, kann ich entspannt das Spielzeug um mich herum erkunden, im Garten spielen, auf dem Rasen herumkrabbeln, mit Dreck und Gras und Blättern um mich werfen.

Kleinkinder, die sich nicht bei ihren Müttern geborgen fühlen, werden kaum wagen, etwas zu erkunden, denn ihre Angst, von Mutter oder Vater verlassen zu werden, ist zu groß.

In diesem Alter können Sie Ihrer Tochter beibringen zu malen, etwas zu bauen und zu basteln sowie Freude am Umgang mit Dingen, Tieren und Menschen zu entwickeln. Wenn die Bezugspersonen diese Dinge mitmachen, übertragen sich deren Begeisterung und Spaß auf das Kind. Sein Gehirn wird dadurch auf lebenslanges Lernen programmiert. Wenn Sie Ihrer Tochter beibringen, dass das Leben ein Abenteuer ist, wird sie ihr Leben lang alles Erstaunliche und Neue und jede Herausforderung als etwas Positives empfinden.

Phase 3: Sozialkompetenz – Wie komme ich mit anderen klar? (5. bis 10. Lebensjahr)

In dieser Phase können andere Kinder und Erwachsene, Mutter und Vater, Schwestern und Brüder durchaus mal schwierig sein, aber meistens sorgen sie für Vergnügen. Ihre Tochter findet nun heraus, dass man mehr Spaß hat, wenn man Dinge mit anderen teilt, mit ihnen kooperiert und mit ihnen zusammen spielt, als wenn man alles alleine tut. Vor dem dritten oder vierten Lebensjahr ist diese Einsicht praktisch unmöglich und selbst mit drei oder vier noch schwierig. Dass es selbst nicht das Zentrum des Universums ist, sondern dass andere Menschen auch Gefühle haben, lernt ein Kind zuerst von den Eltern, dann von anderen Leuten.

Durch die Grundschulzeit hindurch erwirbt Ihr Kind nach und nach eine sehr komplexe Fähigkeit: sich selbst einzuschätzen, aber auch die anderen Menschen, und ihnen mit Respekt zu begegnen. Auch das baut auf den früheren Phasen auf: Wer liebevoll, mit Vernunft, Empathie und Aufrichtigkeit erzogen wird, wird ein liebevoller, vernünftiger, empathischer und aufrichtiger Mensch werden.

Ihre Tochter wird feststellen, dass die meisten Menschen nett sind. Sie wird sie mögen und mit ihnen spielen wollen. Ihre Tochter wird jemand sein, der »mit Menschen kann«. Ihr ganzes Leben lang wird sie fähig sein, anderen Menschen freundlich und offen zu begegnen.

Phase 4: Die eigene Seele entdecken: Wie finde ich mich selbst? Was macht mich wirklich glücklich? (10. bis 14. Lebensjahr)

Mit Beginn der Pubertät entwickelt ein Mädchen ein viel stärkeres Gefühl für die eigene Identität, für ein eigenständiges und intimes Ich. Sie ist noch lange keine Frau, aber ein Kind ist sie auch nicht mehr. Wie bei einem Baum im Winter werden für später, für die Zeit der Blüte, Reserven angelegt. In diesen Jahren wird das Innenleben Ihrer Tochter, das, was sie als Individuum auszeichnet, immer stärker. Es ist eine Phase, in der sie Hilfe braucht beim Nachdenken darüber, wofür sie steht, was sie bewegt, was ihre Interessen und Leidenschaften sind. Es ist sehr oft diese Phase, in der es bei einem Mädchen sozusagen funkt: Sie entdeckt etwas, was sie mit großer Freude und einem festen Ziel vor Augen tut: ihre Möglichkeit, einen kreativen Beitrag in der Welt zu leisten, einen Lebenssinn.

Ein Mädchen, das durch ihr Tun und ihre Überzeugungen eine eigene Identität entwickelt, ist viel unabhängiger vom Bedürfnis nach Bestätigung, welches so viele andere umtreibt und sie langweilig und konformistisch werden lässt.

Eine Mädchenseele ist wie ein wildes Tier, clever, stark, aber zugleich auch argwöhnisch. Sie braucht Zeit und Ruhe, um sich zu entwickeln. Ein Mädchen, das seine Seele gefunden hat, ist gut gerüstet für die großen Fragen des Lebens: Welches ist die ihr gemäße Form der Zweierbeziehung, welcher der Beruf, der ihr gefällt, mit welchen Menschen will sie sich umgeben? Ein Mädchen, das seine Seele gefunden hat, kann sehr sanft sein, aber zugleich stahlhart, wenn es darum geht, sich gegen unzuverlässige Jungen oder falsche Freunde zu wehren. Sie wird loyal und stark sein und deshalb in der Lage, ihre Lieben und sich selbst zu schützen.

Phase 5: Der Schritt ins Erwachsenenalter – Wie übernehme ich Verantwortung für mein Leben? (14. bis 18. Lebensjahr)

Mit 18 ist Ihre Tochter eine erwachsene Frau, und dieser große Schritt muss schon ab 14 ernsthaft vorbereitet werden. Es geht vorwiegend um Praktisches: Wie geht man mit Geld um, wie fährt man Auto, wie teilt man seine Zeit ein, wie ernährt man sich gesund, wie zieht man sich an, achtet auf die eigene Gesundheit und Sicherheit? Es ist aber auch ein bedeutsamer Wechsel in der Haltung. Irgendwann zwischen dem 14. Lebensjahr und dem Erwachsenenalter braucht Ihre Tochter eine Art Schlüsselerlebnis, einen Initiationsritus, eine Erfahrung, vielleicht sogar eine schlechte – etwas, das ihr zeigt, dass sie nun in ihrem Leben selbst am Ruder ist, dass sie es nun im wahrsten Sinne des Wortes selbst in der Hand hat. Das ist eine beängstigende Erfahrung, aber beängstigend in einem positiven Sinne. Ihre Tochter wird ihre Balance finden, und die Zuwendung erfahrener Frauen kann ihr dabei helfen, Kindlichkeit und Leichtgläubigkeit abzulegen, Verantwortung zu übernehmen für die Konsequenzen ihres Tuns und ihr Leben eigenständig lebenswert zu gestalten. Auch wenn das Leben selbst dafür sorgen kann, ist es gefährlich und unberechenbar, diese Einsichten dem Zufall zu überlassen. Ihre Tochter könnte dabei zu Schaden kommen. Außerdem werden viele Menschen nie erwachsen, sind selbstbezogen, orientierungslos und unglücklich, geben immer den anderen die Schuld dafür und übernehmen nie Verantwortung.

Wenn wir unsere Mädchen aktiv und bewusst in ein sinnerfülltes Leben begleiten, werden sie zu beeindruckenden Frauen, die ihr Schicksal selbst in die Hand nehmen und ihren eigenen Weg gehen.

Jede Phase stellt eine spezifische Frage

Ich hoffe, die einzelnen Phasen erscheinen Ihnen klar und verständlich. Bedenken Sie, dass alle Mädchen unterschiedlich sind und sich deshalb das Alter, in dem sie diese Phasen durchmachen, verschieben kann. Außerdem überschneiden sich die Phasen auch, denn die Natur arbeitet sehr effizient und erteilt die nächste Lektion häufig schon bevor die vorige beendet ist. Aber damit kommen Sie sicher zurecht.

Der Kernpunkt ist, dass Ihre Tochter aus jeder dieser Phasen eine Einstellung mitnimmt, die ihr entweder weiterhilft oder schadet. Stellen Sie sich einmal ein Mädchen vor, bei dem in allen fünf Phasen etwas schiefläuft. Dieses Mädchen würde folgende fünf Glaubensmuster mitnehmen:

1. Das Leben bietet keine Sicherheit und niemand liebt mich.
2. Neue Gedanken und Dinge machen mir Angst.
3. Menschen kann man nicht trauen, und es ist schwer, mit ihnen auszukommen.
4. Ich habe keinen Wert, ich bin ein Niemand.

5. Erwachsenwerden ist schrecklich anstrengend. Ich möchte nicht erwachsen werden. Ich habe keinen Einfluss und keine Wahl, was mit mir passiert. Dinge geschehen einfach.

Diese Glaubensmuster sind verdammt schädlich, aber jeder, der mit Mädchen zu tun hat, kennt sie. Alle Eltern, die ihre Töchter, deren Freundinnen oder andere Mädchen in der Umgebung beobachten, können sehen, welche Handlungen aus derartigen Einstellungen resultieren. Manche Mädchen schaffen es, manche nicht. Die Überzeugungen, die sie mitnehmen, sind einschneidend und lebensentscheidend.

Entwarnung für alle, die jetzt starr vor Angst sind: Glücklicherweise entstehen solche Überzeugungen nach und nach, indem viele Erfahrungen sich addieren. Also machen Sie sich keine Sorgen, bloß weil Sie nicht immer alles richtig machen. Jede Phase dauert mehrere Jahre, und wir haben immer viele Einflussmöglichkeiten.

Entscheidend ist, als Eltern nie aufzugeben. Wenn Sie Ihre Tochter lieben und sich immer wieder neu bemühen, werden Sie klarkommen. Und wenn Ihre Tochter einige Phasen schon hinter sich hat und Sie den Eindruck haben, die eine oder andere Botschaft ist bei ihr nicht angekommen, verzweifeln Sie nicht. Die richtigen Einstellungen können auch später noch erworben werden.

Wenn Sie gerade erst Eltern einer Tochter geworden sind, wegen der Sie dieses Buch lesen, dann haben Sie wirklich Glück. Aber Sie können die Dinge noch in jedem Alter in Ordnung bringen, wenn Sie nur ausreichend Zuwendung und Motivation aufbringen.

MÄDCHEN SIND ANDERS – UND SCHNELLER

Mädchen entwickeln sich schneller als Jungen, besonders, was die Leistungsfähigkeit ihres Gehirns betrifft. Das Östrogen, das ihr Körper bereits im Mutterleib produziert, lässt ihr Gehirn schneller wachsen, und bei ihrer Geburt sind sie den Jungen schon um einige Wochen voraus.[2]

Diesen Vorsprung bauen sie in den ersten fünf oder sechs Lebensjahren noch aus. Ganze Sätze zu sprechen, die Finger kontrolliert zu bewegen, besser zu zeichnen und zu schreiben, lernen Mädchen sechs bis zwölf Monate früher als Jungen. Mädchen haben weniger Trennungsängste als Jungen, wenn sie zur Kinderbetreuung gebracht werden, obwohl es auch hier individuelle Unterschiede von Kind zu Kind gibt.

Mädchen kommen etwa zwei Jahre früher in die Pubertät als Jungen, werden praktisch über Nacht zur Frau, während sich dieser Prozess bei den Jungen eher schleichend vollzieht.

Und Mädchen werden schneller erwachsen – bei ihnen ist die Entwicklung des Gehirns mehrere Jahre früher abgeschlossen als bei Jungen, bei denen das Anfang zwanzig der Fall ist. Es ist, als würde die Natur den Mädchen sagen: Du wirst besser mal schneller groß als die Konkurrenz, du wirst deinen Verstand dringend brauchen.

DENKEN SIE EINMAL ÜBER IHR EIGENES LEBEN NACH

Wenn Sie eine Frau sind, haben Sie bei der Erziehung Ihrer Tochter einen großen Vorteil: Sie waren auch mal ein Mädchen. Wenn Sie ein Mann sind, ist das etwas anderes, aber Töchter erwarten von ihren Vätern normalerweise auch nicht, dass sie Mütter sind. Väter spielen eine andere, aber ebenso wichtige Rolle.

Wenn Sie als Mutter dies lesen, denken Sie an Ihre eigene Kindheit zurück. (Als Vater lohnt sich das ebenso, auch wenn die einzelnen Phasen vermutlich ein bisschen anders verlaufen sind.)

- Fühlten Sie sich als Baby sicher und geborgen? Waren Ihre Eltern in ihrem Leben angekommen und freuten sich über Sie?
- Wurden Sie ermutigt zu spielen und die Welt zu erkunden? Hatten Ihre Eltern Zeit und Lust, Sie zu motivieren und Ihnen zu zeigen, wie interessant das Leben für ein Kleinkind sein kann?
- Als Sie in die Schule gingen, haben Ihre Eltern Sie unterstützt und Ihnen gezeigt, wie man mit anderen Menschen umgeht? Konnten Ihre Eltern selbst gut mit anderen umgehen? Konnten sie ihre eigenen Interessen durchsetzen und zugleich die Bedürfnisse anderer respektieren?
- Fanden Ihre speziellen Interessen zu Beginn Ihrer Teenagerzeit Unterstützung, oder war Ihre Umgebung zu beschäftigt?
- Hatten Sie den Eindruck, in dieser Phase Ihre Seele zu finden, eine Verbindung zur Natur und zum Universum aufzubauen und daraus Stärke zu ziehen?
- Und empfanden Sie am Ende Ihrer Teenagerzeit den klaren Übergang zum Erwachsensein, indem Sie Ihr Leben selbst in die Hand nahmen, die Konsequenzen Ihres Handelns trugen, Ihre eigene Stärke spürten und Ziele hatten?

Eine Menge Fragen, aber Sie werden schnell merken, wo bei Ihnen alles richtig und wo etwas falsch lief. Vielleicht hilft Ihnen das zu erkennen, was beim Umgang mit Ihrer Tochter wirklich wichtig ist.

Wie sich das Wissen über die fünf Phasen anwenden lässt

Gemäß dem Alter Ihrer Tochter hilft Ihnen die Einteilung in die Phasen zu überlegen, welche zentralen Fragen sich jetzt gerade stellen. (Aber überprüfen Sie das immer auch anhand Ihrer eigenen Eindrücke, statt sich von Büchern oder Theorien Ihr Handeln diktieren zu lassen. Wenn Ihr Bauchgefühl Ihnen sagt, dass Ihre Tochter jetzt genau in dieser Phase ist, obwohl sie vom Alter her vielleicht einer anderen Phase zugeordnet werden müsste, dann können Sie sie gezielt mit Erfahrungen und Anregungen unterstützen. Wie das geht, erfahren Sie in den folgenden Kapiteln.)

Diese Einteilung können Sie aber auch sozusagen therapeutisch anwenden, indem Sie überlegen, welche der Phasen Ihre Tochter aufgrund schwieriger Umstände vielleicht verpasst hat. Es liegt in der Natur des Menschen, Verpasstes nachzuholen, wenn wir es denn merken. So können zum Beispiel adoptierte Kinder mit schrecklichen Erfahrungen in der Vergangenheit bei ihren neuen Eltern nach und nach wieder Geborgenheit finden. Überbehütete, ängstliche Mädchen kann man dazu motivieren, mehr Mut an den Tag zu legen. Und Mädchen mit wenig Sozialkompetenz kann beigebracht werden, auf andere Menschen zuzugehen, und so weiter. Ziehen Sie in Betracht, dass Ihre Tochter zwar nach Jahren gemessen in einem bestimmten Alter ist, aber hinsichtlich ihrer Entwicklung vielleicht deutlich jünger, etwa weil sie aufgrund bestimmter Lebensumstände früher etwas verpasst hat.

GRÜNDE FÜR BESONDERE ANHÄNGLICHKEIT

Die zehnjährige Gemma ist sehr anhänglich und braucht ständig die Nähe und die Streicheleinheiten ihrer Mutter. Die findet das zuerst störend, aber dann fällt ihr ein, dass sie sehr gestresst und depressiv war, als Gemma noch ein Baby war. Ihr wird klar, dass Gemma, eigentlich in Phase 3, in die erste Phase ihres Lebens zurückfällt, die Werde-ich-beschützt-und-geliebt?-Phase. Sie beschließt, Gemma all die Zuneigung zu schenken, die sie zu brauchen scheint, und merkt, wie viel das bewirkt: In den folgenden Monaten wird ihre Tochter viel entspannter, selbstsicherer und unabhängiger.

UNTER STRESS ENTWICKELN WIR UNS ZURÜCK

Ein nützlicher Tipp: Immer wenn es in Familien zu besonderen Stresssituationen kommt, reagieren Kinder darauf, indem sie in eine frühere Phase zurückfallen. Eine selbstsichere Fünfjährige lutscht plötzlich wieder am Daumen und will in eine Kuscheldecke gewickelt werden. Eine 14-Jährige geht lieber mit ihren Eltern auf eine Grillparty als mit Gleichaltrigen. Oder eine 21-Jährige trifft keine eigenen Entscheidungen, sondern fragt ständig die Eltern, was sie tun soll.

In Stresssituationen fallen wir alle um eine oder zwei Entwicklungsphasen zurück: Denken Sie an Zeiten, wo Sie am liebsten gar nicht aufstehen würden oder keine anderen Menschen sehen wollen. Das ist manchmal ein ganz normales Verhalten. Im Allgemeinen gilt: Lassen Sie es zu, wenn sich Ihre Tochter auf diese Weise regeneriert und fängt. Kein Mensch kann pausenlos mit der Realität klarkommen. Erst wenn sie auch nach ein paar Tagen nicht wieder »erwachsener« wird, sollten Sie sich Sorgen machen. Dann muss sie vielleicht ein bisschen geschubst werden oder braucht Hilfe bei der Ursachenforschung.

Finden Sie auf jeden Fall heraus, was der Grund für ihre Gestresstheit ist, wenn es keinen offensichtlichen gibt. Vielleicht will sie mit Ihnen über etwas sprechen, was sie Überwindung kostet.

Tun Sie sich auch selbst etwas Gutes, sodass Ihre Tochter begreift, dass jeder Mensch Zuwendung und Ruhe braucht. Indem Sie das Stresslevel der ganzen Familie senken – durch Urlaub, einen freien Tag pro Woche und generell weniger Termindruck –, wird auch sie nicht so leicht überlastet. Ein gestresstes Kind ist oft ein Zeichen dafür, dass die ganze Familie mehr Ruhe braucht.

Kurz gefasst

Alle Mädchen durchlaufen fünf Phasen, um erwachsen zu werden.

Diese fünf Phasen vermitteln die fünf großen Lektionen des Lebens: sich geborgen fühlen, Neues entdecken, Beziehungen zu anderen Menschen aufbauen, die eigene Seele finden und das Leben selbst in die Hand nehmen. In allen Phasen braucht Ihre Tochter die Hilfe von kompetenten Erwachsenen.

Eltern, die sich mit diesen Entwicklungsphasen vertraut gemacht haben, können das Leben ihrer Tochter so gestalten, dass sie genau das bekommt, was sie braucht.

Ihre Tochter begibt sich auf eine Reise, und Sie sind auf diesem Weg Coachs, Beschützer, Verbündete. Diese Rolle zu übernehmen, ist wahrscheinlich das Beste, was Sie je tun werden.

Kapitel 2

Der richtige Start ins Leben

(Geburt bis 2. Lebensjahr)

Es ist früher Morgen, und die fünf Wochen alte Lucy liegt hellwach in ihrer Wiege neben dem Bett ihrer Eltern. Mama und Papa schlafen noch, Papa schnarcht sogar ein bisschen. Lucy beobachtet die tanzenden Schatten, die das Sonnenlicht an die Wand wirft. Manchmal rudert sie vor Begeisterung mit den Armen. Sie gibt leise, zufriedene Laute von sich, und ihr Kopf dreht sich in alle Richtungen, um all die kleinen Wunder um sich herum beobachten zu können.

Dann bekommt Lucy langsam Hunger und beginnt zu quengeln. Die Mutter wacht sofort auf. Das Schnarchen ihres Mannes hat sie die ganze Nacht hindurch nicht stören können. Aber die Evolution hat dafür gesorgt, dass ihre Ohren auf die Geräusche ihres Kindes sofort reagieren.

Schläfrig holt sie Lucy zu sich ins Bett und legt sie an ihre Brust. Lucy ist gar nicht erst dazu gekommen, sich zu ängstigen, und so ist sie glücklich und hellwach und sieht ihrer Mutter beim Trinken in die Augen. In diesem Alter können Babys nur bis zu einem Abstand von etwa 30 Zentimetern scharf sehen, also genau bis zu den Augen der Mutter, wenn sie beim Stillen an ihrer Brust liegen. Alles andere ist noch verschwommen. Ein Baby muss nicht mehr erkennen, als dass die Mutter glücklich und zufrieden ist, dann ist es auch entspannt.

Bald beginnt der Tag. Lucy wird mit ihrer Mutter oder ihrem Vater verschiedene Dinge unternehmen, zum Einkaufen oder zu Freunden mitgenommen werden, dabei oft die Windeln gewechselt bekommen und gestillt werden. Aber die meiste Zeit wird sie nur daliegen und schlafen. Gestillt werden und schlafen, ohne großes Drumherum, sind die zentralen Ereignisse des frühen Säuglingsalters. Und Lucys Gehirn wird dabei wachsen – allein im ersten Lebensjahr auf die zwei- bis dreifache Größe. Nie wieder danach wird sich ihr Gehirn so schnell und so gut entwickeln wie in diesen ersten Monaten. Die Liebe der Eltern, ihr Singen, Spielen und alles andere, was Eltern typischerweise so tun, werden diese Entwicklung unterstützen.

Wie ein Baby lernt, mit anderen zu kommunizieren

Wenn ihre Mutter im Haus beschäftigt ist oder am Computer sitzt und Lucy sich allein fühlt, fängt sie an, Geräusche zu machen, um die Aufmerksamkeit ihrer Mutter auf sich zu ziehen. Und ihre Mutter antwortet. Auch wenn Lucy im ersten Lebensjahr noch über keine Worte verfügt, wissen sie und ihre Mutter genau, was die andere meint. Eine Rohübersetzung ihrer Unterhaltung könnte etwa so lauten:

Lucy: Liebe Mama, bist du da?
Mama: Ja, bin ich.
Lucy: Bin ich immer noch das Wichtigste in deinem Leben?
Mama: Ja, bist du.
Baby: Das wollte ich nur wissen.
Mama: Klar, kein Problem.

Forscher haben diese Mutter-Kind-Kommunikation mit speziellen Hochgeschwindigkeitskameras gefilmt und ihr einen wissenschaftlichen Namen verpasst:[3] Die sogenannten *Sequenzen gemeinsamer Aufmerksamkeit*, diese kleinen Rituale, mit denen sich Mutter und Kind verständigen, laufen Dutzende Male pro Tag ab. Derartige Minikonversationen versichern das Kind nicht nur der Liebe seiner Mutter; wenn es älter wird, kann es dadurch auch empathischer und sensibler mit Mitmenschen in Kontakt treten. Das Timing spielt dabei eine unglaublich wichtige Rolle, denn Mutter und Kind scheinen sich dabei in völliger Harmonie zu befinden. Forscher haben herausgefunden, dass diese Aufmerksamkeit auch dann noch gegeben ist, wenn die Mutter nur auf einem Video zu sehen ist. Doch sobald es eine Verzögerung von nur einer Sekunde gibt, wird das Baby extrem panisch. Die Rhythmen von Mutter und Kind sind ganz genau aufeinander abgestimmt. Durch diese feinen, nur aus Geräuschen und Nicken, Lächeln und Singsang bestehenden Interaktionen entwickelt das kleine Mädchen die lebenslange Fähigkeit, mit anderen Menschen in Beziehung zu treten.

Wenn irgendetwas Lucy Angst macht, sie sehr hungrig ist oder etwas ihr nicht passt, wird Lucys Schreien stärker. Auf diese Angstäußerung reagiert ihre Mutter mit einem »Na, was fehlt dir denn?« oder »Ach, mein Kleines, was ist los?«. Sie spricht mit etwas höherer Stimme, wie Erwachsene sie in der Regel im Umgang mit Babys benutzen, denn so können Babys sie besser hören (was niemand wusste, bevor es Audiologen kürzlich gelang, das zu messen). Die Mutter wählt darauf eine etwas andere, tröstliche Tonlage, wiegt Lucy in den Armen, um sie mit diesem sanften Rhythmus zu beruhigen. Durch Tausende solcher Beruhigungsrituale wird Lucys Gehirn den Pfad vom Stress zur Entspannung abspeichern, ein Pfad, der ihr ein ganzes Leben lang helfen wird.

Durch die gemeinsam mit Lucy verbrachte Zeit entwickelt sich die Empfänglichkeit der Eltern für die Signale ihrer Tochter. Einfach ausgedrückt stimmen sie sich auf sie ein und lernen so ihr typisches Verhalten kennen. Sie können ihre Signale deuten und entsprechend reagieren, ganz ruhig und gelassen. Zum Teil liegt das schlicht daran, wie Liebe (und das »Liebeshormon« Oxytocin) funktioniert, zum Teil aber auch daran, dass die Priorität von Lucys Eltern ist, sich während der ersten Lebensmonate ihrer Tochter nicht hetzen und ablenken zu lassen. (Sie haben zum Beispiel nicht beschlossen, gerade jetzt das Badezimmer zu renovieren oder auf eine Beförderung hinzuarbeiten, denn sie wissen, dass ein Baby an sich schon eine ziemliche Herausforderung ist.) Wenn eine Mutter nicht gerade drogenabhängig oder depressiv ist, wird sie ihr Baby zwar als anstrengend, aber dennoch beglückend empfinden. Die Elternschaft ist nichts Selbstverständliches, aber sie entwickelt sich und gibt dem Leben einen neuen, sehr befriedigenden Rhythmus, wenn genug Zeit und ein hilfreiches Umfeld vorhanden sind. Die Unterstützung von Großmüttern, Freundinnen und Tanten ist dabei sehr wichtig. Frischgebackene Eltern kommen in diesem Stadium allein nicht so gut zurecht, auch sie brauchen ein bisschen Bemutterung. Liebe ist wie ein Fluss, sie muss in uns hineinfließen, damit sie auch wieder aus uns herausfließen kann. Die Nähe von Familie und Freunden ist sehr wichtig, wenn man ein Baby hat.

Sozialkompetenz lernt man sehr früh

Als Erwachsene wissen wir, wie wichtig Sozialkompetenz im Leben ist. Meist merken wir gleich, wenn sie fehlt – bei einem sehr unsensiblen Chef oder Kollegen, unfähigen und gleichgültigen Menschen, denen wir auf der Straße begegnen oder im Laden gegenüberstehen. Die Gefühle anderer einzuschätzen, Gespräche zu führen, zu wissen, wann man zuhören, wann man reden soll, das sind sehr komplexe und fortgeschrittene Fähigkeiten. Die meisten von uns erinnern sich an Situationen mit anderen Menschen, in denen wir uns ungeschickt verhalten haben, wo das Timing nicht gestimmt hat. So etwas kommt meist dann vor, wenn wir sehr bemüht sind oder Eindruck schinden wollen. Dann verlieren wir unsere Authentizität. Bestimmte Menschen sind außergewöhnlich sensibel und engagiert, und wir fühlen uns in ihrer Gegenwart besonders wohl, wahrgenommen und wertgeschätzt. Für soziale Wesen wie uns Menschen ist harmonische Interaktion ein zentraler Bestandteil unseres Glücks.

Darum beginnen wir zu lernen, lange bevor wir überhaupt zu sprechen beginnen. Interessanterweise scheint die zweite Hälfte des ersten Lebensjahres in diesem Zusammenhang besonders wichtig. In dieser Zeit werden Babys sehr wählerisch bei ihren Bezugspersonen. Schon immer haben Mütter die Erfahrung gemacht, dass man ein Neugeborenes von Arm zu Arm reichen kann, ein sechs Monate altes Kind aber genau weiß, wer Mama und Papa ist, und niemandem sonst traut.

Die Neurowissenschaft belegt das: In der zweiten Hälfte des ersten Lebensjahres bildet das kindliche Gehirn genau die Areale aus, die für Sozialkompetenz zuständig sind. Weibliche Babys haben in diesem

Bereich mehr Fähigkeiten und eine bessere Wahrnehmung, aber auch diese muss unterstützt und gestärkt werden. Das ist keine Frage reflektierten und vorsätzlichen Verhaltens (das wäre eher ein Hemmnis), sondern etwas ganz Selbstverständliches. Ihr Baby ruft nach Ihnen, Sie antworten, ganz unverkrampft, natürlich, beruhigend für Sie beide.

Der präfrontale Cortex wächst

Lucy verschläft mehr oder weniger die ersten sechs Monate ihres Lebens. Während dieser Zeit gewöhnt sie sich einfach nur daran, Teil der Welt zu sein. In den zweiten sechs Monaten beschleunigt sich einiges. Genau hinter ihrer Stirn verbirgt sich ein Gehirnareal, das so kraus und zerfurcht aussieht wie ein Blumenkohl. Dieses Areal, präfrontaler Cortex genannt, beginnt nun zu wachsen. Es ist der komplexeste Teil des menschlichen Gehirns und zuständig für einige lebenswichtige Eigenschaften, der Sitz von Empathie und Sozialkompetenz. Er macht uns zu Menschen.

Der präfrontale Cortex kann nicht früher wachsen, weil Lucys Kopf sonst zu groß für eine sichere Geburt gewesen wäre. Sein Inhalt wird erst durch Lucys Eltern oder Bezugspersonen programmiert, er ist typisch für ihre Familie und Kultur, und sie braucht ihn, um mit dem Umfeld klarzukommen, in dem sie großgezogen wird.

Daneben steuert der präfrontale Cortex zwei weitere wichtige Fähigkeiten:

- die Fähigkeit, sich auf etwas zu konzentrieren, die Aufmerksamkeit zu bündeln,
- die Fähigkeit, zur Ruhe zu kommen.

Babys können sich aus einem Grund nicht selbst beruhigen: Sie sind sozusagen auf Panik programmiert. In der Wildnis (in der wir eine viertel Million Jahre gelebt haben) wurden Babys einen Großteil des Tages herumgetragen. Das war die beste Möglichkeit, ihre Sicherheit und ihren Schutz zu gewährleisten. Außerdem liefen die Erwachsenen die meiste Zeit herum, also war es auch eine praktische Notwendigkeit. (Selbst heute, in den sogenannten Entwicklungsländern, werden Babys selten abgelegt, und sie weinen auch sehr selten.) In der langen Zeit unserer Frühgeschichte gab es viele Raubtiere, die sich ein Menschenjunges gerne zum Abendessen geschnappt hätten.

Wenn also ein Baby allein war, und, schlimmer noch, eine haarige Schnauze, aus der Speichel troff, vor seinem Gesicht auftauchte, und dieses Gesicht nicht Vatis war, dann war anscheinend Gefahr im Verzug. Babys, die laut schrien, hatten größere Chancen, dass man ihnen schnell zu Hilfe eilte. Deshalb waren Furcht und panisches Geschrei nützlich fürs Überleben und wurden Teil des menschlichen Verhaltensrepertoires.

Dieses Alarmsystem allein gelassener Babys ist eine wichtige Botschaft für uns Eltern. Genauso wie wir wissen, dass wir bei Babys für Wärme sorgen müssen, weil sie ihre Körpertemperatur nicht selbst steuern können, genauso müssen wir für ihre Beruhigung sorgen, weil sie ihre Gefühle nicht selbst steuern können. Wenn ein Baby Dutzende Male pro Tag beunruhigt zu wimmern oder zu schreien anfängt, nehmen Mutter, Vater, Großeltern oder Geschwister es hoch, trösten es und helfen ihm so, sich wieder zu entspannen: »Alles in Ordnung, alles gut, ganz ruhig.« Nach und nach lernt das Baby dadurch, sich selbst zu trösten, aber dazu ist es notwendig, dass es diese Beruhigung zuerst von anderen erfährt. Daraus erwächst eine lebenslang starke Psyche.

Die Gabe der Ruhe

Die Geborgenheit und das Wohlbefinden ihrer ersten Lebensmonate und -jahre sind die Basis für die Ruhe und Ausgeglichenheit, die Ihre Tochter für ihr Leben braucht. Bereits im Mutterleib strömt Ihr Adrenalin in ihren Körper, deshalb kann sich eine ruhige Schwangerschaft in Form eines ausgeglichenen, ruhigen Babys auszahlen. Also richten Sie es so weit wie möglich ein, in der Zeit vor und nach der Geburt und in den ersten ein, zwei Jahren weniger Druck und möglichst viel Zeit für Ihr Baby zu haben.

Das ist natürlich ganz anders, als Sie Ihr Leben kennen: Hetze und Überlastung sind die Kennzeichen unserer Tage. Aber unsere Babys kommen aus der Steinzeit, und der moderne Wahnsinn bekommt ihnen nicht. Wenn Sie können, dann machen Sie in dieser Zeit eine Pause von der Hektik der Welt, in der Sie Ihr bisheriges Leben verbracht haben.

WAS IST RUHE?

Ruhe ist kein Charakterzug, es ist schlicht eine Fähigkeit. Sie müssen beschließen, dass sie wichtig ist, dass die Qualität Ihrer Präsenz dadurch gewinnt, dass Sie ruhiger und mit Ihren Mitmenschen und dem Augenblick wirklich verbunden sind. Das üben Sie, bis Sie es nach und nach verinnerlichen. Dann fühlen sich auch andere Menschen in Ihrer Gegenwart ruhig und glücklich. Genau das brauchen Kinder von ihren Eltern. Und es tut Ihnen selbst auch noch in anderer Hinsicht gut: Mit weniger Stresshormonen leben Sie länger und fühlen sich besser. Ruhe ist es also auf jeden Fall wert, kultiviert zu werden.

Ruhe entsteht aus verschiedenen Aktivitäten: tiefer zu atmen, die Schultern fallen zu lassen, die Muskeln zu entspannen, die Füße fest auf dem Boden zu spüren, die Aufmerksamkeit ungezwungen und stetig auf das zu richten, was man gerade tut, und nicht panisch an etwas anderes zu denken. Selbst drei oder vier Atemzüge zu zählen hilft oft schon, um den Herzschlag zu verlangsamen und den Geist zu beruhigen. Ruhige Menschen tun genau das automatisch, und in Stresssituationen zwingen sie sich absichtlich zu noch mehr Ruhe, um Panik und Fehlreaktionen entgegenzuwirken.

Das eigene Erregungslevel steuern zu können ist im Leben eine extrem nützliche Fähigkeit. Sie müssen nur feststellen, ob Sie ruhig sind. Wenn nicht, atmen Sie ein paarmal bewusst ein und aus, fühlen Sie Ihre Füße am Boden und fühlen Sie, wie nach dem letzten Adrenalinschub die Ruhe Sie langsam durchströmt. Üben Sie das ein paar Tage lang, und bald wird die natürliche Wirkung der Ruhe immer größer und stetiger. Alles wird intensiver: der Geschmack Ihres Essens, der Duft von Blumen, unter der Dusche das Gefühl des warmen Wassers auf Ihrer Haut. Sie werden den Eindruck haben, dass die Zeit langsamer vergeht und Sie mehr denken können, bevor Sie den Mund aufmachen. Und das tut *wirklich* gut!

Weinen und Schlafen

Das Erste, was Sie Ihrer Tochter beibringen, ist, sich auf der Welt wohlzufühlen. »Du wirst geliebt und geschätzt, ich bin für dich da, und alles ist in Ordnung.« Ein verängstigtes, allein gelassenes Baby lernt nicht, sich selbst zu beruhigen, wenn man es schreien lässt – das ist ein weitverbreiteter Irrtum. Es wird irgendwann still sein, aber aufgrund eines anderen zum Überleben notwendigen Verhaltensmusters, bedingt durch die Erfahrung: »Niemand kommt.« In der Wildnis kann dauerhaftes Schreien Gefahr anziehen, also schaltet das Baby, wenn sein Schreien wirkungslos bleibt, nach ein paar Minuten ab und verfällt in eine Art körperlicher Depression. Wenn Eltern wiederholt nicht reagieren – aufgrund postnataler Depression, Alkoholismus, Drogenkonsum oder schlicht Lieblosigkeit –, dann zieht das Baby daraus den folgenden Schluss: »Mein Tun hat auf andere keinerlei Wirkung.« Dies wird im späteren Leben Einfluss darauf haben, wie ein Mensch mit Schwierigkeiten umgeht: Das Verhalten bezeichnet man als »erlernte Hilflosigkeit«[4], etwas, das Sie Ihrer Tochter sicher nicht vermitteln wollen.

Dann fehlen ihr nämlich die Hoffnung auf Besserung und die Fähigkeit, schwierige Situationen meistern zu können.

»Depression« wird oft missverstanden: Eigentlich ist es nur die Fähigkeit des menschlichen Körpers, herunterzufahren, erworben in der Vorzeit während Schlechtwetterperioden oder dunklen, kalten Wintern. In solchen Phasen mit wenig Nahrung und Energiezufuhr war wenig Bewegung, wenig Essen, wenig Aktivität die beste Methode zu überleben.

Aber diese Depressionsreaktion kann überentwickelt werden. Durch Ignorieren ein Kind förmlich zur Depression zu erziehen, wird ihm nicht helfen. Es wird still daliegen, aber tatsächlich sehr unglücklich sein.

Hier gibt es einen Mittelweg, besonders wenn es darum geht, Babys zum Einschlafen zu bewegen, was wiederum entscheidend für das Überleben der Eltern ist. Manchmal macht ein Baby, das man schlafen gelegt hat, in seiner Wiege Geräusche, um die Erwachsenen zum Spielen zu bewegen. Es ist ganz in Ordnung, es ein bisschen quengeln und wimmern zu lassen, als Teil des Übergangs von der Spiel- zur Schlafzeit (vor allem, wenn die Eltern völlig erledigt sind und dringend Ruhe brauchen). Wenn aber das Quengeln in lautes Schreien übergeht, ist das nicht gut. Dann braucht das Baby Beruhigung. Die Bindung zwischen Ihnen beiden ist in Gefahr, und Ihre Tochter muss spüren, dass Sie da sind.

Babys wollen auch stimuliert werden

Nach den vielen Worten über Ruhe ist es mir wichtig, auch die entgegengesetzte Botschaft zu vermitteln: *Unsere Kinder sollen nicht immer nur ruhig sein!* Babys und Kleinkinder müssen auch lernen, in höheren Erregungsstadien zu agieren, damit sie über ein größeres emotionales Spektrum und Gefühle der Freude verfügen können. Seit Urzeiten neigen Eltern oder Geschwister ganz unbewusst dazu, Babys zu kitzeln, zu necken und zu stimulieren. Ihr Töchterchen wird quicklebendig glucksen, wenn Sie sie, wie auch immer, in Stimmung bringen: indem Sie ihr etwas vorsingen oder »Kuckuck, da bin ich!« spielen, indem Sie Ihr Gesicht erst hinter einem Gegenstand wie Ihrer Hand oder einer Zeitschrift verbergen und dann wiederauftauchen lassen. Kitzeln, knuddeln und mit ihr im Arm herumzutanzen, wird ihr Körpergefühl und ihre Koordination stärken – aber tun Sie es nicht mit dieser Absicht, sondern einfach nur aus Spaß. Legen Sie Musik auf und entspannen Sie sich.

Selbst das wilde Spiel, das Väter üblicherweise mit kleinen Kindern treiben, ist hilfreich. Väter neigen bekanntermaßen dazu, Kinder zu animieren, indem sie sie schütteln, drücken und herumwerfen. Ihre Tochter wird dadurch vielleicht ein bisschen in Stress geraten, aber sie wird damit fertig und fängt an zu glucksen, wenn es richtig gemacht wird (was Sie an ihrem Gesicht erkennen: Wenn es echte Anzeichen von Unbehagen zeigt, dann muss man sich ein bisschen bremsen). Die Forschung hat herausgefunden, dass Mädchen, die als Kleinkinder viel mit ihren Vätern gespielt haben, deutlich stressresistenter sind als solche, die allzu sanft und vorsichtig angefasst wurden.[5]

(Ein Warnhinweis, speziell für Väter: Seien Sie bei kleinen Babys vorsichtig mit dem Genick und dem Körper ganz allgemein. Noch viele Monate nach der Geburt kann ein Baby mit seinem Genick das Gewicht des eigenen Kopfes nicht halten, und es könnte durch zu starkes Knicken zu Verletzungen oder Verstauchungen kommen. Stützen Sie deshalb den Kopf und Nacken Ihres Babys immer gut ab, wenn Sie es herumtragen.)

Es gibt etwas noch Wichtigeres: Seien Sie auch ein Vorbild in Sachen Freude. Das meiste lernt Ihre Tochter, indem sie Ihnen zusieht. Wenn Sie glücklich und ausgelassen mit ihr herumblödeln (natürlich dann, wenn es passt, nicht beim Autofahren), dann entwickelt sich auch ihre Fähigkeit, glücklich zu sein. Wenn Sie zu Ihren Mitmenschen freundlich sind, unter der Dusche singen, sich gut gelaunt ankleiden, nett über andere sprechen und sauer werden, wenn etwas ungerecht oder falsch läuft, dann wird Ihre Tochter bereits in überraschend frühem Alter diese Verhaltensweisen verinnerlichen und selbst an den Tag legen.

Es lohnt sich, darauf zu achten, besonders für Mütter, die für ihre Töchter das Rollenvorbild Nummer eins sind, was die Herangehensweise ans Leben betrifft. Beobachten Sie sich mal einen Tag lang selbst: Sind Sie gestresst und missmutig, hetzen Sie durchs Leben? Wenn dem so ist, sollten Sie das als Mutter einer Neugeborenen ändern.

DIE HORMONE DER LIEBE

Heutzutage fühlen sich viele auf die Elternschaft nicht vorbereitet. Vor 100 Jahren hatten die meisten Familien sieben oder acht Kinder, ihre Heime waren laute und überfüllte, aber oft sehr glückliche Orte. Jeder wuchs mit Babys und Kleinkindern um sich herum auf und wusste, wie sie zu behandeln waren. Heute ist das alles ganz anders: Eine Studie fand heraus, *dass ein Drittel aller jungen Eltern vor ihrem eigenen noch nie ein Kind im Arm gehalten haben*.

Erfreulicherweise kompensieren unsere Hormone diese Unerfahrenheit. Ein Hormon namens Prolaktin flutet den Körper einer frischgebackenen Mutter. Wenn Sie das Glück haben, stillen zu können, ist der Prolaktinlevel in Ihrem Blut viel höher und macht Sie verträumt und langsam. Das hilft Ihnen, sich auf Ihr Kind und seine Versorgung zu konzentrieren. Auch andere Hormone tragen dazu bei: Wenn Sie Ihr Baby an sich drücken oder Ihr Partner oder ein anderer Mensch Sie umarmt, dann macht das Hormon Oxytocin (das Liebeshormon) Sie zufrieden und ruhig.

Oxytocin ist ein sehr bemerkenswertes Hormon: Es wird immer dann freigesetzt, wenn Sie zum Beispiel einen Orgasmus haben oder einen Freund grüßen. Wenn Sie gemeinsam bei Tisch sitzen und essen, steigt seine Konzentration im Blut. Wenn die Geburt in einer entspannten, geborgenen Atmosphäre stattfindet, dann strömt es in den Körper. Von Oxytocin können Sie gar nicht zu viel abkriegen. Bei allen menschlichen Bindungen ist Oxytocin im Spiel. Menschen, die nicht genug Liebe und damit nicht genug Oxytocin bekommen haben, suchen sich auf andere Weise Befriedigung: durch Ruhm, Drogen, zwanghaften Sex, Shopping oder unkontrolliertes Essverhalten. Oder sie schreiben Bücher!

Gabor Mate, bekannt für seine Arbeit mit Drogenabhängigen in Vancouver, sagt, dass Heroin und das Wohlbefinden, das den Körper beim Injizieren der Droge durchströmt, einen Ersatz darstellt für das Gefühl, geliebt zu werden – allerdings mit einem ganz anderen Resultat.

Die genannten Ersatzhandlungen sind Versuche, das Oxytocin zu bekommen, das wir nicht in den Armen unserer Mutter bekommen haben. Wenn Sie Ihrer Tochter jede Menge Zuneigung schenken, macht sie das frei. Sie wird zu einem starken, unabhängigen, sozial kompetenten Menschen, der sein Leben lang lieben und geliebt werden wird.

WIE MAN MIT BABYS SPIELT

Von den ersten Wochen an kann Verspieltheit im Zentrum all dessen stehen, was Sie mit Ihrer kleinen Tochter unternehmen. Die spielerische Stimmung wird ihr Freude bereiten, aber auch alle alltäglichen Verrichtungen erleichtern, wenn sie Ihrem Kind als Spaß erscheinen.

Babys müssen zum Beispiel gebadet werden. Manche Eltern erledigen das routiniert und schnell, aber die meisten wollen daraus für sich und ihr Baby ein Vergnügen machen. Sie heizen das Badezimmer und machen sich nichts daraus, wenn es spritzt, sie singen und plappern. Babys mögen es besonders gern, wenn man mit einem Becher das Badewasser über ihren Bauch und Rücken laufen lässt. Viele von uns erinnern sich immer noch an das Bad in der Kindheit, das schöne warme Seifenwasser auf der Haut und jemand Netten, der uns mit einem weichen Handtuch vorsichtig trocken tupft.

Ab dem sechsten Monat, wenn Ihre Tochter sitzen kann, wird sie selber Wasser schöpfen wollen, mit dem Waschlappen spielen und Seifenblasen platzen lassen. Das Bad ist ein Paradies für ihre Sinne.

Auch anziehen und Windeln wechseln geht in spielerischer Stimmung leichter. Ihre Tochter wird weniger quengeln, wenn sie diese wiederkehrenden Prozeduren als angenehm erlebt. Dabei geben Sie den Ton an: Wenn Sie gestresst sind, wird sie quengeln, weil sie Ihretwegen beunruhigt ist. Wenn Sie sich gut fühlen, tut sie es auch.

Das Spielen mit einem Kind ist etwas extrem Wichtiges. Entwicklungspsychologen sind überzeugt davon, dass erst durch das Spielen das Gehirn sein volles Potenzial entfaltet.[6] Das Spielen entfesselt lebenslange Kreativität. Die größten Entdeckungen auf dieser Welt stammen von verspielten, erfinderischen, außergewöhnlichen Menschen.

Ein Mädchen, das mit Sinn für Spaß erzogen wird, ist nie scheu oder langweilig, sie kann um die Ecke denken und wird diese Fähigkeit einbringen, egal, welchen Berufsweg sie einschlägt. Sie wird auf angenehme Weise mit anderen auskommen, weil Spielen immer mit Kooperation zu tun hat. Verspieltheit macht selbstbewusst, unbeschwert und offen für Neues, sie reduziert Stress und stärkt das Immunsystem. Sie macht aktiv, was wiederum gut für Fitness und Gesundheit ist.

Wenn Sie nicht von Natur aus verspielt sind, dann werden Sie es jetzt! Spielen ist ebenso ansteckend wie das Lachen eines Babys. Sie werden herausfinden, dass die natürliche Spielfreude und -fähigkeit Ihrer Tochter Sie verführt und Sie sich gemeinsam bestens amüsieren können.

»UNSER BABY WIRD SICH ANPASSEN« (HAHA, DASS ICH NICHT LACHE!)

Haben Sie schon mal mit einem jungen Paar gesprochen, das noch keine Kinder hat, aber plant, welche zu bekommen? Paare, vor allem solche, die sehr erfolgsorientiert sind, stürzen sich gerne voller hoher Ansprüche und Ziele in die Elternschaft. »Wir werden nie ...« und »Unser Kind wird immer ...«. In ihren Äußerungen werden viele »immer« und »niemals« vorkommen, weil das Leben, bevor man Kinder hat, tatsächlich manchmal mit den eigenen Absichten übereinstimmt. Man hat noch die Illusion von Kontrolle, die echten Eltern längst abhandengekommen ist.

Natürlich sollte man künftigen Eltern nie die Illusionen rauben (wie man junge Menschen überhaupt nie entmutigen sollte). »Unser Kind wird sich unserem Lebensstil anpassen« ist ein weitverbreiteter Anspruch von Noch-nicht-aber-bald-Eltern. »Wenn es das von Anfang an lernt, wird es auch immer klappen.« Erfahrene Eltern hören sich das an und verkneifen sich einen Heiterkeitsausbruch.

Ich habe Freunde, die so redeten. Sie waren beide Krankenpfleger, hatten die Familiengründung aufgeschoben, und als sie schließlich Kinder wollten, dauerte es eine Weile, bis sie endlich eines bekamen. Dann hörte ich eine Zeit lang nichts von ihnen.

Zu dieser Zeit arbeitete ich in einer Traumagruppe, die Notfall-Einsatzkräfte nach besonders belastenden Einsätzen betreute. Das war häufig spätnachts der Fall, und als ich einmal um zwei Uhr morgens nach Hause fuhr, sah ich eine seltsame bucklige Gestalt die Uferstraße entlangschlurfen. Die Gestalt ging mit ungleichmäßigen, aber entschlossenen Schritten die Straße entlang und klopfte dabei auf einen großen Klumpen auf ihrer Schulter. Weil ich eine lebhafte Fantasie habe, dachte ich sofort an »ein menschenscheues Geschöpf, das an den Kais lebt, nachts aus seinem Versteck kriecht und Pizzareste in sich hineinstopft«. Doch als ich näher kam, erkannte ich meinen Freund. Der Klumpen auf seiner Schulter war ein Baby. Er schlurfte um zwei Uhr morgens mit seinem Baby die Straße entlang. Als er mich sah, grüßte er mich und grinste, und ich fuhr heran, um zu sehen, ob alles okay war. Er lachte, als er meine Gedanken las: »Das Baby wird sich unserem Lebensstil anpassen!« Er lief mit dem Kind herum, weil es die einzige Möglichkeit war, es zum Schlafen zu bewegen.

Glauben Sie mir, Babys passen sich nicht unserem Leben an. Babys verwandeln Ihr sauberes, geordnetes Leben in einen großen Haufen verrotzter Taschentücher. Wenn Sie auch nur halbwegs gute Eltern sind, wird Ihr Baby Ihre Welt auf seine ganz besondere, eigene Weise auf den Kopf stellen. (Ich weiß nicht, ob ich es flüstern oder schreien soll, also:) *Sie werden in Ihrem Leben nicht mehr an erster Stelle stehen, und zwar mindestens für die nächsten 20 Jahre.*

Wenn Sie die letzten 20 oder 30 Jahre als Egozentriker verbracht haben, wird die Elternschaft für Sie eine ziemliche Herausforderung sein – aber sie wird Ihnen guttun. Sie belohnt hoffentlich Sie und Ihr Baby mit so viel Liebe, dass es Ihnen nichts ausmacht, aber Sie sollten wissen, was Ihnen bevorsteht.

(In unserer Familie lief es genauso: Wir planten sorgfältig Hausgeburten mit Hebammen und Ärzten auf Abruf, und es kam in beiden Fällen zu einem Notkaiserschnitt. Aber man tut, was man kann. Ich war beide Male mit in der Klinik, bemühte mich, nicht in Ohnmacht zu fallen, und war der Zweite, der unsere Babys gehalten hat, nachdem sie unter den grünen Tüchern auftauchten. Einige Stunden nach der Geburt meines Sohnes stand ich einer monsterartigen Schwester gegenüber, die ihm einen dicken Plastikschlauch in den Magen schieben wollte, um »für alle Fälle« eine Gewebeprobe zu entnehmen. Unsere Kinder schliefen mit mir zusammen auf dem Fußboden des Krankenhauszimmers, damit sie in der Nähe ihrer Mutter waren, die sich vom Kaiserschnitt erholte. Was ich damit sagen will: Geben Sie nicht Ihre Ideale auf, aber Ihr durchgeplantes Leben, und werden Sie flexibel.)

Eltern zu sein ist diese Flexibilität wert, aber es ist zugleich auch verdammt schwierig. Verabschieden Sie sich von Ihrer Selbstsucht. Sie stand Ihnen sowieso nicht besonders gut zu Gesicht.

ERZIEHEN SIE NICHT – GENIESSEN SIE EINFACH!

In den vergangenen Jahren überschwemmte eine Flut von Programmen und Produkten den Markt – DVDs, Bücher, Lernkarten und teure Kurse –, deren Anbieter vom Bestreben der Eltern profitierten, das eigene Kind klüger zu machen.

Trotz all dieser Bemühungen und Investitionen, trotz Zweijähriger, die lesen, und Vierjähriger, die Cello spielen können, gibt es nicht den geringsten Beleg für einen Nutzen. Vielmehr könnten diese erzieherischen Maßnahmen in jeder Hinsicht teuer werden, weil sie nicht nur eine Menge Geld kosten, sondern darüber hinaus Eltern und Kinder ängstlicher und ihre Beziehung zueinander verkrampfter machen. Ich bin fast versucht zu sagen, dass Sie um sämtliche Produkte mit dem Etikett »Frühkindliches Lernen« unbedingt einen großen Bogen machen sollten. Nein, ich sage es nicht, aber die Versuchung ist groß.

Natürlich brauchen Babys und Kleinkinder Stimulation, aber es ist eine Frage der Methode. Studien zum Worterwerb, also über das Lernen und Verwenden möglichst vieler Wörter, haben interessanterweise ergeben, dass Kinder nicht durch das Eintrichtern möglichst vieler Wörter und Begriffe einen größeren Wortschatz erwerben. Die Forscher fanden vielmehr heraus, dass die Kleinkinder, denen die Eltern am meisten zuhörten, den größten Wortschatz hatten. Das heißt, nicht das Hören, sondern das spielerische Benutzen von Wörtern verankert sie im Gedächtnis Ihres Kindes. Kinder merken sich Wörter, wenn sie herausfinden, dass man mit ihnen Menschen interessieren und in Anspruch nehmen kann. »Papa, gib mir den Teddy.« – Papa nimmt den Teddy und kitzelt seine Tochter damit, sodass sie gluckst. – »Nein, Papa, gib mir den Teddy LANGSAM.«

Wir müssen den Druck aus der Eltern-Kind-Beziehung herausnehmen. Genießen Sie Ihre kleine Tochter einfach, das ist das Beste, was Sie tun können. Plappern Sie ganz gedankenlos mit ihr, das geht von selbst, wenn Sie sich entspannen. Wenn Sie singen und gurren und herumblödeln, spitzt sie ihre Ohren, lächelt, gluckst, und sie merkt, dass Sprache ein wichtiges Werkzeug ist, um Menschen dazu zu bringen, etwas zu tun.

Eine wenig gebildete Mutter in der Dritten Welt oder eine Teenagermutter, die gerne Spaß macht, ist oft besser darin als jemand mit BWL-Abschluss – einfach weil sie entspannen und genießen kann.

Und was sollen Sie tun, wenn Ihnen der Umgang mit Babys nicht so leichtfällt? Wenn Ihre Eltern und somit Ihre eigene Kindheit eher angespannt, unterkühlt, distanziert waren? Das Spielerische wird sich nicht unbedingt von selbst ergeben, aber es wird kommen, wenn Sie sich keine Gedanken darüber machen, ob Sie blöd aussehen oder klingen (denn das werden Sie auf jeden Fall) und einfach ausprobieren, was Ihre Tochter zum Lachen bringt. Sie trägt die Erfahrung von einer Million Jahre Evolution in sich, und wie jedes andere junge Säugetier macht sie das am liebsten, was auch ihrer Entwicklung nützt: spielen.

Bei Babys verschwendet die Natur keine Sekunde Zeit. Sie lernen ununterbrochen, und wir sind ihre Lehrer. Den Eltern, die sich immer an allerlei Zielsetzungen orientieren, mögen diese ersten Monate verträumt und unproduktiv vorkommen, aber tatsächlich ist das die produktivste Zeit, die Sie je haben werden.

Kurz gefasst

- Ein Baby entdeckt, dass es auf der Welt schön ist, weil es seinen Eltern vertrauen kann.
- Babys suchen bei uns Sicherheit, damit sie ihre angeborene Angst bewältigen können. Wir müssen unser Leben so einrichten, dass wir ihnen, besonders in den ersten sechs Monaten, Ruhe und emotionale Nähe vermitteln.
- In den zweiten sechs Monaten erwerben Babys die Basis für ihre Sozialkompetenz: den Rhythmus von Interaktion und Beruhigung.
- Mit Babys muss man auch spielen, sie stimulieren, ihnen den Spaß am Leben nahebringen. Das ist glücklicherweise keine allzu schwere Aufgabe.
- Programme und Produkte zur Förderung von Babys sind in der Regel Geldverschwendung und könnten sogar Stress in die Beziehung zu Ihrem Kind bringen. Erziehen Sie nicht, genießen Sie einfach!

- Babys passen sich nicht Ihrem Lebensstil an, sondern Sie müssen sich Ihrem Baby anpassen. Rechnen Sie damit, dass Ihr Leben auf den Kopf gestellt wird. Wenn Sie das akzeptieren, werden Sie viel mehr Spaß haben.

Kapitel 3

Die Welt entdecken

(2. bis 5. Lebensjahr)

Eines Tages, wenn Ihre Tochter anfängt, auf ihren Füßen herumzutapsen, wird nichts mehr sein, wie es war. Weder die Katze noch der Goldfisch noch die teure Vase auf dem Kaffeetisch werden vor ihr sicher sein. (Selbst wenn vermutlich auch Krabbelkinder sie hätten erreichen können.)

Ein Mädchen zwischen zwei und fünf will nur eines: forschen und entdecken. Es ist das »Girls just wonna have fun«-Alter. Sie geht das mit großer Entschlossenheit und starkem Willen an. Daran gehindert zu werden macht sie sehr ärgerlich. Natürlich muss sie manchmal gestoppt werden, am besten mit Ablenkung und ab und an auch mit einem lauten »Finger weg!«, verbunden mit dem entsprechenden Gesichtsausdruck. Aber generell ist Forschen und Entdecken das, was sie tun soll, und wenn Sie ihr dazu möglichst viel Gelegenheit geben, wird aus ihr ein glücklicheres und klügeres Mädchen.

Gerade weil sie ein Mädchen ist, ist diese Phase besonders wichtig, und wie Sie sie handhaben, ist entscheidend. Jetzt ist es an der Zeit, ihr ein möglichst großes Spektrum an Aktivitäten zu bieten: von Natur über Kunst bis zu Sport – jetzt geht's los!

Den Mädchen keine Grenzen setzen

Manchmal setzen wir Mädchen ganz unbewusst Grenzen. Erst kürzlich erschien eine bemerkenswerte Studie über das Redeverhalten gegenüber Kleinkindern. Man fand heraus, dass je nach Geschlecht des Kindes die Eltern auf unterschiedliche Weise über unterschiedliche Dinge mit ihm sprechen.[7]

Zu einem Jungen sagen sie: »Schau, da sind DREI Hasen auf dem Feld da drüben!« Und bei Mädchen: »Schau mal, was da für SÜSSE Hasen sitzen.«

Zu einem Jungen sagen sie: »Toll, du hast den Turm ja ZEHN STOCKWERKE HOCH gebaut!« Und zu einem Mädchen: »Du hast aber einen SCHÖNEN Turm gebaut.«

Merken Sie den Unterschied? Jungs = Zahlen, Mädchen = Gefühle. Dieses völlig unbewusste Verhalten hat wesentliche Auswirkungen. Und was wir noch alles bei Mädchen anders machen, weiß keiner so genau.

Ist das wichtig? Na ja, wir wissen schon lange, dass obwohl Mädchen genauso begabt für Mathe sind, Jungen Mathe mehr mögen und in der Schule besser darin sind. Sie ergreifen deshalb auch häufiger die Berufe, für die man Mathe braucht – wozu in der Regel auch die bestbezahlten Jobs gehören. Mädchen dagegen scheinen vor Mathe ziemlich Angst zu haben (ehrlich gesagt, manche haben auch vor den gruseligen männlichen Mathelehrern Angst, von denen es, zumindest als ich Kind war, eine Menge gab).

Ich bin sicher, dass Eltern es nicht darauf anlegen, ihre Tochter von nützlichen Mathekenntnissen fernzuhalten. Doch ganz unbewusst lenken wir die Aufmerksamkeit von Jungen auf das Praktische und die von den Mädchen auf Gefühle.

Deshalb mein Vorschlag: Wir sollten es genau anders herum machen. Mädchen sind für Gefühlswahrnehmungen gut gerüstet, das können wir unterstützen, wir können aber unsere Unterhaltungen auch mit einer Menge Zahlen würzen: »Wie viele Hasen sitzen denn da?« Und Jungen, die für räumliche Wahrnehmung gut gerüstet sind, bringen wir dazu, mehr über Gefühle nachzudenken: »Schau mal, die Hasen da sind ganz aufgeregt, sie haben ihre Ohren aufgestellt und hören uns zu.« Sie müssen damit nicht gleich zwanghaft werden, aber ich wette, schon allein die Lektüre dieser Zeilen bringt Sie dazu, mehr auf Ihre Worte zu achten.

Sprechen Sie mit Ihrer Tochter über Zahlen und das Zählen und loben Sie sie für gute Ingenieursleistungen mit ihren Legosteinen.

Gehen Sie nie davon aus, dass »Mädchen dies und das nicht tun« – sie können und werden es tun, wenn wir sie früh genug dazu ermutigen. Sally Ride, die erste Amerikanerin im All, widmete sich nach ihrer Karriere der Aufgabe, Mädchen für ein naturwissenschaftliches Studium zu motivieren. Ihnen stehen dadurch mehr Möglichkeiten offen, und der Pool guter Wissenschaftler verdoppelt sich – und das können wir dringend brauchen.

Kinder lernen mit Begeisterung

Weil Lernen und Spaß für ein glückliches Kind ein und dasselbe sind, wird Ihre Tochter vom ersten bis zum fünften Lebensjahr selbst mehr zu seiner eigenen Entwicklung beitragen, als es später Tausende Euro für teure Privatschulen bewirken können. Es ist wirklich traurig, wenn Eltern so beschäftigt mit dem Geldverdienen sind, dass keine Zeit mehr bleibt, um mit ihren Kindern zu spielen. Und es ist tragisch, wenn den Kindern dann bei der Einschulung die Lust am Forschen und Entdecken längst vergangen ist.

Kinder übernehmen die Freude am Leben und Lernen von den Erwachsenen um sie herum. Zusätzlich zu ihrer angeborenen Neugier werden sie auch von unserer Neugier und unserem Enthusiasmus angesteckt. Erfahrene Mütter und Väter werden zahlreiche Möglichkeiten finden, ihrem Kleinkind mit großer Begeisterung etwas zu zeigen, und sei es nur beim Busfahren. Wenn Sie selbst begeistert sind – oder zumindest ein bisschen so tun –, wird Ihr Kind sich davon anstecken lassen.

SICHERHEIT IST VORAUSSETZUNG FÜR DEN ENTDECKERDRANG

Auch wenn Ihre Tochter kein Baby mehr ist, heißt das noch lange nicht, dass sie über die »Werde ich geliebt und beschützt?«-Sache hinweg ist. Sie ist noch immer relevant. Denn Kleinkinder, die sich sicher fühlen, sind am entdeckungsfreudigsten.

Der britische Kinderarzt und Psychoanalytiker John Bowlby und die großartige kanadische Forscherin und Wissenschaftlerin Mary Ainsworth führten die ersten Untersuchungen auf dem Gebiet der Kindesentwicklung durch. Sie fanden heraus, dass Babys mit »sicherer Bindung« (das heißt, dass sie darauf vertrauen, dass ihre Eltern für sie da sind) mehr unternehmen und abenteuerlustiger sind.[8] Kleinkinder, die sich der Fürsorge ihrer Eltern oder Betreuer nicht sicher sind, sind anhänglicher und weniger bereit, mit neuem Spielzeug oder einem neuen Freund zu spielen. (Aber machen Sie sich keine Sorgen, wenn Ihr Kleinkind noch sehr anhänglich ist. Da spielt auch das Temperament eine wichtige Rolle, und manche Kinder sind einfach vorsichtiger als andere.)

Das, was Kinder sicher macht, ist das Gefühl, dass die Eltern immer in der Nähe sind. Wenn sie das als gegeben annehmen, können sie ihre emotionale Energie auf neue Eindrücke lenken. Wenn ihnen dagegen schon das Leben an sich Angst macht, dann ist alles Neue zu viel für sie.

Denken Sie mal kurz über Ihre Haltung zu Insekten und unberührter Natur nach. Wenn Sie sagen: »Iiih, die scheußlichen Ameisen, bloß weg!«, dann wird sich natürlich auch Ihre Tochter vor ihnen fürchten. Wenn Sie dagegen sagen: »Toll, schau dir mal das an!«, dann wird sie Ihre Haltung übernehmen. Das heißt ja nicht, dass sie in Spinnennestern herumstochern oder tote Frösche aufsammeln soll. Aber wenn Sie in vernünftigem Maß ihr Interesse wecken, dann bleibt ihr dieses Interesse für den Rest ihres Lebens erhalten.

Das gilt genauso für Maschinen, das Innenleben von Autos und Computern, Schuppen, Werkzeuge, Heimwerken, Basteln, Musik machen, malen und bildhauern, kochen, tanzen, im Wald oder am Wasser sein: Die Begeisterung dafür springt immer von den Erwachsenen auf Ihre Tochter über.

Kunst gibt's umsonst

Das beste Lernmaterial für Ihre kleine Tochter ist einfach und billig. Es braucht keine superschicken »Lernspielzeuge« mit Batterie und blinkenden Lichtern, im Gegenteil: je schlichter und robuster, desto besser.

Wenn man immer Papier, Stifte, Farben zur Hand hat, kann man ein Kind zu künstlerischen Aktivitäten animieren. Schachteln, Eierkartons, alte Postkarten und Kataloge eignen sich zum kreativen Spielen und kosten keinen Cent. Legen Sie für Regentage oder ruhige Stunden einfach einen großen Vorrat davon an, und wenn Sie immer wieder etwas Neues hervorzaubern, setzt das die Aktivität jedes Mal neu in Gang.

Ein Hinweis: Räumen Sie nach dem Spielen immer alles wieder ordentlich weg und lassen Sie Ihre Tochter dabei helfen. Es fällt leichter, neu anzufangen, wenn man sich nicht erst durch das Chaos von gestern wühlen muss. Bringen Sie auch Abwechslung ins Spiel: heute Buntstifte, morgen Wasserfarben, übermorgen Buntpapier und Kleber – das vermittelt den Eindruck, dass immer neue Abenteuer warten.

DAS BESTE UMFELD FÜR KINDER IST SCHLICHT

Der Psychologe Kim Payne, Autor des wunderbaren Buches *Simplicity Parenting*[9], hat herausgefunden, dass ein riesiger Haufen Spielzeug zu weniger Spielaktivität führt – das Kind hat einfach zu viel zur Auswahl. Ein paar wenige einfache Dinge lassen dagegen viel mehr Raum für Fantasie. Wenn das Kinderzimmer schon überquillt, dann nehmen Sie heimlich die am wenigsten benutzten Spielsachen weg und bewahren Sie sie für später auf. Wenn Ihre Tochter auf dem Fußboden auf ein Heer von Puppen, Teddys und Spielzeug blickt, dann wird sie genau das Gleiche empfinden wie Sie: Entmutigung.

Und ehrlich, braucht irgendwer mehr als zwei Teddys? Na gut, drei.

Kleidung

Mädchen brauchen jede Menge alte, robuste Klamotten, damit sie fröhlich im Dreck wühlen und mit Farbe, Wasser und Klebstoff hantieren können und es keine Rolle spielt, ob sie sich dabei schmutzig machen. Genau genommen brauchen kleine Mädchen überhaupt keine empfindliche, modische Kleidung. Dieses gerüschte Zeug hat keinen anderen Zweck, als die Mädchen dazu zu bringen, dass sie sich Gedanken über ihr Aussehen machen. Kindermode ist nur da, um Erwachsenen zu gefallen, und wenn Sie Ihr Töchterchen in T-Shirt und Strampelhose nicht süß genug finden, dann sollten Sie weniger Modezeitschriften lesen. (Es gibt nichts Traurigeres als den Anblick eines kleinen Mädchens in diesen empfindlichen, ordentlichen Klamotten, in denen sie nichts anderes tun kann, als brav dazusitzen.)

Eine Mutter erzählte mir kürzlich, dass sie zu ihrer kleinen Tochter immer gesagt hätte, wie toll dieses Kleid aussehe oder wie hübsch sie sei. »Jetzt sage ich immer, komm, zieh die Turnschuhe (oder Gummistiefel) an, dann kannst du rumrennen und spielen.«

WIE MATILDA LERNT, FURCHTLOS ZU SEIN

Diese Geschichte hat mir Bob Goulding, mein Psychotherapielehrer am Western Institute in den 1980er-Jahren erzählt. Bob ist in der Geschichte der Großvater. Er war ein wunderbarer Mann.

Die zweijährige Matilda spielte gerne rund um den Pool, wobei ihre Mutter und Großeltern auf sie aufpassten. Sie spielte immer gut gelaunt im Planschbecken, aber von Zeit zu Zeit lief sie hinüber zum großen Becken und warf einen Blick hinein. Einmal machte sie plötzlich einen Schritt über den Beckenrand hinaus und tauchte im tiefen Wasser unter. Ihr Großvater hatte glücklicherweise nur ein paar alte Shorts am Leib und sprang ihr sofort hinterher. Er packte Matilda und holte sie aus dem Wasser. Matilda war immer noch völlig verblüfft, verzog ihr Gesicht und war drauf und dran loszuheulen. Doch bevor das passieren konnte, hielt ihr Großvater sie interessanterweise mit ausgestreckten Armen vor sich und rief: »Wahnsinn, Matilda kann schwimmen! Was sie für eine tüchtige Schwimmerin ist! Wirklich toll!« Dabei lachte er und schaute ganz begeistert. Matilda schien zu zögern und sah ihn kurz etwas verwirrt an – er war schwer zu ignorieren. Dann verzog sich ihr Gesichtsausdruck bemerkenswerterweise zu einem Lächeln, schließlich lachte sie gemeinsam mit ihrem Großvater. Ihre Mutter nahm sie ihm ab und brachte sie zurück ins Wasser, wo sich das positive Erlebnis verfestigen konnte.

Würde aus Matilda so eine besonders risikofreudige Person? Nein, wohl nicht, das plötzliche Untertauchen sorgte durchaus für einen Schrecken, aber es zeigte ihr, dass man Abenteuer auf sich nehmen kann und lachen besser ist als weinen. In ihrem Kopf wurde so die Basis dafür geschaffen, dass sie sich von Schrecken schnell erholen und psychisch widerstandsfähig werden kann.

Wenn wir keine Zäune um unsere Pools haben, mag es sinnvoll sein, Kindern Angst vor Wasser zu machen. (Die Aborigines machten ihren Kindern Angst vor bösen Geistern, die nachts hinter der Feuerstelle hervorlugen, weil es wichtig war, dass die Kinder nicht herumstreunten. In meiner Kindheit im englischen Yorkshire wurden wir immer halb im Spaß vor dem schwarzen Mann gewarnt.)

Wir sollten unseren Töchtern vermitteln, dass das Leben ein Abenteuer ist und sie ihren eigenen Fähigkeiten und ihrer Urteilskraft vertrauen können. Denn nur so werden sie ein erfülltes Leben haben. Solche Mädchen gehen tauchen, volontieren bei den *Ärzten ohne Grenzen*, werden Pilotin oder spielen in einer Indie-Rockband. (Jedenfalls möchte ich Ihnen das gerne einreden.)

Wenn Matildas Eltern ausgeflippt wären, aufgrund des unerwarteten Tauchgangs herumgeschrien hätten, dann wäre zu Matildas eigenem beträchtlichen Schrecken noch die elterliche Botschaft hinzugekommen, dass Wasser furchterregend ist. Sie hätte vielleicht eine Wasser- und Schwimmphobie entwickelt. »Du lieber Gott«, hätte sie gedacht, »sogar Mama und Papa haben Angst davor.«

Die Lehre, die ihr Großvater vermittelte – »Guck mal, das ist lustig« –, kann schon in frühestem Alter auf viele andere Bereiche übertragen werden. Wir können unseren Töchtern beibringen, sich wohlzufühlen mit Tieren, in der Natur, beim Klettern, in Büchereien, beim Sport, mit Menschen, dem Nachthimmel, dem Meer ... die Liste ließe sich endlos fortsetzen. Immer, wenn Sie ihr etwas Neues zeigen, können Sie das mit einem begeisterten »Schau mal, ist das nicht toll?« begleiten, und sie wird diese positive Botschaft begreifen. In einem vernünftigen Rahmen können Sie die Grenzen Ihrer Tochter bei jeder Gelegenheit erweitern.

Das Naturerlebnis ist wesentlich

Ein Garten mit richtigen Pflanzen, Erde und ein paar Bäumen ist großartig, ebenso ein kleines Spielhaus (ein großer Karton tut es auch) zum Rein- und Rauskrabbeln. Gärten sind von Natur aus mit Eidechsen, Insekten und Vögeln ausgestattet, und Sie können vielleicht noch einen netten alten Hund hinzufügen.

Ein Mädchen braucht Bewegung in der Natur. Wenn Sie in einem Mietshaus ohne Garten wohnen, gehen Sie in den Park, fahren Sie aufs Land oder ans Wasser, wann immer möglich. Bieten Sie ihr die Erfahrung von robusten Materialien und Blicken in die Weite, die sie braucht, um ein gutes Sehvermögen zu entwickeln. Das Laufen auf unebenen Flächen macht ihre Beine beweglich und stark. Das Geheimnis, was sich wohl hinter diesem Busch oder jenem hohen Gras verbirgt, regt ihre Vorstellungskraft an.

Computer, iPad und DVDs haben ihre Berechtigung, aber bei Kindern bis zum zehnten Lebensjahr stumpfen sie die Sinne eher ab und können einen negativen Einfluss auf ihre Gehirnentwicklung nehmen. Denn sie sind alle flach und blank und befinden sich im immer gleichen Abstand von den Augen. Die Augen bewegen sich durch das ständige Fokussieren zu wenig, um alle Gehirnareale gleichmäßig zu aktivieren. Außerdem empfindet man weniger Liebe und Verbindung zu einem Tier auf einem Bildschirm als zu einem, das man anfassen und streicheln kann.

Mit drei sei frei!

Für die Entwicklung ihres Gehirns ist es nötig, dass drei- oder vierjährige Mädchen ohne Druck spielen und frei und kreativ sein können. So werden sie später zu großartigen Wissenschaftlerinnen, Chefinnen, Problemlöserinnen oder Freundinnen, die immer »ihr eigenes Ding« durchziehen. Wenn sie aber zu Leistung gezwungen werden – in einer Vorschule mit »Frühlernzielen« oder von Eltern, die wollen, dass ihre Tochter Geige spielt oder irgendeiner Tätigkeit nachgeht, die sie auf das Konsumverhalten Erwachsener vorbereitet (Kinderschönheitswettbewerbe sind dafür ein besonders schreckliches Beispiel), dann werden sie sich nicht richtig entwickeln, sondern verkrampft, angespannt und unkreativ sein. Ganze Nationen haben mit überforderndem Vorschulunterricht für unter Sechsjährige diese Erfahrung gemacht. Das Ergebnis: ein totaler Mangel an Kreativität und feige, gefügige, konformistische Bürger. Mit sechs oder sieben ist ein Mädchen bereit für von außen gesteuertes Lernen (wenn auch nicht zu viel), weil ihr Gehirn sich weiterentwickelt hat. Wenn damit zu früh begonnen wird, dann kann es ihrem Denkvermögen, ihren Talenten und ihrer Klugheit eher schaden.

Also denken Sie über alles, was strukturiertes und organisiertes Lernen mit Leistung und Wettbewerb betrifft, lieber zweimal nach. Das nimmt Ihrer Tochter vielleicht die Freude an genau dem, was sie eigentlich gemocht hätte. Alle Aktivitäten, bei denen Kinder gemeinsam, aber jedes in seinem individuellen Tempo, etwas lernen, sind vorzuziehen.

Eine letzte Anmerkung: Die Jahre zwischen zwei und fünf können sehr anstrengend werden, und Sie werden sich vielleicht ein bisschen isoliert fühlen. Denken Sie nicht, dass Sie rund um die Uhr für Ihr Kind den Entertainer spielen müssen. Kinder müssen sich auch selbst beschäftigen, vor sich hin träumen und trödeln, damit ihre Fantasie wächst. Gerade in den Pausen zwischen verschiedenen Aktivitäten und in stillen Momenten entwickeln sich Kinder weiter. Schalten Sie Fernseher und Radio aus, sodass sie nachdenken und mit sich selbst reden können, das tun sie besonders gerne, während sie spielen.

Und sorgen Sie dafür, dass Sie selbst nicht vereinsamen. Gehen Sie in eine Spielgruppe, wo Kinder mit anderen zusammen Spaß haben und Sie sich mit anderen Müttern und Vätern austauschen können (es gibt jetzt auch Spielgruppen für Väter). Seien Sie auch einfach mal langweilig und ermutigen Sie Ihr Kind dadurch, sich ohne Sie zu beschäftigen, während Sie sozusagen mit dem Mobiliar verschmelzen. Auch Sie brauchen Ihre Pause!

Die Auswahl des Spielzeugs

Wenn Sie irgendetwas darüber gehört haben, wie Sie Ihrer Tochter einen guten Start ins Leben ermöglichen, dann sicher über »geschlechtsspezifisches Spielzeug«. Vom Spielzeug hängt es ganz entscheidend ab, welche unterschiedlichen Aktivitäten Ihre Tochter an den Tag legt, und man sollte eigentlich denken, dass die Hersteller hier inzwischen Fortschritte gemacht haben. Das Gegenteil ist der Fall: Es wird immer schlimmer. Firmen geben es nie auf, Kinder und Eltern mit intensivem Marketing zu ködern – besonders via Fernsehen, wo Spielzeug immer viel besser aussieht, als es tatsächlich ist. Den folgenden Artikel hat die Journalistin und Modekolumnistin Paula Joye verfasst. Sie betreibt eine Website und ist zudem eine sehr vernünftige Mutter. Ich hätte das Folgende nicht besser formulieren können:

Stangentänzerin als Rollenvorbild?

von Paula Joye

Meine jüngste Tochter ist fünf und hat das Wochenende damit verbracht, dem Weihnachtsmann einen Wunschzettel zu schreiben. Zwischen einem Rucksack in Form eines Koalabären und einer Lupe für Detektive steht auch eine Anziehpuppe der Firma Bratz. Die Werbung dafür hat meine Tochter im Fernsehen gesehen, als sie Findet Nemo *anschaute. Die Puppe hat ein Outfit, das sich gut beim Stangentanz machen würde, ihre knielangen Haare haben pastellfarbene Strähnen, und sie trägt Kreolenohrringe und mehr schwarzen Eyeliner als Kim Kardashian. Ich bin ein bisschen in der Klemme, weil wir keine einzige Bratz-Puppe im Haus haben. Ich kann nicht genau sagen, was ich an ihnen nicht mag. Mich ekelt vor ihrem lutscherförmigen Kopf und ihrem kissenförmigen Schmollmund. Ich hasse das starke Make-up. Aber am meisten entsetzt mich ihre Garderobe: Im Ernst, diese Puppen sind wie fürs Bordell angezogen. Spielzeug für fünf- bis zehnjährige Mädchen darf nicht so offensichtlich sexy aussehen. Hübsch, dämlich, klug, hässlich lasse ich mir eingehen, aber derart leicht bekleidete Puppen sollten einsamen Männern vorbehalten sein, die im richtigen Leben keine Freundinnen finden.*

Für mich ist die Aussage ganz klar. Die Marke Bratz ist 13 Jahre alt, das heißt, ihre allerersten Testkundinnen sind jetzt gerade in einem Alter, wo sie ihre ersten Erfahrungen mit Mode machen. Am Wochenende sah ich einige dieser Mädchen zu einem Eminem-Konzert in Sidney gehen. Sie trugen Kleidung, die jeder Beschreibung spottet. Sie hatten so wenig Stoff am Leib, dass es mir schwerfällt, einen anderen Ausdruck als schlicht »nackt« zu verwenden. Dies ist die erste Generation junger Mädchen, die in einer Gesellschaft groß wurden, die davon besessen ist, sie im Turbogang zu Frauen zu machen. Mit welchem Ergebnis, das sehen wir zuallererst an ihrem Modegeschmack. Noch mehr als die blanke Haut schockierte mich der Einheitslook. Alle waren identisch gekleidet. Ein ganzes Meer abgeschnittener winziger Jeansshorts und bauchfreier Tops. Teenager haben sich immer gegenseitig kopiert, es ist normal, sich genauso zu kleiden wie die Freundin – aber früher gab es trotz allem noch mehr Vielfalt und eigenen Stil. Ich habe in diesem Alter damals Madonna, Wendy James und Diane Keaton nachgeeifert. Ich habe ständig experimentiert. Aber in dieser Masse war davon nichts zu sehen. Alle sahen gleich aus. Gleich sexy.

Wir können nicht allein Bratz oder Barbie die Schuld geben, denn junge Mädchen sind vielen Einflüssen ausgesetzt. Aber die gänzliche Abwesenheit tauglicher Rollenvorbilder sowohl im Spielzeugladen als auch im gesellschaftlichen Mainstream macht mich mutlos. Kaum haben sie sich von Dora, die Entdeckerin *und* Angelina Ballerina *verabschiedet, reduziert sich die Auswahl auf Bindi Irwin, Harry Potters Hermione und ein paar besondere Charaktere aus einem Kinderkanal. Ansonsten bleiben noch Miley Cyrus, Taylor Swift, Selena Gomez und Justin Bieber. Wo sind Pippi Langstrumpf und Ronja Räubertochter geblieben? Warum gibt es keine Kate Winslet für die Neun- bis Zwölfjährigen?*

Es wäre viel leichter, vor Bratz zu kapitulieren. Das strahlende Gesicht meiner Tochter, wenn sie an Weihnachten das Geschenk auspackt, ist für mich eine große Versuchung. Aber immer, wenn ich schwanke, schließe ich meine Augen und stelle mir vor, wie sie die Puppe mit den hüfthohen Stiefeln, dem mikroskopisch kleinen Minirock und dem Bustier bekleidet … Nein, ich erwarte mehr! Mehr Fantasie von den Spielzeugherstellern, mehr Tiefgang von der Puppe und, ehrlich gesagt, auch mehr Stoff für mein Geld.

Paula Joye ist Herausgeberin von www.lifestyled.com.au.

PUPPEN

Über Puppen muss ich etwas sehr Wichtiges sagen: In der Waldorf-Pädagogik, wo Kinder nie zu etwas gedrängt und gehetzt werden und man sich viele Gedanken um Alter und Entwicklungsphasen des Kindes macht, haben die Puppen keine Gesichter.

Sie sind ganz farblos, flach und schlicht gekleidet. Erstaunlicherweise lieben die Kinder sie. Das Kind verwendet beim Spielen seine ganze Fantasie darauf, sich vorzustellen, wie die Puppe aussieht, was sie fühlt und tut.

Diese Puppen beeinflussen die Kinder nicht. Sie werden mit ins Bett genommen und zugedeckt, mit ihnen können Träume, Fantasien und Ängste ausagiert werden. Ganz anders als bei einer Barbiepuppe. Je natürlicher, ungeformter ein Spielzeug ist, je weniger man ihm die Marke ansieht, desto besser ist es für kleine Kinder, egal ob Jungen oder Mädchen.

Ratschläge zu Spielzeug wären nicht umfassend ohne eine Bemerkung zu Lego. Mr. Lego, wenn es ihn denn gibt, war ohne Zweifel ein Genie und verdient den Nobelpreis. Es gibt keine Bauklötze, die hinsichtlich weltweiter Popularität, Zweckmäßigkeit und Anziehungskraft an Lego heranreichen. In seinen unterschiedlichen Varianten stimuliert Lego die Fantasie vom Baby bis zum technikbegeisterten Teenager. Auch Mädchen mögen es, und es ist gut für sie, wenn sie es in die Finger bekommen.

Doch seit Kurzem haben Marketingfachleute bei Lego das Sagen, und sie haben beschlossen, dass dringend eine Mädchenversion benötigt wird. Was dabei herauskam: Lego Friends – fünf kurvige kleine Figürchen, die backen, den Haushalt machen, dekorieren, einkaufen und sich die Haare frisieren. Na, entdecken Sie da irgendwelche Geschlechtsklischees in dieser kleinen Auswahl?

Beim Lego für Jungen dagegen gibt es Feuerwehr, Raumfahrer, Ritter in Rüstung, Gebäude, Autos, Möbel und unbegrenzte Möglichkeiten. Jungs spielen in der Legowelt, Mädchen dagegen in ihrem kleinen Getto namens Heartlake City. (Da gibt es natürlich keine Feuerwehr, die Mädchen müssen die Jungs rüberholen, wenn ihr Kosmetikstudio in Flammen aufgeht.) Als die Serie herauskam, schäumten viele Frauen vor Wut. Eine von ihnen fasste sie in einem klaren Satz zusammen: »Es GIBT bereits ein Lego für Mädchen: Es heißt Lego.«

Lego hat sicher jahrelang Millionen verschlingende Forschung betrieben. Der Forschungsleiter erklärte einer dänischen Zeitung, dass das zentrale, alles überragende Interesse von Mädchen das Thema *Schönheit* sei. Darauf sei das Mädchen-Lego aufgebaut. Mädchen würden sich mit Puppen identifizieren, die schön seien oder schön gemacht würden. Ich will mit den Lego-Leuten gar nicht über diese Entdeckung streiten, aber für mich ist sie ein Zeichen dafür, wie *beschädigt* unsere Mädchen bereits sind. Die Antwort auf die Frage »Wie sehe ich aus?« ist ihre größte Sorge. Wenn Sie wollen, dass sich Ihre Tochter nur für dieses Thema interessiert, dann ist das Mädchen-Lego wie für Sie gemacht.

Also besorgen Sie auf jeden Fall Lego für Ihre Tochter, aber nicht die Mädchenversion. Nicht den rosa und lila Kosmetiksalon oder das Café. Klar, vielleicht baut sie sich so etwas dann selbst, aber vielleicht mag sie ja Raketen, Burgen, Kanonen, Pferde, Bäume, Lastwagen und Bauernhöfe lieber. Und es wäre verdammt schade, wenn sie nicht die Auswahl hätte.

SO WERDEN MÄDCHEN STARK

Früh übt sich

Wenn Sie Glück haben, kennen Sie einige starke Frauen, die sich für ihre eigenen Interessen und die anderer einsetzen. Die brechen unter Stress nicht zusammen. Solche möchten Sie an Ihrer Seite haben, wenn es mal hart auf hart geht. Wie wurden diese Frauen so, wie sie sind? Wurden sie so geboren? Normalerweise nicht, in der Regel wurden sie stark, weil sie es mussten.

Manche Mädchen müssen in ihrer Kindheit mit enormen Widrigkeiten und viel Unglück fertigwerden, zum Beispiel mit der

Krankheit oder dem Tod eines Elternteils, einem Unfall oder der Flucht aus ihrer Heimat aufgrund von Krieg oder Verfolgung. Dank äußerer Unterstützung und innerer Ressourcen schöpfen sie aus sich selbst eine enorme Stärke.

Doch die meisten Menschen gehen mit weniger dramatischen Schritten durchs Leben und entwickeln ihre Stärke nach und nach: in einer neuen Schule, in der man niemanden kennt; beim Anblick von Spritzen und Blut in einer Arztpraxis; bei einem Referat in der Schule oder einem Einstellungsgespräch; indem man seine Zusagen einhält, auch wenn man dafür mal die Zähne zusammenbeißen muss. Das Leben selbst bringt uns nach und nach bei, dass wir vieles schaffen können.

Aber es gibt noch einen dritten Weg, den sichersten und besten: Wir können zu Stärke erzogen werden. Elternschaft besteht zu einem großen Teil daraus, die Töchter dabei zu unterstützen. Nicht, indem wir sie schlecht behandeln oder es ihnen schwer machen, sondern indem wir ihnen behutsam beibringen, immer schwierigere Aufgaben zu bewältigen.

Sie müssen es durchziehen

Es fängt damit an, den Mädchen – auf die jeweils dem Alter angemessene Weise – beizubringen, anderen zu helfen und sich in der Familie als Team zu verstehen.

- Als Matilda ein Kleinkind war, hatte ihre Mutter mit ihr ein Einschlafritual: Sie wurde gewaschen, putzte sich die Zähne und räumte dann ihre Sachen auf. Schließlich bekam sie im Bett eine Geschichte vorgelesen.
- Amy ist im Vorschulalter. Ihre Mutter möchte, dass sie nach dem Abendessen die Teller zur Spülmaschine bringt, dann ihr Spielzeug wegräumt und ihre schmutzige Wäsche in den Wäschekorb wirft.

- Mandy geht schon in die Schule. Sie muss den Hund versorgen, ihn füttern und abends ins Haus holen und mehrmals wöchentlich zusammen mit ihrem Vater mit dem Hund Gassi gehen.
- Erin ist ein Teenager. Sie arbeitet dreimal die Woche abends nach der Schule in der Bibliothek, um Geld für die Klassenreise zu verdienen.
- Die Studentin Myriam kocht dreimal die Woche abends für die Familie, wenn ihre Eltern lange arbeiten müssen.

Auch wenn es eine Weile dauert, bis man die Kinder so weit hat, zahlt sich das später aus, wenn sie in die Schule oder ins Teenageralter kommen. Dann werden sie ganz von selbst wissen, was sie können, und auch die Erfahrung gemacht haben, dass ihre Familie sie braucht.

Wie Sie Ihre Tochter dazu bringen, sich kooperativ zu verhalten

Wenn wir einem Kleinkind sagen, dass es etwas tun soll, dann folgt es manchmal – viel öfter jedoch nicht. Fangen Sie mit einer ganz einfachen Bitte an und schauen Sie Ihrer Tochter dabei in die Augen, damit sie sich in der Pflicht fühlt. Wenn sie nicht folgt, braucht sie eine strengere Aufforderung. Manchmal zeigt das Wirkung. Wenn nicht, müssen wir uns etwas anderes einfallen lassen. Weder durch Schreien und Drohen noch durch Aufgabe unserer Absicht bringen wir dem Kind etwas bei.

Stellen Sie sich vor, Ihre Tochter hat wirklich etwas angestellt: nicht gehorcht, jemanden geschlagen, in einem Trotzanfall etwas kaputt gemacht, das Badezimmer mit Filzstiften ausgemalt. Bringen Sie sie in irgendeinen Winkel, wo sie keine Ablenkung hat, und sagen Sie ihr, dass sie stillstehen und mit Ihnen reden soll. Wenn sie das nicht tut, dann sagen Sie ihr, dass sie so lange stillstehen soll, bis sie reden kann. (Bei einem sehr widerspenstigen Kleinkind müssen Sie vielleicht stehen bleiben und es festhalten.) Warten Sie so lange, bis sie sagt, dass sie bereit ist, mit Ihnen zu reden.

Zara zum Beispiel ist drei …

Mutter: Wirst du jetzt mit mir reden?

Zara: Ja. (Schmollt und grummelt)

Mutter: Was meinst du, was hast du getan, was schlecht war?

Zara: Nichts.

Mutter: Möchtest du noch ein bisschen nachdenken?

Zara: Ich hab Elly gehauen.

Mutter: Genau, und du sollst andere nicht hauen.

(Zara schmollt und grummelt)

Mutter: Was sagst du?

Zara: Sie hatte meine Puppe.

Mutter: Na gut, dann sprechen wir nachher mit ihr. Aber jetzt geht es darum, dass man niemanden haut. Was machst du jetzt, um das in Ordnung zu bringen?

Zara: Ich will was trinken.

Mutter: Jetzt bringst du erst mal das in Ordnung, was du falsch gemacht hast.

Zara: Tut mir leid.

Mutter: Also gehst du jetzt zu Elly und entschuldigst dich?

Zara: Ja.

Mutter: Und was machst du nächstes Mal anders?

Zara: Ich hau sie nicht.

Mutter: Super, schön, dass du das verstanden hast.

Manche denken, Disziplin hätte damit zu tun, das Kind zu »besiegen«. Aber das ist nicht das Ziel. Es geht darum, es stärker zu machen, ihm klarzumachen, wie es mit sich selbst und seinen Gefühlen umgehen kann und wie es ihm gelingt nachzudenken, selbst wenn es aufgeregt ist. (In meinem Buch *Weitere Geheimnisse glücklicher Kinder*[10] finden Sie mehr über die Methode »Stillstehen und Nachdenken«. Sie taugt für Jungen und Mädchen gleichermaßen.)

BRINGEN SIE IHR BEI, WIE MAN ES RICHTIG MACHT

Disziplin hat viel mit Helfen und Anleiten zu tun, nichts mit Streiten. Wenn etwas nicht so klappt, wie es soll, und sich die passende Gelegenheit ergibt, dann nutzen Sie sie, um Ihrer Tochter zu zeigen, wie es richtig läuft.

Stellen wir uns vor, Lily fängt an, laut zu brüllen, um ihren Bruder dazu zu bringen, sie auch mal mit dem Schlitten fahren zu lassen. Lily ist zwei, ihr Bruder sechs. Zuerst beruhigt ihre Mutter sie kurz. Dann sagt sie: »Komm mit, wir versuchen es noch mal.«

Sie gehen zu Lilys großem Bruder, der immer noch auf dem Schlitten sitzt. Die Mutter geht in die Hocke und sagt Lily vor, was sie sagen soll: »Bitte, Jake, kann ich auch mal auf dem Schlitten fahren?«

Dann ermuntert sie sie, es selbst höflich und deutlich zu sagen.

Wenn Lily das nächste Mal angelaufen kommt, um sich zu beklagen, fragt ihre Mutter sie, ob sie höflich, deutlich und laut mit ihrem Bruder gesprochen hat. Natürlich muss sie auch mit Lilys Bruder darüber sprechen, dass er mit seiner Schwester teilen und sie zum Spielen ermutigen soll. Er ist ein paar Jahre älter und lernt dabei, dass es angenehmer ist, sich mit anderen zu verständigen. Lilys Lektion dagegen ist erst einmal nur: »Brüll nicht, sondern frage.«

Prägen Sie sich eine feste Reihenfolge ein, wie Sie Ihrem Kind etwas beibringen:

- Es dem Kind vormachen.
- Es mit dem Kind zusammen machen.
- Zuschauen, wenn das Kind es macht.
- Es das Kind alleine machen lassen.

UNTERSCHIEDLICHE BEDÜRFNISSE VERSTEHEN LERNEN

Jeder Mensch hat unterschiedliche Bedürfnisse, und Kinder müssen lernen, diese wahrzunehmen. Eltern haben zum Beispiel das Bedürfnis, ihr Gehör zu schonen, deshalb muss Lily lernen zu verstehen, dass Brüllen nichts bringt und andere nur verärgert. Klare und deutliche Worte zu benutzen, ist für ein Kleinkind ein großer Schritt. Ihr sechsjähriger Bruder muss hingegen lernen zuzuhören, zu erklären, zu teilen und zu verstehen, dass Kleinkinder weniger geduldig sind. Und Sie als Eltern müssen lernen, Ruhe zu bewahren – denn die lieben Kleinen können ganz schön kreischen, wenn man ihnen nicht beibringt, es sein zu lassen.

Mit Kleinkindern muss man sofort an Ort und Stelle reden, mit Teenagern kann man auch noch mit einem gewissen Abstand von der konkreten Situation diskutieren, etwa über Regeln und die Konsequenzen ihres Tuns. Teenager haben vielleicht das Bedürfnis, bei jemandem etwas wiedergutzumachen, oder sie sind traurig über den Verlust eines Privilegs, oder sie möchten Vertrauen wiederherstellen, indem sie zeigen, dass sie halten, was sie versprochen haben.

POSITIVE STIMMUNG

In unserer eigenen Kindheit wurden wir oft durch Schreien und Vorwürfe diszipliniert, das war verbunden mit Ärger und unangenehmen Gefühlen. Echte Disziplin hat damit nichts zu tun, sie braucht Geduld und Ermutigung. Sie haben dabei immer zwei Ziele: Ihr Kind soll eines Tages unabhängig werden, das wollen Sie, und Ihr Kind will es auch. Und Sie wollen eines Tages gute Freunde werden; denn Sie waren es, die Ihrem Kind zur Unabhängigkeit verholfen haben.

WENN ES DARAUF ANKOMMT

Das Ziel von Disziplin ist nicht, Kinder gefügig zu machen. Das Ziel ist, dass sie auch in Ihrer Abwesenheit über ein Gerüst der Stärke und des Selbstvertrauens verfügen. Irgendwann einmal wird Ihre Tochter abends mit Leuten unterwegs sein, die Alkohol getrunken haben. Irgendwer wird mit dem Auto woanders hinfahren wollen, alle sind sturzbetrunken oder high, alle werden lachen, und ihre Freundinnen werden »los, komm schon« sagen. In diesem Augenblick wird sie dann das Rückgrat haben zu sagen: »Mit dem fahr ich nicht, der ist betrunken« oder »Also hört mal, ich will am Leben bleiben, wir rufen uns ein Taxi«.

Ich habe bei meiner Arbeit oft mit Jugendlichen zu tun, die gelähmt sind oder eine Hirnverletzung haben, deren Freund bei einem Autounfall ums Leben kam oder die vergewaltigt wurden, nachdem sie mit einem Fremden irgendwohin gingen, wo keine Hilfe in Reichweite war. Sie alle sagen: »Ich habe mir nichts Böses dabei gedacht« oder »Ich war verwirrt und konnte deshalb keine Verantwortung für mich übernehmen«.

Disziplin sorgt dafür, dass man auch noch nachdenkt, wenn man unter Druck steht, und im eigenen Interesse den Mund aufmacht. Sie sorgt dafür, die eigenen Grenzen zu kennen, kurz, sie sorgt für Stärke.

Wenn Sie in der Lage sind, Ihrem Kind zu sagen: »Das ist mir nicht recht« oder »Das ist falsch«, dann wird auch Ihr Kind das können – eines Tages in einer Situation, in der es wirklich darauf ankommt. Das ist eine große Gabe, die junge Leute dringend brauchen.

Kurz gefasst

- Vom 1. bis zum 3. Lebensjahr geht es ums Entdecken. Geben Sie Ihrer Tochter die Gelegenheit, viel zu entdecken und auszuprobieren. Bringen Sie Ihre Energie und Begeisterung ein, damit sie merkt, dass Unordnung, Schmutz und Verspieltheit völlig in Ordnung sind.
- Natur zu erleben ist lebenswichtig, und ein Garten kann dabei helfen.
- Ziehen Sie ihr robuste Kleidung an, damit sie sich ausleben kann.
- Halten Sie Pappe, Papier, Farben und Buntstifte bereit.
- Vielleicht steckt in ihr eine Sportlerin, Wissenschaftlerin, Künstlerin oder Ingenieurin – ermutigen Sie sie bei allem, was sie interessiert.
- Geben Sie ihr nicht zu viele Spielsachen und gestalten Sie ihr Spielzimmer schlicht, das ist einladender für sie.
- Vielleicht ist sie von Natur aus ein fürsorglicher Typ. Ganz schlichte Puppen oder Teddys sind genau richtig, um diese Seite ihres Charakters zu stärken, damit kann sie sich ihre eigenen Spiele ausdenken.
- Vermeiden Sie alles Spielzeug, das die Aufmerksamkeit Ihrer Tochter auf Äußeres und Kleidung lenkt. Vermeiden Sie überhaupt alles,

was speziell für Mädchen gedacht ist. Die Welt um sie herum wird sie noch früh genug in diese Richtung lenken.

- Erziehen Sie Ihr Mädchen freundlich, aber konsequent zu Disziplin. So wird sie das Rückgrat entwickeln, das sie braucht, um später genau dann stark und kompetent zu handeln, wenn es darauf ankommt.

Kapitel 4

Mit anderen zurechtkommen

(5. bis 10. Lebensjahr)

Freunde finden

Freunde sind für die meisten von uns sehr wichtig, aber für Mädchen sind sie so lebensnotwendig wie die Luft zum Atmen. Mit fünf oder sechs, wenn Mädchen in die Schule kommen, sind ihre Freundinnen die Garanten für Gesellschaft, für Trost und für Spaß. Und Eltern sind höchst erleichtert, wenn ihre Töchter ein oder zwei Freundinnen gefunden haben, auf die sie sich verlassen können.

Natürlich können Freunde auch Schmerz verursachen. In 90 Prozent der Fälle, in denen Ihre Tochter in Tränen aufgelöst zu Ihnen gelaufen kommt, geht es um einen Vorfall in ihrem sozialen Umfeld. (Jungen scheinen in dieser Hinsicht viel entspannter. Sie prügeln sich mit einem Freund – und ich meine, richtig prügeln – und sind eine Stunde später wieder beste Kumpels. Manche Mädchen machen sich noch am Freitag Gedanken, weil am Montag ein anderes Mädchen sie schief angeschaut hat und sie nicht wissen, warum.)

Menschliche Beziehungen sind eben so komplex, dass man Jahrzehnte braucht, um sie zu verstehen. Auch Sie und ich lernen ständig dazu. Also braucht Ihre Tochter Ihre Hilfe. Sie sind Ihr verlässlicher Anker zu Hause, Sie helfen ihr, herauszufinden, was schiefläuft, verbinden ihre Wunden, trösten sie und schicken sie wieder hinaus, um einen neuen Versuch zu wagen.

Mit anderen zurechtzukommen gehört zu den wichtigsten Dingen, die wir unseren Kindern beibringen können. Nichts ist entscheidender für ihr späteres Glück und ihren Erfolg im Leben. In diesem Kapitel untersuchen wir die Fähigkeiten, die Sie fördern müssen, damit Ihre Tochter Freundschaften schließen kann.

Wie Freundschaft entsteht

Babys sind fasziniert von anderen Babys, aber sie spielen nicht miteinander. Mama und Papa scheinen ihnen viel unterhaltsamer.

Ein Kleinkind in einer Spielgruppe dagegen hängt sich manchmal sehr entschlossen an ein anderes Kind und überschüttet es mit Zuneigung (das Ziel der Annäherung hat dabei kein Mitspracherecht). Kinder unter drei können nicht länger als einige Minuten mit anderen Kindern interagieren (zumindest nicht ohne Schiedsrichter), aber sie nehmen sich bereits gegenseitig wahr – der erste Schritt zur Freundschaft.

Mit vier oder fünf spielen Mädchen meist sehr schön miteinander. Am meisten mögen sie Fantasiespiele, das »So tun, als ob«. Es ist erstaunlich, welche magischen Welten sie sich mit ganz wenigen Requisiten ausdenken können. Die Topp Twins, zwei überaus beliebte Entertainerinnen in Neuseeland, wurden kürzlich zu ihrer Kindheit auf einem Bauernhof in den 1950er-Jahren befragt.[11] Sie hatten nicht viel Spielzeug, aber beide besaßen einen stabilen abgewetzten Stock, an dessen Ende ein Stück Seil befestigt war. Der Stock war das Pferd, das Seil diente als Zügel. Wenn ihr Vater sie zur hinteren Weide schickte, um nach einem Wassertrog zu sehen, wies er sie immer mit ernster Miene an, zu »reiten«, um Zeit zu sparen. Und jedes Mal banden die Zwillinge ihre Rösser ans Geländer, wenn sie zurückkamen.

»So tun, als ob« ist nicht einfach nur ein Zeitvertreib, es ist die Basis jeglicher Kreativität – ohne das gäbe es keine Bücher, Filme, Musik oder Wissenschaft. Nichts geschieht, ohne dass es sich zuerst einmal jemand vorgestellt hat. Fröhliches Spielen mit sich selbst oder anderen ist die beste Aktivität zur Entwicklung des kindlichen Denkvermögens.

Mit anderen zusammen zu spielen fordert eine ganze Reihe neuer Fähigkeiten. Ein Mädchen, das alleine spielt, kann sagen, wo es langgeht, weil die Teddys nicht mit ihr streiten werden. Aber beim gemeinsamen Spielen müssen Kinder eine gemeinsame Fantasiewelt mit anderen aushandeln – kein Mädchen kann Königin der Piraten sein, wenn ihr die Mannschaft fehlt. Wenn die Königin alles kontrollieren will, dann meutert die Mannschaft und segelt davon. Hören Sie mal heimlich Mädchen beim Spielen zu: Die Hälfte der Zeit verbringen sie damit auszuhandeln, wer die Traumrolle bekommt.

Beim Spielen lernen wir, mit anderen in Beziehung zu treten. In seinem Buch *The Wonder of Girls*[12] erzählt Michael Gurian von einem Erlebnis mit seinen Töchtern im Park. Sie sind sieben und vier Jahre alt und haben ihre Stofftiere mitgenommen. Es ist früh am Morgen, außer ihnen ist noch niemand auf dem Spielplatz. Die beiden übernehmen das Kommando auf dem hölzernen Piratenschiff und sind in kürzester Zeit ganz versunken in ihrem Spiel.

Da taucht eine Mutter mit ihren beiden Söhnen auf, etwa im gleichen Alter, fünf und acht, schätzt Gurian. Die zwei entern das Schiff, und ihr lautes Geschrei stört die Mädchen bei ihrem stillen Spiel. Sie bleiben an der Seite stehen, sind nicht ganz sicher, was sie tun sollen, und versuchen, ihr Spiel fortzusetzen. Aber weil die Jungen den ganzen Platz dominieren, fällt ihnen das schwer.

Gurian ist ein Jungenexperte, und auch wenn er versucht, Verständnis aufzubringen, ärgert er sich. In ihm regt sich ein feministischer Impuls. (Sie haben vielleicht bemerkt, dass ich im vorigen Absatz das Wort »dominieren« verwendet habe.) Er will sich aufs hohe Ross setzen, aber während er noch unsicher ist, wie er vorgehen soll, passiert etwas Interessantes: Seine ältere Tochter, das Alphamädchen, sagt etwas zum Alphajungen. Beide zeigen auf etwas. Die Große spricht mit der Kleinen, die ein Spielzeug zu dem kleineren Jungen mit hinübernimmt. Die beiden setzen es an eine Stelle im Bug des Schiffes. Innerhalb von Sekunden beginnen die vier mit einem fesselnden Spiel um Prinzessinnen, Riesen, Schätze und den verlorenen Schuh von Aschenputtel. Es dauert Stunden, und alle haben einen Riesenspaß.

Die Jungen waren nicht absichtlich dominant (selbst wenn auch das durchaus mal der Fall sein kann). Sie waren einfach nur energiegeladen, was die Mädchen aber aus dem Konzept brachte. Ohne das Zutun von Erwachsenen machten die Mädchen einen Schritt auf die Jungen zu – nicht um mit ihnen zu streiten, sondern um sie zu integrieren, nicht nur, um den vorhandenen Platz zu teilen, sondern auch ihre Gedanken. Es kam ein Spiel in Gang, das mehr Spaß brachte, als die beiden Paare allein hätten haben können. Die Fantasie der Mädchen und die Energie der Jungen verband sich in einer Weise, die für die Zukunft aller vier nur das Beste hoffen ließ.

Wenn Dinge schieflaufen

Eltern sollten sich erst einmischen, wenn nichts anderes mehr funktioniert. Wenn ein Gespräch mit Ihrem Kind mit der tränenreichen Klage »Niemand will mit mir spielen« beginnt, dann können Sie gemeinsam herausfinden, woran es liegt. Sie können darüber sprechen, dass auch andere beim Spielen eine wichtige Rolle haben und mitreden wollen.

Das kann sehr heftig werden. Es ist für Eltern wie für Kinder schockierend, wie hart und herzlos andere Kinder manchmal sein können. Das liegt schlicht daran, dass sie noch nicht gelernt haben, ihre Gefühle zu verbergen. Sie können sehr intensiv hassen, aber das geht meist schnell vorbei, und dann ist alles vergeben und vergessen. Sie sollten jedoch nur dann intervenieren, wenn Gewalt im Spiel ist oder ein Kind Sie dazuholt. Wenn das passiert, sollten Sie vermeiden, Partei zu ergreifen, sondern stattdessen den Kindern ermöglichen, sich zu entspannen und wieder ins Gleichgewicht zu kommen. Normalerweise finden sie wieder zurück ins Spiel.

Gegen Ende der Grundschulzeit gewinnen Mädchenfreundschaften emotionale Tiefe. Ein Mädchen hat dann in der Regel eine beste Freundin, oder es ist ein Trio, das gut miteinander auskommt und schier unzertrennlich ist. Mit diesen vertieften Freundschaften kurz vor oder zu Beginn der Teenagerzeit machen sie sich auf den Weg, weg von der ausschließlichen Abhängigkeit von Mutter oder Vater. Wir werden beim Erwachsenwerden nicht im eigentlichen Sinne unabhängig, wir hängen nur von einem größeren Kreis von Menschen ab.

Das äußert sich bei Mädchen darin, dass sie ihre Geheimnisse teilen. Kinder unter fünf erzählen jedem alles, was manchmal ziemlich peinlich werden kann. Von fünf bis zehn sind sie in der Regel sehr loyal gegenüber ihren Familien. In einer Therapie würde ein Mädchen dieses Alters nur selten erzählen, dass ihre Mutter trinkt oder ihr Vater jähzornig ist. Sie braucht ihre Familie so sehr, dass sie dazu neigt, sie zu schützen. Wenn es etwa zehn ist, gewinnt es zur Familie Distanz und sieht sie in einem klareren Licht. In der Jugend teilen Mädchen mit ihrer Freundin ihre geheimsten Familiensorgen und -probleme. Das ist eine wichtige Quelle des Trostes und der Unterstützung, weil es in diesem Alter zu notwendigen und gesunden Auseinandersetzungen mit den Eltern kommt. Genau wie wir sie in der Grundschule wegen ihrer Freundinnen trösteten, so trösten in der höheren Schule ihre Freundinnen sie unseretwegen.

Durch das Teilen von Problemen geht man eine Bindung ein. Es kommt sogar vor, dass ganz zufriedene Mädchen Probleme erfinden (»Mann, meine Eltern behandeln mich wie ein kleines Kind!«), nur um einer Freundin gegenüber Empathie zu zeigen, die echten Stress mit ihrer Familie hat.

Freundschaften in der Grundschule dienen der Gesellschaft und dem Spaß. Später werden sie auch zum Resonanzboden für die eigenen Gefühle und zum emotionalen Halt.

UNPASSENDE FREUNDINNEN

Manchmal suchen sich Mädchen ganz unpassende Freundinnen. Michael Thompson, Psychologe und Spielexperte, schildert einen klassischen Fall: Eine coole, modebewusste Zwölfjährige, deren Eltern gerade in einem Scheidungskrieg stecken, freundet sich mit einem fleißigen, zurückhaltenden, stabilen und fürsorglichen Mädchen an. Ihre Spiele drehen sich um Hütten im Wald, Pferde und Prinzessinnen. Für das coole Mädchen ist es ein großer Trost, eine geduldige Freundin zu haben, mit der sie immer noch

Kind sein kann, ohne sich anzupassen und ständig über Jungen oder Kleider reden zu müssen. Ihre modeinteressierten Freundinnen sind völlig verblüfft, aber die Unterschiede zwischen den beiden Mädchen sind eine Bereicherung für beide; sie bieten sich gegenseitig neue Perspektiven bei der Entwicklung ihrer Identität. Gegensätzliche Freundschaften, in denen sich die unterschiedlichen Stärken der Mädchen ergänzen, bringen oft viel mehr als das Zusammensein mit lauter wesensähnlichen Kindern. Auch wenn sie nur kurz dauern, sind sie nützlich und fördern die Entwicklung.[13]

Mit welchen Fähigkeiten gewinnt man Freunde?

Noch einmal: Die Fähigkeit zur Freundschaft entsteht schon beim Baby. Die stabile Bindung zwischen Mutter und Kind ist fundamental für die Bereitschaft zu vertrauen, Liebe zu geben und Nähe zu anderen aufzubauen. Wenn Ihre Tochter sich Ihrer Nähe sicher war, wird sie auch wissen, wie man anderen Menschen nahe sein kann.

Es wird vorkommen, dass Ihre Tochter sich mit Mädchen anfreundet, denen diese Geborgenheit als Baby fehlte, weil ihre Mütter sich kalt und gefühllos verhielten, gestresst oder depressiv waren. Solche Mädchen werden die entsprechenden Probleme in die Freundschaft einbringen. So kann ein unsicheres Mädchen sehr anhänglich und besitzergreifend sein und die neue Freundin mit niemandem teilen wollen. Oder sie ist dominant und kontrollsüchtig, alle sollen tun, was *sie* will, und gehen, wohin *sie* will. Vielleicht überwindet sie durch die Freundschaft dieses Verhalten, aber häufiger wird Ihr Kind diese Gesellschaft zu anstrengend finden und flüchten. Wenn Ihre Tochter die unsichere ist, dann braucht sie vielleicht erst mehr Nähe und Freundschaft von Ihnen, bevor sie sich im Kreis Gleichaltriger wohlfühlen kann. Mütter und Väter sind die ersten Freunde ihrer Töchter.

Überprüfen Sie Ihr eigenes Verhalten: Sind Sie in Gegenwart Ihrer Tochter ruhig, geerdet und zugänglich? Manche Mädchen brauchen mehr Zuwendung als andere. Manche Eltern sind sehr sprunghaft: in einem Moment extrem aufmerksam, im nächsten komplett abwesend. Deren Töchter errichten dann eine Art Schutzschild, weil sie damit nicht zurechtkommen.

Nur Mut, *nobody is perfect*, und wie bei allen anderen Freundschaften haben Sie auch in der Beziehung zu Ihrer Tochter immer wieder die Möglichkeit, Ihre Fehler auszubügeln.

Hier sind die sieben Kernkompetenzen, über die gute Freundinnen verfügen:

1. Die Gesellschaft anderer genießen, Gesellschaft als Quelle der Freude begreifen. Manches scheue Mädchen kommt durch sanfte Ermutigung aus sich heraus.
2. Bereit sein, sich abzuwechseln und zu teilen: Das heißt, auf etwas, das man haben will, verzichten und im Gegenzug in den Genuss von Spielgefährtinnen zu kommen. Zeigen Sie Ihrer Tochter, dass es mehr Spaß macht, mit anderen zusammen zu spielen, aber dass man dafür ein bisschen was tun muss, damit es funktioniert.
3. Empathie empfinden: sich vorstellen können, wie die andere sich fühlt, wie glücklich sie ist, wenn sie gewinnt oder im Mittelpunkt steht. Das ist schon eine komplexere Fähigkeit, die einem Kind nicht leichtfällt.
4. Die eigenen Aggressionen zügeln: Nicht losbrüllen oder auf die anderen einschlagen, wenn man nicht einverstanden ist. Nicht davonlaufen, wenn man in einem Streit unterliegt.
5. Sich entschuldigen, wenn man sich falsch verhalten oder die Gefühle einer Freundin verletzt hat.
6. Die Gefühle anderer interpretieren: wahrnehmen, wenn jemand wütend, traurig oder ängstlich ist, und das eigene Verhalten darauf abstimmen. Sie können das mit Ihrer Tochter sogar üben: Zeichnen Sie lächelnde, ärgerliche, weinende oder unsichere Gesichter, erklä-

ren Sie, woran man sie erkennt. Dann wenden Sie das auf Situationen an, in denen die Freundinnen entsprechend geschaut haben.

7. Wissen, wann man jemandem trauen und glauben kann und wann nicht; verstehen, warum Menschen aus bestimmten Gründen lügen oder täuschen. Ihre Tochter wird schockiert oder verletzt sein, wenn eine Freundin das tut. Dann müssen Sie sie trösten und ihr erklären, dass manche Menschen nicht wissen, wie wichtig es ist, vertrauenswürdig zu sein – im Sinne von: »Lass dich nicht entmutigen, aber sei ein bisschen vorsichtig.«

Jedes dieser Themen wird im Alltag Ihres Kindes immer wieder auftauchen. Wenn Ihre Tochter gekränkt oder verwirrt zu Ihnen kommt, können Sie analysieren, welche Fähigkeit hier gefragt ist, ihr zuhören und dann mit ihr darüber sprechen, wie diese Fähigkeit in der Praxis aussieht. Es dauert etwas, bis das klappt, also bleiben Sie eine Zeit lang dran. Auch wir Erwachsene verhalten uns nicht immer richtig in bestimmten Situationen. Also respektieren Sie, dass Ihre Tochter eine große Aufgabe vor sich hat, und loben und bestärken Sie sie auch bei kleinen Fortschritten.

IM GETTO DER GLEICHALTRIGEN

Bei den Freunden eines Mädchens haben wir immer Freunde des gleichen Geschlechts im Kopf. Daran ist vermutlich die Schule schuld, und auch, dass aufgrund unserer Lebensweise richtige Gemeinschaften verschwinden. In den letzten 50 Jahren haben sich die Sozialkontakte von Mädchen immer mehr auf die Kernfamilie und vielleicht ihre Klassenkameradinnen reduziert, was sehr unnatürlich ist. Idealerweise haben Mädchen auch Freundinnen, die eine halbe Generation älter und reifer sind, aber immer noch jung genug, um sie zu verstehen. Sie brauchen auch

Sechzig- oder Siebzigjährige, Großmutterfiguren mit ihrer erdenden, tröstlichen Weisheit. Und sie brauchen kleinere Kinder, die zu ihnen aufschauen, die sie knuddeln können. So bekommen sie einen Eindruck davon, wie schön es ist, fürsorglich und für jemanden da zu sein, und es verhindert, dass sie zu egozentrisch und in sich gekehrt werden. Ebenso brauchen sie Jungen oder Männer, die kein sexuelles Interesse an ihnen haben, als Freunde. Das nimmt ihnen ihre Ängste und vermittelt ihnen ein umfassenderes Bild menschlichen Seins.

Die Möglichkeit solcher Kontakte hängt von der Straße, der Stadt, dem Haushalt ab, in dem Ihre Tochter aufwächst, und davon, welche sozialen Kontakte und Freizeitaktivitäten Sie als Eltern haben. (In einem langweiligen Vorort ohne Zugehörigkeitsgefühl können Kinder sich leicht isoliert fühlen und verkümmern.) Kirchen, Sportvereine, Gemeinschaftsprojekte oder Bürgerinitiativen sorgen für eine fröhliche, lebendige Gemeinschaft und verschaffen ihr Freunde, bei denen es nicht ständig um Körpergewicht, Mode oder Jungen geht. Wenn Mädchen Leute um sich haben, die sie motivieren und die ihre Teilhabe zu schätzen wissen, vermittelt ihnen das ein viel stärkeres Selbstwertgefühl.

Seien Sie als Freund/Freundin ein Vorbild

Wie bei den meisten Fähigkeiten im Leben ist ein Rollenvorbild die größte Hilfe. Wenn die Mutter anderen Menschen gegenüber Interesse zeigt und sich angeregt mit ihnen unterhält, dann sieht ihre Tochter, wie das geht, und auch, dass es positive Gefühle hervorruft. Eine mürrische Mutter, die nie Zeit für ein Gespräch hat, wird ihrer Tochter wohl kaum kommunikative Fähigkeiten weitergeben. Wenn Sie oder Ihre Tochter aber von Natur aus scheu sind, dann erzwingen Sie nichts. Zuallererst müssen Sie sich wohl in Ihrer Haut fühlen. Vielleicht ist der

Vater anders, und die Tochter kann sich von den unterschiedlichen sozialen Verhaltensweisen ihrer Eltern oder anderer Familienmitglieder das Passende herauspicken.

Teilen und sich abwechseln lernen Kinder üblicherweise von ihren Geschwistern. Wenn Ihre Tochter ein Einzelkind ist, sollten Sie das vielleicht gezielt üben. Wenn Sie Ihrem Kind zu Hause geduldig, aber entschlossen beibringen, wie man mit anderen zurechtkommt, indem man sie respektiert, freundlich ist, mit ihnen teilt und Konflikte ruhig löst, dann fällt es ihm leicht, diese Fähigkeiten auch in der Schule und anderswo im Leben anzuwenden. Wenn Ihre Tochter Sie unhöflich behandelt, dann wird sie auch andere so behandeln, die vielleicht weniger tolerant sind. Es wird ihr also guttun, wenn Sie ihr einen respektvollen Umgang beibringen.

Empathie lernt man, wenn andere Menschen sie einem entgegenbringen. Benutzen Sie also einen emotionalen Wortschatz, passen Sie Ihre Ausdrucksweise der Ihrer Tochter an und zeigen Sie ihr gegenüber Mitgefühl. Wenn Sie sich die Zeit nehmen, ihre Gefühlslage zu erspüren, dann wird auch sie schon früh das Gleiche bei ihren Teddys und Puppen tun. Sie wird sie verarzten, sie trösten und Ähnliches. Das ist ein gutes Zeichen, denn dann wird sie im richtigen Leben eine aufmerksame Freundin sein.

Es spielt auch eine wichtige Rolle, dass Ihre Tochter in der Lage ist, ihre eigenen Interessen zu vertreten. Wenn Sie sich, in Geschäften oder zu Hause, zu Wort melden, wenn Sie unzufrieden sind, lernt sie das auch. Wenn sie in der Schule Ärger mit Freundinnen hat, können Sie mit ihr zu Hause proben, was man in solch einer Situation sagen kann und wie man seine Einwände so vorbringt, dass man auch verstanden wird.

Wenn Sie eher von sehr sanfter und ruhiger Natur sind, sollte Ihre Elternrolle Sie dazu bringen, ein wenig härter zu werden. Das heißt aber nicht, dass Sie besonders laut sein müssen, um stark zu sein – nur sehr nachdrücklich. Und Sie sollten niemals aufgeben.

Wenn Sie zum Beispiel mit Ihrem Partner streiten, achten Sie darauf, ob Sie laut und wütend werden. Ihre Tochter sollte sehen, dass man auch in angespannten Situationen ruhig bleiben kann. Wenn Sie nicht ruhig bleiben können, beschließt Ihre Tochter vielleicht, es selbst ganz anders zu machen – oder aber sie wird genau wie Sie!

Es ist auch toll, wenn Sie mit Ihrer Tochter einfach mal darüber reden, was eine gute Freundin ausmacht. Schreiben Sie eine Liste, worüber sie nachdenken könnte, und besprechen Sie sie mit ihr:

- Glaubst du, du bist eine gute Freundin?
- Wer ist die beste Freundin, die du bisher gehabt hast? Warum?
- Bist du eine bessere Freundin geworden, als du älter wurdest?
- Welche Herausforderungen muss eine gute Freundin meistern?

Das alles sind Überlegungen, für die Ihre Tochter sensibilisiert sein sollte.

Freunde können eine Quelle von enormer Stärke und Zufriedenheit sein. Deshalb ist die Fähigkeit zu starken und engen Beziehungen eines der wichtigsten Dinge, die Sie Ihrer Tochter mit auf den Weg geben können. Es lohnt sich, mit ihr darüber zu sprechen und sie darin zu unterstützen. Später, wenn Sie schon längst nicht mehr für sie da sind, wird sie noch von Ihren liebevollen und geduldigen Erklärungen zehren.

EINE BERATUNGSLEHRERIN BERICHTET ÜBER MÄDCHEN UND FREUNDSCHAFT

(Johanna ist Beratungslehrerin in der Primarstufe einer großen Schule.)

In meiner Funktion als Beratungslehrerin werde ich in der Regel dann gerufen, wenn bei Mädchenfreundschaften etwas schiefläuft. Am häufigsten passiert das im vierten Schuljahr, es kann aber auch schon in der dritten Klasse auftauchen und sich in der fünften noch fortsetzen. Besser, man investiert schon in dieser Zeit die Energie, alles in die richtigen Bahnen zu lenken, bevor man noch in der achten oder neunten Klasse damit konfrontiert wird.

Traurigerweise sind das Ausschließen von Mädchen, die gemeinen Blicke, das Auslachen und Mit-dem-Finger-Zeigen heute in Schulen an der Tagesordnung. Der Grund dafür ist meist, dass ein oder zwei Mädchen mit sich selbst nicht zufrieden sind und deshalb in diese verletzenden Verhaltensweisen verfallen. Alle Mädchen brauchen dann gemeinsam Hilfe, damit sie sich dagegen wehren können und nicht zum Teil des Problems werden. Es ist sehr wichtig, dass solche Gemeinheiten nicht geduldet werden, sonst kann die angenehme Atmosphäre schnell zerstört sein.

WAS HILFT?

Sowohl zur Prävention als auch als Reaktion auf Konflikte bilden wir Arbeitsgruppen zum Thema Freundschaft. Wir sprechen darüber, was das Rezept für eine gute Freundschaft ist, was wir in eine Freundschaft einbringen, aber auch darüber, dass wir zwar alle verschieden sind, uns aber gleichermaßen angenommen und umsorgt fühlen wollen.

Diese Kleingruppen werden von Lehrern geleitet, die für die Dynamik in Mädchenbeziehungen sensibel sind und die Probleme nicht als den üblichen Mädchenkram abtun. Gemeines Verhalten muss direkt und offen angesprochen werden und die Mädchen müssen Strategien entwickeln, wie Mobbing und bösartige Kränkungen gestoppt werden können.

Erwachsene müssen wissen, was unter gleichaltrigen Mädchen vorgeht, und sich einmischen. Auf keinen Fall dürfen wir sagen, das sei halt ihre Welt, denn in dem Alter können Kinder das noch nicht unter sich ausmachen, es funktioniert nicht.

Emily: Wenn du mit anderen spielst, bist du nicht mehr meine Freundin

Die achtjährige Emily möchte nicht, dass ihre Freundin Anna mit einem anderen Mädchen spielt. Wenn sie das tut, ist sie nicht wirklich ihre Freundin. Anna traut sich nicht, ihrer Freundin zu sagen, dass sie gerne Fußball und in einer größeren Gruppe spielt. Sie fürchtet um eine Freundschaft, die sie meist gar nicht wirklich genießen kann.

WAS HILFT?

Die Frage ist: Wie können wir die Erfüllung der Bedürfnisse aller sicherstellen?

Wenn man die Mädchen dabei unterstützt, kommen sie selbst auf die Antwort und finden eine gute Lösung. In diesem Fall stellten sie einen Plan auf, nach dem Anna montags und mittwochs mit einer größeren Gruppe Fußball spielen kann, ohne dass sich Emily und die anderen Mädchen zurückgewiesen fühlen. Emily begreift, dass Anna nach wie vor etwas an ihrer Freundschaft liegt. Dienstags und donnerstags verbringen Emily und Anna ihre Zeit gemeinsam beim Handball.

Maya: die unbeliebte Kupplerin

Um ihre Beliebtheit zu steigern, rennt die zehnjährige Maya in der Mittagspause immer zwischen den verschiedenen Gruppen von

Jungen und Mädchen hin und her. Sie bespricht, wer wen mag, und erzählt dann den anderen in der Klasse, dass die und der zusammen sind.

Dem betroffenen Mädchen ist diese Art der Aufmerksamkeit furchtbar peinlich, und es bleibt an manchen Tagen der Schule fern. Als ihre Mutter den Grund dafür herausfindet, spricht sie mit der Klassenlehrerin. Die Lehrerin erklärt der Klasse, dass es in ihrem Alter noch zu früh für einen festen Freund ist und es wichtiger ist, eine Gruppe von verschiedenen Freunden zu haben.

WAS HILFT?

Die Beratungslehrerin trifft sich mit Maya und findet in einem behutsamen Gespräch heraus, dass diese sich einsam fühlt und Schwierigkeiten hat, Freundschaften zu pflegen. Sie hoffte, dass die anderen Mädchen sie durch ihr Verhalten mehr akzeptieren würden. Mit der Schulberaterin konnte sie über andere und bessere Methoden sprechen, Freundinnen zu finden.

Alphamädchen

In jeder Schule gibt es in der Regel ein paar Alphamädchen: Sie sind selbstbewusster und lauter als die anderen. Die anderen Mädchen sind meist nachdenklicher, netter und zögerlicher. Wenn Lehrer auf diese Dynamik nicht sensibel genug reagieren, dann dominieren die Alphamädchen die Klasse. Sie bekommen die interessantesten Aufgaben, die Hauptrolle in der Schulaufführung, und sie können sogar den Lehrer so beeinflussen, dass alles nach ihren Vorstellungen läuft. Ihr unangemessen großer Einfluss macht die anderen Mädchen unzufrieden.

Deshalb ist es sehr wichtig, dass die Lehrer dafür sorgen, dass alle gleichbehandelt werden und niemand ausgeschlossen wird. Rollen und Zuständigkeiten müssen abwechseln und die schulischen Aktivitäten auf unterschiedliche Stärken Rücksicht nehmen. Es muss auch Raum geben für vorsichtiges, bedachtes und langsames Vorgehen sowie für spezielle Talente. Nicht alle wollen Alphamädchen sein, aber alle wollen gerecht behandelt werden.

Wie Gefühle funktionieren

Gefühle oder Emotionen (die Begriffe verwende ich hier austauschbar) sind unser Kompass im Umgang mit Menschen. Wir brauchen dazu die Fähigkeit, sowohl die Botschaft unserer eigenen Gefühle zu verstehen, als auch die anderer Leute. So können wir richtig mit ihnen umgehen, uns um sie kümmern bzw. ihnen gegebenenfalls auch fernbleiben.

Wenn Sie selbst die Sprache der Gefühle verstehen, können Sie das an Ihre Tochter weitergeben und ihr so Stärke und Selbstbewusstsein vermitteln.

Menschen haben zahllose unterschiedliche Gefühle, aber die wichtigsten vier bei sozialen Kontakten sind ganz einfach: Angst, Trauer, Wut und Freude. Diese vier Richtungen unseres Kompasses helfen uns, uns selbst zu schützen:

1. Wenn wir ängstlich sind, werden wir vorsichtig.
2. Wenn wir wütend sind, vertreten wir unsere Interessen.
3. Wenn wir traurig sind, verschließen wir uns, denken nach und suchen vielleicht eine Person unseres Vertrauens, die wir im Arm halten können oder die uns im Arm hält.
4. Wenn wir uns freuen, dann entspannen wir uns, genießen das Leben und sammeln neue Kraft.

Diese vier Gefühle können sich zwar zu ganz unterschiedlichen Schattierungen vermischen, aber in der Regel dominiert tief in uns eines davon. Es zu erkennen hilft uns im Umgang mit uns selbst und mit anderen.

Die meisten Lebewesen haben Gefühle: Bienen werden wütend, Fische panisch und fliehen die Gefahr. Weiter entwickelte Tiere wie Elefanten und Menschenaffen können sogar trauern. Wir Menschen haben die komplexesten Gefühle, aber sie basieren immer auf den erwähnten vier Grundemotionen.

Emotionen können Sie wie ein GPS zur Orientierung nutzen, um Ihr Kind zu unterstützen. Fragen Sie sich, was es fühlt. Was sagen der Gesichtsausdruck, die Gesten, die Worte über das Seelenleben Ihres Kindes? Fragen Sie Ihre Tochter nach ihren Gefühlen, sie soll sie benennen und erzählen, was in ihrer Welt vorgeht. Wenn Sie geduldig sind und ihr Vertrauen gewinnen, finden Sie die Ursachen für diese Gefühle heraus und können mit ihr besprechen, was zu tun ist. Aber die Gefühle müssen immer zuerst raus, und manchmal wird Ihre Tochter sich schon besser fühlen, wenn sie ihnen Luft macht.

Angst – auf die eigene Intuition hören

Vor vielen Jahren wurde in den USA ein Serienkiller gefasst, der zahlreiche junge Frauen ermordet hatte. Nach seiner Verhaftung machte die Polizei eine erstaunliche Entdeckung: Dutzende Mädchen waren ihm begegnet, aber nicht mit ihm mitgegangen. Diese Mädchen gaben bei der Befragung an, dass sie »bei ihm ein ungutes Gefühl« hatten oder »irgendwie das Gefühl, dass etwas mit ihm nicht stimmte«. Sie hatten auf ihre Körpersignale und ihr Angstgefühl gehört und dadurch ihr Leben gerettet.

Die meisten Mädchen sind von Natur aus hilfsbereit und mitfühlend. Menschen, die ihnen Böses wollen, appellieren deshalb an ihr Mitgefühl: »Ich suche meinen Hund.« Oder: »Mir geht es schlecht, kannst du mir helfen?«

Auf die Gefühle und die innere Stimme zu hören, ist eine wichtige »weibliche Stärke«. Bringen Sie auch Ihrer Tochter bei, diese innere

Stimme zu erkennen und ihr zu folgen, indem Sie ihr von Ihren eigenen Erfahrungen erzählen. Fragen Sie sie nach Augenblicken, in denen diese innere Stimme zu ihr sprach.

MÄDCHEN UND DAS ASPERGER-SYNDROM

Wer nicht in der Lage ist, Gefühle zu lesen und zu erkennen (so wie Menschen mit dem Asperger-Syndrom oder einer anderen Form des Autismus), kann andere Menschen sehr befremdlich finden. Solche Personen reden weiter auf einen Menschen ein, der bereits völlig gelangweilt ist, sind freundlich und überschwänglich gegenüber völlig Fremden und nehmen zugleich die Trauer der Mutter oder eines Geschwisters nicht wahr, die sogar Außenstehenden ins Auge sticht.

Mädchen mit Asperger verwenden mehr gedankliche Energie darauf, mit diesem Defizit zurechtzukommen. Es wird bei ihnen deswegen weniger häufig diagnostiziert als bei Jungen, die ihr Problem schwer verbergen können.

Das Asperger-Syndrom kann stärker oder schwächer ausgeprägt sein, achten Sie deshalb darauf, ob Ihre Tochter andere Menschen als verstörend oder bedrückend empfindet und nicht weiß, wie sie sich verhalten soll: Scheint sie völlig unbegründet ängstlich in Situationen, die keinen Anlass dazu bieten, oder wirkt sie gezwungen und künstlich im Umgang mit Menschen, obwohl Sie merken, dass sie ihr Bestes gibt?

In diesem Fall gilt dasselbe wie für Mädchen ohne autistische Störung: Helfen Sie ihr, die Sprache der Gefühle zu erlernen, und zeigen Sie ihr durch gezielte und langsame Gewöhnung, wie man sich im sozialen Umfeld wohlfühlen kann. Es könnte einfach sein, dass sie mehr Unterstützung und gezieltes Training braucht als Kinder, die das automatisch richtig machen. Glücklicherweise sind Kinder mit Asperger oft sehr intelligent und setzen ihr »Computerhirn« ein, um mit einer Situation fertigzuwerden. Sie können sehr logisch analysieren, was sie in Gegenwart anderer tun und sagen müssen und wie sie die Gefühle anderer entschlüsseln. Manchmal verhalten sie sich sogar sensibler und zugewandter als Menschen, die das unbewusst machen. Scheuen Sie sich nicht davor, professionellen Rat einzuholen, damit Ihre Tochter die richtigen Strategien erlernt.

VEREINBAREN SIE EINEN GEHEIMCODE

Ab dem fünften Lebensjahr ist Ihre Tochter vielleicht öfter außer Haus. Sie können sie nicht mehr unmittelbar beschützen, brauchen aber die Gewissheit, dass es ihr gut geht. Eine nützliche Strategie ist die Vereinbarung eines geheimen Wortes oder Satzes, den sie benutzen kann, um Sie anzurufen und wissen zu lassen, dass sie sich unwohl fühlt und etwas nicht in Ordnung ist. Sie können mit ihr den Einsatz dieses Codes ganz ernsthaft trainieren, damit sie ihn nutzen kann, wann immer es nötig ist. Sie kann Sie anrufen und sagen: »Meine Schuhe drücken« oder »Ich habe heute einen Adler gesehen« (Sie sollten sich den Code am besten gemeinsam ausdenken) – das heißt für Sie: »Komm schnell und hol mich ab.«

Wahrscheinlich werden Sie diesen Geheimcode nie brauchen, aber für den Fall der Fälle ist er sehr hilfreich. Schon dass Sie darüber reden, wird Ihrer Tochter klarmachen, dass bestimmte Orte oder Leute sich nicht gut anfühlen. Sie weiß dann, dass Sie immer bereit sind, ihr zu Hilfe zu kommen.

Es ist eine Gratwanderung: Sie wollen ihr vor der Welt da draußen keine Angst machen, aber sie soll wachsam sein, weil auf der ganzen Welt Kinder in zunehmend unsicherer Umgebung aufwachsen.

Sprechen Sie darüber ruhig und eindringlich und wählen Sie Beispiele aus dem Alltag: »Der da hat nur mit dem Mund, nicht mit den Augen gelächelt.« Mädchen können gut beobachten und verstehen auch, dass Menschen ganz unterschiedliche Ziele verfolgen und dass sie selbst sich schleunigst davonmachen sollten, wenn sie kein gutes Gefühl haben.

Wut – auch ein Zeichen der Stärke

Auch Wut ist Teil unserer Schutzmechanismen. In der richtigen Form führt Wut nicht dazu, dass wir Leute anschreien, schlagen oder missbrauchen, sondern bestärkt uns darin, uns nicht herumschubsen zu lassen. Wenn Ihre Tochter die entsprechenden Signale ihres Körpers empfängt – Hitze, angespannte Muskeln, Anspannung des Kiefers, ein Ausdruck der Missbilligung im Gesicht –, dann weiß sie, dass sie gerade zu etwas gezwungen wird, was sie nicht will.

Die schnellste und beste Art, Wut einzusetzen, ist sie auszusprechen. Bringen Sie Ihrer Tochter bei, mit fester Stimme »Ich will das nicht« zu sagen, entschlossen zu schauen und ihr Kinn vorzuschieben. Sie soll »Lass mich in Ruhe« sagen oder weggehen, während sie der Person, die sie beschimpft oder verletzt hat, direkt in die Augen sieht. Üben Sie mit ihr, zeigen Sie ihr, wie man entschlossen aussieht und klingt. Wenn sie sich über eine Freundin ärgert, dann kann sie vielleicht etwas sanfter sagen, dass sie etwas nicht will oder tun wird, und es eventuell mehrmals wiederholen: »Ich habe dir gesagt, wie ich mich fühle.« Wenn Sie ihr das Verhalten mehrfach vormachen, dann wird sie Sie, wenn es nötig wird, einfach nachahmen.

Als unsere Tochter in die Vorschule kam, sagten uns die Lehrer, dass sie das einzige Mädchen war, das mit Jungen spielte. Wir waren sehr stolz auf sie, weil sie sich als abenteuerlustig und anpassungsfähig erwies, kannten allerdings das Geheimnis nicht, warum sie die ruppigen Spiele der Jungen so sehr mochte. Aber häufig, wenn wir vom Parkplatz zum Schulspielplatz gingen, hörten wir sie laut und deutlich »Ich will das nicht« sagen: Sie fühlte sich wohl unter den Jungen, weil sie ihnen Grenzen setzen konnte.

Traurigkeit ist real

Traurigkeit ist ein stilleres, nach innen gewandtes Gefühl. Es verändert etwas im Inneren, während Angst und Wut äußere Handlungen hervorrufen. Wenn wir traurig sind, brauchen wir vor allem Verständnis. Getröstet zu werden und die Zeit zu bekommen, ihre Trauer auszudrücken, ermöglichen Ihrer Tochter, über einen Verlust oder eine Enttäuschung hinwegzukommen. Weil wir Eltern es nur schwer ertragen, wenn unsere Kinder traurig sind, tendieren wir dazu, sie mit gutem Essen oder Späßen schnell von ihrer Traurigkeit ablenken zu wollen. Aber besser, wir vertrauen darauf, dass sie vergeht, wenn wir uns ihnen zuwenden und ihnen Zeit geben.

Mehrmals am Tag gibt es Auslöser für Traurigkeit: Eine Schulfreundin hat Ihre Tochter im Stich gelassen; jemand, den sie mag, zieht weg; die Lehrerin hat etwas versprochen, aber nicht gehalten; sie hat auf der Straße ein totes Tier gesehen; sie sieht etwas Schreckliches in den Nachrichten – all das betrübt ihr Herz. Wir können diese Dinge nicht verhindern, wir verändern nur nach und nach unseren Blick darauf, und auch Ihre Tochter muss das lernen. Das dauert Jahre, und Sie können es nicht beschleunigen.

Die Welt ist tatsächlich ein trauriger Ort, und Kinder können damit fertigwerden, wenn man ihre Gefühle zulässt, bei ihnen ist und ihnen signalisiert: »Ja, es ist traurig, aber du musst das nicht allein aushalten.«

Freude

Freude müssen wir kultivieren und feiern. In anderen Kulturen ergreifen Menschen jede noch so kleine Gelegenheit zur Freude beim Schopf. Also: Alle hängen in der Küche rum? Musik an und lostanzen! Schnappen Sie sich Ihr Kind und wirbeln Sie es herum. Drücken Sie es, so oft es geht. Liegen Sie gemütlich ineinander verknäuelt auf dem Sofa herum. Blödeln Sie, wenn Sie draußen sind, galoppieren Sie im Park und am Strand herum. Knutschen Sie Ihr Kind ab oder kitzeln Sie es, wenn Ihnen danach ist. Kaufen Sie Eis und singen Sie im Auto.

Feiern Sie Ereignisse. Investieren Sie nicht in teure Geschenke, sondern lieber in schöne, erinnerungswürdige Momente. Genießen Sie an Weihnachten den erweiterten Familienkreis und machen Sie sich bewusst, dass für 95 Prozent der Menschheit in diesem Moment tatsächlich Friede auf Erden herrscht.

Zeigen Sie Ihrer Tochter, wie man lacht, tanzt, wild herumtobt, damit in ihr die Fähigkeit zur Freude entsteht und wächst. Es ist das Gegenmittel gegen all das Leid, das auch zum Leben gehört, und sorgt dafür, dass das Glück ein Leben lang in ihrer Seele zu Hause ist.

Hegen und Pflegen (die *Tend-and-Befriend-Reaktion*)

Zentral für das Verständnis von Babys ist das Konzept der Bindung: Das ist die wissenschaftliche Bezeichnung für das Band zwischen Mutter und Kind. Manche Babys sind sicher an ihre Mutter gebunden, andere nicht. Unser Bindungsmuster hält sich bis ins Erwachsenenalter. Wer als Baby nicht lernt zu lieben, dem wird das auch als Erwachsenem schwerfallen. Aber 60 Jahre lang hat niemand in der Bindungsforschung die Geschlechterfrage gestellt: Gibt es Unterschiede bei Jungen und Mädchen?

Als die Wissenschaftler es schließlich taten, fanden sie etwas Erstaunliches heraus: Unsicher gebundene Jungen mieden ihre Mutter und vertrauten ihr nicht. Dies war eine Form des Selbstschutzes: »Sie ist nicht für mich da, also werde ich keine Gefühle in sie investieren.«[14]

Mädchen, kaum dass sie keine Babys mehr waren, reagierten ganz anders: Wenn ihre Mutter deprimiert, unaufmerksam oder sogar wütend war, suchten sie gerade deren Nähe und versuchten sie zu trösten.

Einerseits wirkt das sehr süß, und wenn die Mutter sich dadurch wieder aufrappelt, kann es fürs Überleben sogar sinnvoll sein – aber es birgt langfristige Risiken. In Gefahren- oder Konfliktsituationen zeigen Menschen häufig eine sogenannte Kampf-oder-Flucht-Reaktion (in der Fachsprache *Fight-or-Flight*). Der Adrenalinspiegel steigt und sie machen sich bereit, aus der Gefahrenzone zu flüchten. Unsicher gebundene Mädchen zeigen dagegen eher eine Hegen-und-Pflegen-Reaktion (fachsprachlich *Tend-and-Befriend*): Auch sie haben große Angst, aber anstelle sich zu entfernen, nähern sie sich der Gefahr. Die schwerwiegende Folge: Während Kinder, die geliebt wurden, sich von ruhigen, fürsorglichen und warmherzigen Freunden und Partnern angezogen fühlen, fühlen sich Mädchen mit dem Hegen-und-Pflegen-Verhaltensmuster von jähzornigen oder depressiven Personen angezogen, weil diese sie unbewusst an ihre Mutter erinnern. Solche Mädchen haben verinnerlicht, dass es ihre Aufgabe ist, eine Person mit Stimmungsschwankungen oder Tendenz zu Gewalt zu wählen und diese zu heilen. Es erübrigt sich, hier detaillierter auszuführen, zu welchen Problemen dies führen kann.

Die Hegen-und-Pflegen-Fähigkeiten haben allerdings auch ihre Vorteile. Im Berufsleben tendieren weibliche Manager eher dazu, einen potenziellen Konflikt zu umgehen, Aggressivität als Angst zu interpretieren oder mitfühlend alle Seiten eines Problems zu betrachten. Es ist ein wichtiges Verhalten, das sowohl zu Frieden in der Welt als auch zu glücklichen Familien führen kann. Wir brauchen diese Verhaltensweisen dringend, und gerade Männer sollten sie sich aneignen, aber aufgrund einer bewussten Entscheidung, nicht aufgrund von zwanghaftem Verhalten. Als unbewusstes Verhaltensmuster innerhalb von Partnerbeziehungen kann es zu psychischen Verletzungen führen.

Wenn Ihre Tochter immer die Friedensstifterin ist, dann stärken und wertschätzen Sie diese Tugend. Stellen Sie jedoch zugleich sicher, dass sie, wenn nötig, auch ein wenig Wut mobilisieren und ihre eigenen Interessen vertreten kann, damit sie von ihren Freunden nicht ausgenutzt wird. Wenn Sie feststellen, dass Ihre Tochter zu rücksichtsvoll ist, dann ermutigen Sie sie, sich zu fragen, was sie selbst will, und etwas durchsetzungsfähiger zu werden.

FREUNDE, DIE KEINE SIND

Ihre Tochter kann davon profitieren, dass Sie ihr auch einmal explizit erklären, wie man problematische Freundinnen erkennt und meidet. Sagen Sie ihr zum Beispiel:

- Achte darauf, ob du versuchst, dich zu ändern, um eine Freundin zu halten. Ob du Dinge tust, die du nicht wirklich willst, nur weil Freundinnen es wollen. Wenn du damit am Beginn einer Freundschaft anfängst, wirst du später denken, du musst so weitermachen, um sie aufrechtzuerhalten. Meistens ist es das nicht wert und besser, gar nicht erst damit anzufangen. Eine richtige Freundin macht auch gerne mal einen Kompromiss oder ist bereit, selbst etwas zu verändern.
- Es kommt auch vor, dass eine Freundin ständig mies drauf ist. Du denkst dann vielleicht, du hättest etwas falsch gemacht, und versuchst alles Mögliche, um es wieder in Ordnung zu bringen. Aber eine chronisch schlecht gelaunte Person ist vielleicht einfach von Natur aus so – es ist ihre Herangehensweise ans Leben, die sich nicht ändern wird, aber alles beeinflusst. Irgendwann wird dich das einfach fertigmachen. Such dir lieber fröhliche Freunde.

MÄDCHEN UND SPORT

Sport ist für Mädchen eine gute Sache, denn es ist eine soziale und zugleich körperliche Aktivität, die Selbstvertrauen schafft und es ermöglicht, mal Dampf abzulassen. Sport bringt die Gaben unseres Körpers zum Vorschein und stärkt sie gleichzeitig; er ist wichtig, damit Mädchen gesund heranwachsen. Die Möglichkeiten sind vielfältig:

Vorschulalter

Unter fünf Jahren ist Spielen der beste Sport. Gehen Sie dahin, wo Ihre Tochter herumrennen kann. Mit Spaziergängen im Park, auf dem Land, am Wasser, mit Freunden oder einfach bei einem Picknick im Garten können Sie sie ermutigen, aktiv zu sein.

Organisierter Sport wie Kleinkindgymnastik oder Ballett will wohlüberlegt sein, denn er fördert geradezu den Konkurrenzdruck, für den Mädchen in dem Alter noch zu jung sind. Auch wenn diese Sportstunden oft auf Spaß aufgebaut sind, sind natürliche, nicht organisierte Spielmöglichkeiten am besten.

Ideal sind Spielgruppen, in denen Eltern und Kinder gleichermaßen in Kontakt kommen und neue Kompetenzen entwickeln – die Umgebung ist angenehm, es gibt keinen Leistungsdruck und es ist nicht teuer.

Vor der Adoleszenz

Mädchen unter zehn Jahren sind sehr offen für Sport, weil ihre Selbstwahrnehmung noch nicht so stark ausgeprägt ist und sie ihn ungezwungen genießen können. Außerdem stehen sie den Jungen in nichts nach, haben oft sogar eine bessere Koordination. Je mehr verschiedene Sportarten Mädchen ausüben, desto besser, denn so entwickeln sich Muskeln, Knochen und Körperhaltung umfassend, und die Abwechslung macht mehr Spaß.

Schwimmen und Klettern stärkt den Oberkörper, Tanzen, Rollschuhlaufen und Feldsportarten fördern das Gleichgewicht, während Mannschaftssportarten gut für die Ausdauer sind. Manche Mädchen mögen den Spaß, die Aufregung und das Gemeinschaftsgefühl von Mannschaftssport. Wenn das bei Ihrer Tochter nicht der Fall ist, dann gibt es viele andere Möglichkeiten wie Leichtathletik oder Krafttraining und kreative Formen wie Tanzen, Yoga oder Gymnastik, die ihr ein gutes Körpergefühl vermitteln.

Wenn Ihre Tochter eine gewisse Kompetenz in verschiedenen Sportarten entwickelt, hat sie später als Heranwachsende in ihrer Freizeit die größte Auswahl. Spaß ist das Ziel – also haben Sie ein Auge darauf, ob der Trainer ehrgeizig und leistungsorientiert ist und diesen Druck an die Kinder weitergibt. Wenn Kinder durch solchen Druck gezwungen sind, über ihren normalen Bewegungsradius hinauszugehen und sich überanstrengen, kann das zu Verletzungen führen. Suchen Sie Sportarten und -lehrer aus, bei denen der Sport für die Kinder da ist und nicht umgekehrt. In diesem Alter müssen Sie dafür sorgen, dass Ihre Tochter den Sport gerne macht, dann wird sie ihn auch weiterhin betreiben, wenn sie älter wird.

In der Adoleszenz

Bei Mädchen ab zehn kann es zur Herausforderung werden, sie zum Sport zu bewegen. Gut, wenn schon früher (vielleicht speziell durch den Vater) der Grundstein für diverse Interessen gelegt wurde. Aber selbst sehr sportliche Mädchen wollen in dem Alter plötzlich keinen Sport mehr treiben, ohne mit dem Grund dafür herauszurücken. Oft sind sie einfach gehemmt. Unsere Mädchen sind so gedrillt darauf, perfekt auszusehen, und gerade im Sport fallen die Unterschiede bei Körpermaß und Gewicht sehr deutlich ins Auge. Außerdem wird mit etwa 13 Jahren das Gehirn umstrukturiert, und die Folge ist eine Phase mit Koordinationsschwierigkeiten, in der Arme und Beine häufig einfach nicht das tun, was sie sollen.

Das Schlimmste ist, wenn Mädchen in diesem Alter anfangen, Diäten zu machen. Es gibt keinen schlechteren Zeitpunkt, denn das verstärkte Wachstum in der Jugend führt zu einem erhöhten Bedarf an Energie und speziell Kalzium (mindestens 1200 mg pro Tag) sowie weiterer Vitamine und Mineralstoffe (insbesondere Eisen für Mädchen, die bereits menstruieren). Sport stärkt in dieser Zeit die Knochen (darauf ist man 60 Jahre später dringend angewiesen, wenn die Osteoporose droht). Gerade in der Adoleszenz wird das Knochenwachstum durch Bewegung angeregt wie in keiner anderen Lebensphase.

Darum müssen Sie Ihre Tochter in dieser Zeit dabei unterstützen, ein oder zwei Sportarten zu finden, die ihr wirklich Spaß machen. Schaffen Sie alle Hindernisse aus dem Weg, engagieren Sie sich als Fahrdienst oder Trainer, um bei ihr sein zu können. Ermutigen Sie vielleicht auch ihre Freundinnen zu diesem Sport, denn in diesem Alter will Ihre Tochter nicht mehr nur mit ihren Eltern zusammen sein.

Weil Teenager die Tendenz haben, jegliches Maß aus den Augen zu verlieren, droht aber auch die umgekehrte Gefahr: zwanghafte Übertreibung beim Sport. Stellen Sie sicher, dass Ihre Superathletin Ruhetage einlegt, sich nicht überanstrengt und ein gutes und entspanntes Essverhalten an den Tag legt. Seien Sie mit Spaß bei der Sache, zum Beispiel beim Schwimmen oder beim Basketball im Garten, es sollte nicht immer um Wettbewerb gehen.

Vor ein paar Jahren hat der australische Senat den fragwürdigen Trainingsumfang in der Gymnastiknationalmannschaft untersucht: Die Mädchen waren in jungen Jahren im Training extremem körperlichen Stress ausgesetzt, kamen dadurch später in die Pubertät und hatten bis Anfang zwanzig keine Menstruation – gesundheitliche Dauerschäden waren die Folge. Es geht also um Maß und Mitte.

Wenn Ihre Tochter Sport gar nicht mag, dann versuchen Sie es mit Tanzen, Fahrrad fahren, Surfen, Kajak fahren oder Angeln, Aktivitäten, die individuell und nicht wettbewerbsorientiert sind, aber dennoch die Freude an der körperlichen Bewegung fördern. Das wird schwierig, wenn sie schüchtern ist oder lieber am Computer sitzt. Geben Sie trotzdem nicht auf und versuchen Sie zu vermitteln, dass es um Freude an ihrem Körper, um Spaß und Geselligkeit geht. Sorgen Sie dafür, dass die jeweiligen Trainer solide, ausgeglichene Persönlichkeiten sind, und wechseln Sie, wenn es sein muss, Sportart oder -gruppe. Haben Sie gegebenenfalls auch ein Auge auf die Freunde Ihrer Tochter, denn nicht alle Eltern meinen es so gut wie Sie.

WAS PASSIERT IN DER PUBERTÄT?

Mädchen kommen in der Regel mit etwa zehn Jahren in die Pubertät, aber das variiert sehr stark und kann auch schon mit acht oder erst mit 16 der Fall sein. Wichtig ist, dass Sie Ihre Tochter auf diese Phase vorbereiten, damit sie eine positive Haltung dazu entwickelt und sich gut informiert und erwachsen fühlt.

Die Brüste

Das Wachstum der Brust ist meist das erste Anzeichen. Unter der Brustwarze der einen oder beider Brüste entsteht eine feste kleine Schwellung, die sich innerhalb von sechs Monaten auf beide Brüste und ein weiteres Gebiet um die Brustwarze ausdehnt. Nach weiteren zwölf Monaten haben die Brüste in etwa ihre endgültige Größe und Form erreicht. Das Brustwachstum ist allerdings individuell sehr verschieden, und das sollte Ihre Tochter wissen. Die Erste in der Klasse mit Busen zu sein, könnte sie ebenso peinlich finden, wie sie eine verspätete Brustentwicklung beunruhigen könnte – insbesondere in einer Gesellschaft, die so stark sexualisiert ist wie unsere und in der solche Dinge eine weitaus größere Rolle spielen, als sie sollten.

Die Schamhaare

Ein paar Monate nach dem Wachstum der Brust beginnen die Schamhaare zu sprießen, erst rund um die Schamlippen, später dann auch auf dem Schamhügel am Unterbauch. Bei etwa 15 Prozent der Mädchen wachsen die Schamhaare vor den Brüsten. Es ist eben jede verschieden.

Die Menstruation

Die erste Monatsblutung setzt in der Regel etwa zwei Jahre nach dem Wachstum der Brust ein, mit ungefähr zwölf Jahren. Weil das aber sehr stark variiert, sollten Sie Ihre Tochter sehr früh darauf vorbereiten, damit sie davon nicht überrascht wird. Bedenken Sie, dass es auch schon mit acht passieren kann. (Es soll immer noch Mädchen geben, die Blut in ihrer Unterhose finden und nicht wissen, warum. Sie sind dann schrecklich beunruhigt oder peinlich berührt, weil niemand sie aufgeklärt hat.)

Erklären Sie Ihrer Tochter die Benutzung von Damenbinden. Wenn sie es schon gewohnt ist, mit Ihnen über Ihre Periode und wie man damit umgeht, zu sprechen, und Sie eine entspannte Haltung an den Tag legen, ist das sehr hilfreich. Statt die Menstruation nur als Ärgernis darzustellen, erklären Sie ihr, dass sie ein Zeichen des Erwachsenwerdens und die Voraussetzung dafür ist, später einmal Kinder zu bekommen. Sagen Sie, dass die Periode sie praktisch an nichts hindert, was sie sonst auch tut. Wenn Sie sich für sie freuen, wird sie diese Herangehensweise übernehmen. Raten Sie ihr, für den Notfall immer eine Binde in der Tasche zu haben, denn in den ersten Jahren kann die Menstruation sehr unregelmäßig einsetzen.

In den ersten Zyklen kommt es nicht immer zu einem Eisprung (bei dem das Mädchen schwanger werden kann). Das dauert manchmal mehrere Jahre, aber verlassen kann man sich darauf nicht. Machen Sie sich selbst und Ihrer Tochter bewusst, dass eine Schwangerschaft von nun an möglich ist.

Die Hüften

Etwa 18 Monate, bevor die Pubertät beginnt, werden Mädchen rundlicher, also ungefähr mit acht oder neun, das ist meist das erste Signal. Durch das Ansteigen des Östrogenspiegels in ihrem Körper werden Hüften und Becken breiter – eine Vorbereitung für spätere Schwangerschaft und Geburt. Zugleich haben die Mädchen Wachstumsschübe und erreichen bald mehr oder weniger ihre endgültige Körpergröße.

Sonstiges

Die Vagina reinigt sich selbst, und manchmal bekommen Mädchen mit Beginn der Pubertät einen weißlichen Ausfluss. Auch darüber sollten Sie mit Ihrer Tochter reden und ihr erklären, dass dies eine normale und gesunde Reaktion des Körpers ist.

Die Haut wird viel fettiger, was zu einem kleinen Problem werden kann. Pickel und Akne sind weit verbreitet, und die Schweißproduktion steigt an. Raten Sie Ihrer Tochter zu natürlichen und gesunden Behandlungsmethoden und vermeiden Sie zu starke chemische Produkte.

Feiern Sie!
Machen Sie aus der Pubertät kein Riesenproblem, vermitteln Sie, wie großartig und aufregend es ist, eine Frau zu werden. Vielleicht veranstalten Sie ein spezielles Essen mit Mutter, Tanten und Großmüttern oder gehen zusammen mit Ihrer Tochter zelten oder zu einem Kurzurlaub in ein nettes Hotel? Manche Familien vollziehen ein Ritual gemeinsam mit den Frauen, die dem Mädchen wichtig sind. Egal, wofür Sie sich entscheiden: Es ist auf jeden Fall ein guter Zeitpunkt zu feiern, dass Ihre Tochter auf einem guten Weg ist, erwachsen zu werden.

Kurz gefasst

- Freundinnen sind für Mädchen sehr wichtig.
- Zwischen fünf und zehn ist die beste Zeit, um Sozialkompetenz zu erlernen.
- Die sieben wichtigsten Fähigkeiten dabei sind: Freundlichkeit; die Bereitschaft zu teilen; Empathie; die Kontrolle von Aggressionen; sich entschuldigen können; Gefühle verstehen; wissen, wem man vertrauen kann. Um das zu lernen, braucht ein Mädchen Unterstützung.
- Ihre Tochter lernt, indem sie Sie nachahmt.
- Die vier Emotionen Wut, Angst, Trauer und Freude sind dazu da, sie zu leiten.
- »Hegen und Pflegen« ist eine nützliche Fähigkeit, aber sie kann außer Kontrolle geraten. Manchmal ist auch »Kampf oder Flucht« angebracht.
- Sport ist großartig, vor allem, wenn Sie die passende Sportart für Ihre Tochter gefunden haben.
- Informieren Sie sich über die Pubertät und bereiten Sie Ihre Tochter rechtzeitig darauf vor – etwa mit acht Jahren.

Kapitel 5

Die eigene Seele finden

(10. bis 14. Lebensjahr)

Viele Mädchen wirken am Ende der Grundschulzeit bereits sehr vernünftig, reif und erwachsen. Die Eltern seufzen vor Erleichterung und vermuten, dass sie jetzt übern Berg sind. Aber wie jeder weiß, ist das nur die Ruhe vor dem Sturm. Bald werden die Hormone ihr Feuerwerk abfackeln, und ein neues Abenteuer beginnt. Wie gesagt, variiert der Beginn der Pubertät stark, aber egal, wann sie kommt, ihre Wirkung ist einschneidend. Bis dahin leben die Kinder ausgelassen und unbefangen in den Tag hinein. Sie reiten, schwimmen, lärmen, treiben Sport und betätigen sich kreativ: Sie schweben normalerweise durch die Welt. Durch das Selbstvertrauen und die Tatkraft, die sie ausstrahlen, ist ihre Gegenwart eine Freude.

Die Pubertät muss das nicht gänzlich ändern, aber sie bringt bei Mädchen ein gewisses In-sich-gekehrt-Sein mit sich. Sie spüren, wie sie langsam erwachsen werden; gegen die unmissverständlichen Signale können sie nichts tun, aber sie beginnen zu überlegen, was für eine Art Frau sie werden wollen. Das geht mit Aufregung und Angst einher, und auch mit Trauer über den Verlust der kindlichen Freiheit und Unkompliziertheit. Das macht Mädchen nachdenklich, und sie ziehen sich etwas mehr zurück. Aufmerksamen Eltern wird diese besondere Veränderung in ihrer Tochter nicht entgehen. In diesem Alter fängt sie an, sich zu fragen, wer sie ist, was sie will und worum es im Leben wirklich geht. Die Antworten auf diese Fragen werden ihren Weg in den nächsten zehn Jahren beeinflussen.

Nutzen Sie jede Gelegenheit, die sie zulässt (auf Autofahrten, bei der gemeinsamen Hausarbeit oder abends in ihrem Zimmer), ihr zuzuhören und sie zu fragen, was in ihr und ihrer Welt vorgeht.

Sie werden feststellen, dass Sie mehr von Ihrer eigenen Teenagerzeit,

Ihrem Leben, Ihren Erfahrungen und Wertvorstellungen erzählen und dass Ihre Tochter nun bereit ist, zuzuhören.

Jetzt geht die Vorbereitung richtig los

Die Zeit zwischen dem 10. und dem 14. Lebensjahr ist wichtiger, als die meisten Leute glauben. Man kann sie nicht einfach überspringen, es sind Jahre intensiver Vorbereitung. Unsere Aufgabe ist es, dafür zu sorgen, dass unsere Töchter diese Phase durchleben und nicht zu früh versuchen, erwachsen zu sein, denn dafür sind sie noch lange nicht bereit. Selbst wenn Sie aus diesem Kapitel oder Buch nichts mitnehmen, so doch wenigstens das: Mädchen in diesem Alter brauchen nicht weniger, sondern mehr von unserer Zeit und Zuwendung. Jetzt müssen wir all unsere Erziehungsbemühungen, unsere Unterweisungen und unser Nachfragen noch intensivieren und sie durch anspruchsvollere Aufgaben darauf vorbereiten, die beeindruckende Frau zu werden, die bereits in ihr steckt. Aber wir sollten sie nicht allein dieser Welt da draußen und ihrem Druck überlassen. Sie soll nicht gezwungen sein, sich anzupassen, in Wettbewerb zu treten, sexy zu sein und Jungs zu gefallen, nur damit sie sich akzeptiert fühlt. Sie bereitet sich darauf vor, eine Frau zu werden, und das ist eine ganz eigenständige Phase.

Der Funke

Die Aufgabe eines Mädchens zwischen zehn und 14 ist es, in ihrer eigenen Identität Wurzeln zu schlagen. Das geht auf vielerlei Weise, aber die erste und einfachste ist der sogenannte Funke:

Dr. Peter Benson, der 2011 leider viel zu früh verstarb, war der Begründer des US-amerikanischen Search Institute und einer der international führenden Jugendexperten. Die letzten fünf Jahre seines Lebens kämpfte er für eine Idee, die seiner Ansicht nach sowohl das Familien- als auch das Schulleben Jugendlicher entscheidend verbessern konnte: die Vorstellung, dass wir alle einen »Funken« (englisch *spark*) in uns haben.[15]

Wenn man Eltern fragt, welche Erwartungen sie für ihre Töchter haben, dann sagen sie selten: »Sie sollte unser Land international konkurrenzfähig machen« oder »Sie sollte beim PISA-Test gut abschneiden«. (Tut mir leid, liebe Politiker, da liegt ihr völlig daneben.) Eltern sagen: »Ich will, dass sie ihr Leben liebt« oder »Sie soll ein freundlicher und mitfühlender Mensch werden« oder »Ich wünsche mir, dass sie ihre Leidenschaft entdeckt und ihr folgt«. Wir lieben unsere Kinder, und deshalb ist unser Ziel, dass sie mit ihrem Leben wirklich zufrieden sind.

Die Frage ist nur, wie. Peter Benson entdeckte etwas ebenso Einfaches wie Revolutionäres: Kinder und Teenager tragen fast immer etwas in sich – ein bestimmtes Interesse, ein Talent oder ein Anliegen. Wenn wir es zutage fördern, bereichert es ihr Leben durch ein unglaubliches Ausmaß an Freude, Motivation und Orientierung. Dies ist ihr Funke.

In seiner Studie fand er Bemerkenswertes heraus:

1. Ausnahmslos alle Kinder verstanden den Sinn folgender Frage: »Welche Betätigung macht dir am meisten Spaß, wobei fühlst du dich am lebendigsten, was regt dich an, was verschafft dir ein Sinnerlebnis?«
2. Etwa 65 Prozent aller Kinder konnten zumindest eine Aktivität nennen, die diese Kriterien für sie erfüllte. Sie wussten, was ihr Funke war.
3. Weitere 20 Prozent der Kinder konnten mit der Unterstützung Erwachsener aus ihrem Umfeld ebenfalls ihren Funken finden. (Sie waren nur zu schüchtern, es geradeheraus zu sagen.)
4. Zehn Prozent dieser Kinder hatten mehr als eine Sache, die sie faszinierte. Glückliche Kinder!

Benson zitierte gerne den antiken Philosophen Plutarch: »Der Geist ist kein Schiff, das man beladen kann, sondern ein Feuer, das man entfachen muss.« Lehrer, die das begriffen haben, werden von den Schülern geliebt und von den Eltern geschätzt.

Und Ihre Tochter?

Hat Ihre Tochter einen Funken? Wissen Sie, welchen? Glimmt dieser Funke oder verlischt er? Wie kann man ihn zu einem richtigen Feuer entfachen?

Damit Ihre Tochter (in den Jahren zwischen zehn und 14 oder früher) sich selbst finden und als Persönlichkeit erblühen kann, gibt es einen ganz einfachen Schlüssel. Fragen Sie sie: »Was macht dir wirklich Spaß?« – »Wie kann ich dir dabei helfen?« – »Welche Hürden müssen wir gemeinsam überwinden, damit du tun kannst, was du willst?« – »Wessen Unterstützung brauchen wir dazu (in der Schule oder Gemeinde)?«

Um Eltern bei der Suche zu unterstützen, teilte Benson die Funken in drei Kategorien:

1. Eine besondere Fähigkeit oder ein Talent: zum Beispiel Zeichnen, Schreiben, Sport, Tanzen, Musizieren. Darin ist Ihr Kind von Natur aus gut und tut es mit großer Begeisterung.
2. Eine Berufung: zum Beispiel Naturschutz oder soziale Gerechtigkeit. Die Intensität dieser Überzeugung gibt Ihrem Kind Energie.
3. Ein Charakterzug: ein Teil der Persönlichkeit, zum Beispiel Empathie, die dafür sorgt, dass alle immer mit ihr sprechen wollen. Oder Mut: jemand, der das Wort ergreift oder die Führung übernimmt, wenn etwas in Ordnung gebracht werden muss. (Wenn es irgendwo brennt, können Sie darauf wetten, dass Ihr Kind an vorderster Front kämpft.)

Benson ist der Ansicht, dass wir die Aufgabe haben, unser Kind darin zu unterstützen und zu bestärken, diesen Funken zu entfachen. Er sagt: »Wenn Sie den Funken eines Kindes entdeckt haben, dann sagen Sie ihm, dass Sie ihn wahrnehmen, und danken Sie ihm dafür, dass es ihn hat. In den allermeisten Fällen ist er positiv und schön und nützlich für die Welt.« Diesen Funken wahrzunehmen ist der erste Schritt. Es kann für Sie als Eltern viel Mühe nach sich ziehen, aus dem Funken ein Feuer zu machen. Aber was könnte erstrebenswerter sein?

Nicht alle Funken glimmen weiter

An diesem Punkt weist Benson auf einen traurigen Fakt hin, der den Funken zu seiner lebenslangen Mission machte: Nur etwa ein Viertel aller jungen Leute, die er für seine Studie untersucht hatte, führten ein befriedigendes Leben: glücklich, motiviert und mit einer Vorstellung davon, wie ihr Weg verlaufen würde. Seiner Ansicht nach lag das daran, dass es in den meisten Fällen den Erwachsenen nicht gelungen war, den Funken im Leben ihrer Kinder am Glimmen zu halten oder ihn überhaupt zu entdecken. Benson zufolge gibt es drei entscheidende Voraussetzungen, damit der Funke eines jungen Mädchens zu einem hellen Feuer wird:

1. Sie braucht einen Erwachsenen in der Familie, der hinter ihr steht.
2. Sie braucht ebenso einen Erwachsenen außerhalb ihrer Familie – in der Schule oder der Gemeinde –, der ihr Anerkennung und Unterstützung zukommen lässt.
3. Es braucht genügend Gelegenheiten, sie zu ermutigen und all das zu ermöglichen, was nötig ist.

Wie viele von uns hatten ein Interesse, mit dem wir unsere Eltern nicht behelligen konnten? Vielleicht reagierten auch unsere Eltern positiv, aber die Schule kümmerte sich nicht darum oder in unserer Gemeinde gab es nicht die Gelegenheit, dieses Interesse zu verfolgen. Wie viele Millionen Funken verloschen aufgrund der Umstände. Wir können es bei unseren Kindern sicher besser machen.

Warum der Funke so wichtig ist

Bensons Forschungen weisen darauf hin, dass die Entdeckung einer Leidenschaft (und ihre Unterstützung) bei einem Kind einige sehr wichtige Aspekte positiv beeinflusst: Solche Kinder sind besser in der Schule, sie sind glücklicher, haben mehr Selbstvertrauen, kommen mit Erwachsenen besser aus, sie haben weniger Probleme mit ihrer Gesundheit und kommen seltener mit dem Gesetz in Konflikt. (Nicht, dass wir diese zusätzlichen Gründe bräuchten, um uns zu wünschen, dass unsere Kinder glücklich sind, aber es gibt sie.)

Vielleicht ändert sich der Funke Ihrer Tochter im Laufe des Lebens. Wir Erwachsene wissen, dass wir uns weiterbewegen von einer Sache zu einer anderen, aber was wir mitnehmen, ist das Gefühl für Konzentration, für Hingabe, für den Glauben an uns selbst und unsere Kreativität. Und ganz oft bleibt uns dieser Funke unser ganzes Leben lang erhalten, wird unser Beruf, und wenn nicht, steht er im Zentrum unserer Persönlichkeit. Der Funke ist die ganz individuelle Form unserer Existenz – als Künstler oder Schriftsteller, Sportler, Führungsperson, Betreuer, Erfinder, Mystiker oder Aktivist. Er ist unser tiefstes Inneres, und dieses Feuer spendet uns Energie bis zum Ende unserer Tage.

Was Sie tun können

Den Funken zu entdecken sollte bei Eltern von Teenagern große Priorität haben. Es hilft, wenn Sie sich an die Geschichte Ihres eigenen Funkens erinnern. Was haben Sie als Kind besonders gerne getan? Blieb das so oder änderte es sich? Erlosch Ihr Funke? Was befeuert Ihr Leben heute?

Der Funke eines Kindes sollte auch Gegenstand des Gesprächs zwischen Eltern und Lehrern sein, damit die Schule Sie bei der Förderung unterstützen kann. Auch die Gemeinden sollten sich mit den besonderen Hobbys der Kinder vor Ort auseinandersetzen und sie durch entsprechende Einrichtungen fördern.

EIN ANDERER FREUNDESKREIS

Es gibt noch einen weiteren Grund, warum ein Hobby oder Interesse ein Mädchen stärken und bereichern kann: Eine neue Bezugsgruppe sorgt für ein weiter gefasstes und positiveres Selbstverständnis.

Sehr häufig sind Mädchen in einer einzigen Freundinnengruppe regelrecht gefangen, nämlich den zufällig in der Schule zusammengewürfelten gleichaltrigen Mädchen. Ihr Selbstbild entsteht im Kontakt mit ihnen, wenn man mal von ihrem Zuhause absieht (wo es auch Höhen und Tiefen gibt). So passiert es leicht, dass die Stimmung eines Mädchens sich gefährlich verschlechtert, nur weil ihr Freundeskreis negativ und destruktiv ist. Die Kinder in einer speziellen Interessengruppe dagegen sind vielleicht viel mehr nach ihrem Geschmack und außerdem altersmäßig gemischt, was viele Vorteile nach sich zieht. Kluge alte Männer, temperamentvolle und außergewöhnliche Frauen, Kinder aus anderen Schulen oder Stadtteilen, die in einem ähnlichen Stadium der Reife sind oder ihre Interessen teilen. Das alles sind Spiegel, die dem Mädchen ein ganz anderes Bild von sich selbst zurückwerfen.

Jungen Mädchen steht eine erstaunliche Bandbreite von Aktivitäten offen – vom lateinamerikanischen Tanz über Klettern und Quilten bis hin zum Tauchen und zahllosen Möglichkeiten, sich zu engagieren und nützlich zu machen. Denken Sie über den Tellerrand hinaus: weniger an die Sachen, die Mädchen üblicherweise so machen, sondern mehr an Dinge, die auch Erwachsene mit Leidenschaft tun. Stopfen Sie ihr den Terminkalender nicht mit zig verschiedenen außerschulischen Aktivitäten voll, helfen Sie ihr lieber, sich in einer Gruppe zu entfalten, in der sie sich zu Hause fühlt.

EIN ORT ZUM BASTELN UND TÜFTELN

Wenn es an mir läge, hätte jedes Mädchen einen eigenen Ort zum Basteln und Tüfteln: eine Art Werkstatt, eine Ecke im Haus, unbehelligt vom Fernseher oder kleineren Geschwistern, wo sie alles liegen lassen kann und inmitten verschiedenster Materialien, Farben und Werkzeuge Projekte entstehen. Schöne Dinge selbst zu machen ist ein Trend der letzten Jahre, eine wiederentdeckte Form der Individualität und Unbeschwertheit. Es ist eine Möglichkeit, aus dem Konsumwahnsinn auszubrechen, wo Mädchen sich nur noch durch ihr Kaufverhalten verwirklichen. Bildhauerei, Malen, Töpfern oder Nähen – jede Form künstlerischer und handwerklicher Aktivität scheint sich auf Jungen und Mädchen gleichermaßen wohltuend auszuwirken. Ideal wäre ein Raum im Haus, der nur den Frauen vorbehalten ist, genauso wie Männer ihren Schuppen oder Hobbykeller haben.

Nachdem die wenigsten genug Platz für einen eigenen Werkraum haben, wäre ein verschließbarer Sekretär oder eine spezielle Ecke nur für Ihre Tochter eine gute Alternative – nicht für die Hausaufgaben, sondern für eine frei gewählte kreative Betätigung.

Auf der ganzen Welt haben Kommunen damit begonnen, spezielle Frauenräume einzurichten. Manchmal ist das nur eine wöchentliche Veranstaltung in einem gemieteten Raum, in dem erwachsene Frauen Teenager in ihre Aktivitäten und Gespräche einbeziehen und zugleich eine Anlaufstelle für Mädchen, die Gefahr laufen, auf der Straße zu landen. Von Australien ausgehend hat sich inzwischen auch in verschiedenen europäischen Ländern die sogenannte *MensSheds*-Bewegung ausgebreitet (Männertreffs, eine moderne Version des früheren Schuppens oder Hobbykellers, der nur dem Mann vorbehalten war). Es hat sich gezeigt, dass so ein Männertreff sich ausgesprochen positiv auf die seelische Verfassung von Jungen und Männern auswirkt. Auch wenn es auf den ersten Blick wie ein Rückfall in alte Rollenstereotype aussieht, fühlt es sich in der Praxis wie eine Befreiung an. Genauso könnten Frauenräume, in denen ältere und jüngere Frauen zusammen sind und voneinander lernen, in jeder Gemeinde gedeihen.

Alles, was du hast, ist deine Seele

Als meine Frau in den 1970er-Jahren im Alter von 17 ihre Ausbildung zur Krankenschwester begann, machte sie natürlich auch die Erfahrung, dass manchmal Patienten starben. Meine Frau holte dann die Oberschwester des kleinen Landkrankenhauses, die in dem Krankenzimmer etwas Seltsames tat: Sie öffnete das Fenster einen Spalt, damit die Seele des Verstorbenen hinaus konnte. Wenn ich hier von Seele spreche, meine ich nicht das, obwohl ich mich über die Vorstellung nicht lustig machen will und sie vielleicht sogar mit meiner Vorstellung verwandt ist. Tracy Chapman spricht in ihrem Lied »All that you have is your soul« (Alles, was du hast, ist deine Seele) von der eigentlichen Essenz einer Persönlichkeit, davon, was sie wirklich ist und was ihr am wichtigsten ist. Die Vorstellung von Seele ist schwer in Worte zu fassen, aber jeder spürt, wenn ein Mensch eine Seele hat. Auch wenn sie durch Erfahrung, insbesondere schlechte, zu entstehen scheint, gibt es auch schon junge Menschen mit Seele. Manche Leute haben definitiv keine. Sie sind egoistisch, oberflächlich, ängstlich und habgierig. Der leichteste Windstoß haut sie um. Eine Person mit Seele ist wie ein tief verwurzelter Baum, der dem Sturm standhält.

Wenn Sie sich eine Zehnjährige genau ansehen, werden Sie merken, dass sie gerade stärkere Wurzeln entwickelt. Sie träumt ihre ganz eigenen Träume, die niemanden etwas angehen. Sie stellt die großen Fragen. Sie beobachtet die Erwachsenen um sich herum, um Hinweise zu bekommen, wie sie leben soll.

Erinnern Sie sich an eines der berühmtesten Fotos der jüngsten Zeitgeschichte: Es zeigt die amerikanische Außenministerin Hillary Clinton bei ihrem Besuch der demokratischen Aktivistin und Nobelpreisträgerin Aung San Suu Kyi, kurz nachdem die burmesische Militärregierung nach Jahrzehnten deren Hausarrest aufgehoben hatte.

Hillary Clinton freut sich, denn es ist ein großer Augenblick, und das weiß sie. Zugleich ist sie auch bewegt, weil sie ihn mit dieser traditionell gekleideten, schmalen, zerbrechlich wirkenden Frau teilen kann. Aung San Suu Kyi lächelt auf eine ruhige Weise, und man hat den Eindruck, dass sie diese Ruhe schon immer in sich trug. Sie hat gelitten: Einen großen Teil ihres Lebens war sie eingesperrt, der Hausarrest trennte sie von ihren Kindern, und ihren Ehemann hat sie lebend nicht wiedergesehen. Auf ihr ruhen alle Hoffnungen ihres leidenden Landes. Ihre Freunde wurden gefoltert, ermordet oder verschwanden einfach. Aber sie besitzt eine Seele, die sie aufrecht hält und stark macht.

Die Seele befindet sich tief in uns und sagt uns, was richtig und was falsch ist. Wir brauchen Menschen um uns herum, die uns ganz sanft und aufrichtig dazu bringen, sie zu entdecken. Wenn die Lieblingstante in einem ruhigen Moment fragt, was ein Mädchen aus seinem Leben machen will, dann ist das eine Einladung, zur eigenen Seele vorzudringen. Man kann niemandem Seele geben, aber die eigene zeigen.

Eine Seele zu haben heißt, sich selbst zu kennen. Wenn wir unsere eigenen Regeln brechen, merkt das manchmal keiner, aber wir selbst werden uns dafür hassen, so lange, bis wir alles wieder in Ordnung gebracht haben. Die Seele ist kreativ, sie zeigt uns ganz außergewöhnliche und individuelle Wege und Möglichkeiten, uns selbst zu verwirklichen. Die Seele ist das wahre Ich. Im Laufe der Geschichte mussten viele Frauen ihr wahres Ich verstecken, und dadurch erstickte auch ihre Lebensenergie. Wenn wir ehrlich zu uns selbst sind, fühlt sich das richtig an, auch wenn niemand um uns herum es auch nur im Ansatz versteht.

Ein Mädchen braucht diese Eigenschaft sowohl für den Alltag als auch für ihren ganzen Lebensentwurf: wenn sie mit Freunden streitet oder entscheidet, was sie tun und wohin sie gehen will; wenn eine Freundin sich betrinkt und will, dass sie mitmacht; wenn ein Junge sie mitten in der Nacht in ein Auto zerrt oder wenn ihre Freundinnen in der Schule gemein zu einem anderen Mädchen sind. Wenn sie in den Spiegel sieht und feststellt, dass ihr Körper anders aussieht als die mit Photoshop bearbeiteten Körper in den bunten Zeitschriften, dann wird ihre Seele ihr zuflüstern: »Ich bin ich, und ich bin schön, so wie ich bin.«

Wenn sie sich entscheidet, was sie studieren, welchen Beruf sie ergreifen soll, welche Freunde sie wählt, mit wem sie zusammen sein und wen sie heiraten will – dann ist es die Stimme ihrer Seele, auf die sie hören sollte.

Wie sich die Seele entwickelt

Eine Ihrer Aufgaben als Eltern ist es, dafür zu sorgen, dass die richtigen Menschen ins Leben Ihrer Tochter treten. Als Rollenvorbilder für starke Frauen kommen verschiedene Personen infrage: die Lehrerinnen in der Schule, ihre Yoga-, Kunst- oder Musiklehrerin, ihre Sporttrainerin, aber auch junge Frauen, die sie in Ferienlagern kennenlernt, ältere Frauen, die die Gegenwart junger Menschen schätzen, Tanten und Großmütter mit interessanten, bereichernden Lebenserfahrungen. Sie alle haben ihre ganz eigene Art von Innerlichkeit (eine innere Stärke) und fördern diese auch in Ihrer Tochter zutage.

Suchen Sie diese Menschen nach einem einfachen Kriterium aus: dass auch Ihre Seele sich zu ihnen hingezogen fühlt. Solche Menschen sind warmherzig und mit sich im Reinen, nicht einfach nur nett; eher mutig und exzentrisch als glatt und normal. Suchen Sie nach Frauen, die sich für Ihre Tochter als Individuum interessieren und in ihr etwas Besonderes sehen. Das Vergnügen des Zusammenseins muss auf Gegenseitigkeit beruhen. (In diesem Alter ist es sicherer, wenn eine Frau die Mentorenrolle übernimmt, aber es gibt immer Ausnahmen, und manche Frauen berichten von großartigen männlichen Vorbildern.)

Bestimmte Aktivitäten sind gut für die Seele, andere schaden ihr. Vermeiden Sie alles, was stark wettbewerbs- oder leistungsorientiert ist, außer Ihre Tochter ist wirklich ganz wild darauf und nicht zu bremsen. Eine kreative Tätigkeit, die um ihrer selbst willen ausgeführt wird, bildet die Seele – und das kann von Bildhauerei über Motorräder reparieren bis hin zum Schreiben eines Fantasyromans reichen. Das alles führt zu innerer Ruhe und Reflexion, weil man darin aufgeht.

Bücher dienen sowohl der Inspiration als auch der Zuflucht. Lesend begeben wir uns auf eine innere Reise. Ohne dass wir es steuern, bringen uns die Wörter dazu, die Lücken, die sie lassen, mit unserer Fantasie zu füllen, etwas, das ein Film nicht kann. Und sie nehmen uns mit in fremde Leben, Orte und Zeiten und eröffnen uns damit ganz neue Horizonte. Manchmal kann ein einziges Buch ein Leben verändern.

Bücher können oft die geistige Nahrung liefern, die junge Menschen brauchen.

Aus Sicherheitsgründen enthält man manchmal Mädchen Naturerlebnisse vor. Sich in den Wäldern rund ums Haus herumzutreiben, was Jungen schon immer taten, erscheint uns für sie zu gefährlich. Aber sorgen Sie dafür, dass sich Ihre Tochter (zum Beispiel im gemeinsamen Urlaub) so oft wie möglich in schöner und unberührter Natur aufhält. Lassen Sie sie surfen, schwimmen, segeln, reiten oder wandern und machen Sie auch ab und zu mit, damit Ihr Kind Sie auch einmal von einer ganz anderen Seite kennenlernen kann.

AB IN DIE WILDNIS

Die Australierin Kym Pitman ist nicht nur eine erfahrene Erlebnispädagogin und eine bekannte Liedermacherin, sondern auch Mutter und Tante. Sie hat ihren Beruf als Lehrerin aufgegeben und eine Methode entwickelt, die junge Frauen dabei unterstützt, starke Wurzeln zu entwickeln, die ihnen ein Leben lang Kraft geben.

Kym Pitman nimmt junge Mädchen mit auf eine zehntägige Wanderung durch den australischen Busch an der nördlichen Küste von New South Wales. Die Mädchen müssen sämtliche Requisiten des modernen Lebens zurücklassen: iPhones und MP3-Player, Make-up und Zeitschriften, Uhren und Spiegel – und alle Gedanken darüber, was sie anziehen und wie sie aussehen möchten. Wenn diese Requisiten außer Reichweite geraten, erleben sie zuerst eine Phase tiefer Verunsicherung. Doch dann werden sie gepackt von der Schönheit und dem Reichtum des Regenwaldes: die seidige Blüte der Eichen, die Vogelwelt, das Gefühl, wenn man müde Füße im Flusswasser kühlt, der Blick in den sternenübersäten tintenblauen Himmel.

Unter Kyms Anleitung fangen die Mädchen an, sich selbst nicht mehr als separate Lebewesen zu betrachten, sondern als Teil eines Systems, das brutal und sanft, gefährlich und wunderbar zugleich sein kann – abhängig von ihren Fähigkeiten, ihrem Urteilsvermögen, ihrer Stärke.

Diese Erfahrung ist meilenweit entfernt von den Torturen, die teure Privatschulen ihren heranwachsenden Schülern als Initiationsritus verkaufen. Dabei werden die sowieso schon Sportlichen und Starken auf- und die Schwächeren und Sanfteren abgewertet. Einige dieser Riten scheinen nichts als versteckter Sadismus, eher ein Versuch, die jugendliche Energie zu ersticken, als sie zu entfesseln. Bei anderen schulischen Programmen scheint man zumindest halbwegs begriffen zu haben, wie wichtig es ist, das Selbstvertrauen zu fördern. Aber sie scheitern, weil sie keine echte Verbindung mit der Natur herstellen können – nichts als Füße voller Blasen, zerkratzte Gesichter und das Gefühl, sich durchgekämpft zu haben, aber kein echtes Verschmelzen mit der Wildnis.

Kym Pitman dagegen ist zugleich freundlich und extrem kompetent, eine Kombination, die ihre Schützlinge fasziniert. Sie lebt Respekt vor: vor sich selbst, den anderen und der Harmonie von Fluss und Erde, Säugetieren und Vögeln, dem Universum und dem Individuum. Durch Gespräche am Lagerfeuer, Tagebuchschreiben und die Unterweisungen auf dem Weg öffnen sich die Mädchen langsam der Erkenntnis, was Natur wirklich ist: etwas Komplexes, das mit ihnen in Wechselwirkung steht, von dessen Rhythmen sie etwas lernen und an dessen Ruhe sie partizipieren können.

Der Höhepunkt ist ein Schweigetag, an dem die Mädchen auch in größerer Entfernung voneinander schlafen, um sich der Wildnis unmittelbar auszusetzen. Ihre Berichte darüber sind sehr aufschlussreich:

»Ich möchte gar nicht alles beschreiben, weil es die Erfahrung nur kleiner macht und Worte ihr nicht gerecht werden können.«

»Gestern war einer der schönsten Tage meines Lebens.«

»Ich schließe meine Augen und atme den Tag ein. Worte können nicht ausdrücken, was ich fühle.«

»Ein Gefühl von Grün umgibt mich, dringt in mich ein, erfüllt mich und spricht zu mir anders als mit Worten. Ich glaube, es spricht in einem Dialekt, der irgendwie Emotion ist, Liebe.«

»All meine Sinne sind hellwach. Die Stille macht süchtig. Ich wünschte, sie würde nie aufhören. Ich fühle mich zugleich ganz ruhig und ganz voller Freude. Obwohl alles still ist, fühle ich mich mit Tieren und Pflanzen viel mehr verbunden. Das Gefühl, das ich habe, ist so furchtbar schwer zu erklären. Es ist fast so, als wäre ich Teil der Erde. Ich fühle mich eingebunden …«

BRAUCHEN MÄDCHEN EINE PRIVATSPHÄRE?

Folgende einfache Regel für Privatsphäre könnten Sie mit Ihrer Tochter vereinbaren: Wenn ihre Tür offen ist, dann klopfen Sie und treten ein. Wenn die Tür geschlossen ist, dann klopfen Sie und warten, bis sie »Herein« sagt. So hat sie das gute Gefühl, dass ihre Privatsphäre respektiert wird. Wenn Sie ihr Zimmer betreten, dann schnüffeln Sie nicht herum, das hat niemand gerne. Natürlich können Sie ihr sagen, dass sie mal aufräumen sollte, und sie fragen, ob sie Hilfe dabei braucht. Aber dass Sie um Erlaubnis fragen, vermittelt ihr das Gefühl, respektiert zu werden.

Diese Privatsphäre ist ein Privileg, und wenn sie bereits unangemessene Geheimnisse vor Ihnen hatte (siehe Essstörungen S. 204–209, Alkohol- und Drogenprobleme S. 210–219), dann können Sie sie ruhig wissen lassen, dass Sie ein Auge auf ihr Zimmer haben. Sicherheit geht vor Privatsphäre, aber Ihre Tochter muss darüber Bescheid wissen. Aus diversen Gründen ist es besser, nur ihre Mutter kontrolliert ihr Zimmer. Auf die wird sie auch sauer sein, aber wenn ihr Vater es täte, wäre sie wohl außer sich. Doch wenn alles in Ordnung ist, dann spricht nichts gegen Privatsphäre, denn die weiß jeder zu schätzen.

TANTEN

Am Anfang dieses Buches habe ich auf eine bedeutende Verschlechterung der psychischen Verfassung von Mädchen hingewiesen und mich gefragt, woran das liegt und was schiefläuft. Eine Möglichkeit könnte sein, dass die Tugenden einer guten Tante in Vergessenheit geraten sind.

Wenn ich Vorträge halte, frage ich das Publikum oft, welche Frauen in ihrer Jugend eine Tante hatten, die in ihrem Leben eine wichtige Rolle spielte. Etwa ein Drittel hebt die Hand, je älter meine Zuhörerinnen sind, desto mehr sind es. Inzwischen sind die Tanten nach und nach aus dem Leben von Mädchen verschwunden.

Mit Tante meine ich nicht nur die tatsächlichen Schwestern der Eltern, sondern auch erwachsene Freundinnen der Mutter oder der Familie, die ein echtes Interesse am Wohlbefinden des Mädchens haben. (Großmütter spielen eine etwas andere Rolle, sie sind eher ein Rettungsanker als ein Rollenvorbild – ihr Alter schließt sie aus der Vorstellungswelt eines Mädchens aus.) Jedes Mädchen braucht so eine spezielle Tante.

Denken Sie selbst doch einmal an Ihre Nichten, falls Sie welche haben, und überlegen Sie, ob Sie eine engagiertere Tante sein könnten, zum Beispiel auf folgende Weise:

1. Holen Sie Ihre Nichte ab und zu zum Essen oder für ein paar Tage zu sich. Das kann für sie eine erholsame Pause von zu Hause sein und zugleich eine echte Chance, darüber zu sprechen, wie es so läuft. Wenn Sie merken, dass sie gerne bei Ihnen ist, laden Sie sie alle paar Monate mal ein. Sobald sie ein Vertrauensverhältnis zu Ihnen aufgebaut hat, wird sie vermutlich bei Ihnen Trost und Rat suchen, wenn es mal zu Krisen oder größeren Problemen kommt.
2. Nehmen Sie sie auf einen Kaffee oder zum Shoppen mit in die Stadt und reden Sie mit ihr wie mit einer ernst zu nehmenden Erwachsenen. Fragen Sie sie nach ihrem Leben, ihren Träumen, ihren Herausforderungen – nicht um nach aktuellen Problemen zu bohren, sondern mit einem Blick auf ihre langfristigen Perspektiven und Vorstellungen. Hören Sie ihr einfach viel zu.
3. Denken Sie an ihren Geburtstag, gehen Sie zu ihren Schulkonzerten oder Sportwettkämpfen.

4. Bieten Sie ihr praktische oder finanzielle Hilfe bei der Realisierung ihrer Träume an. Wenn Sie das mit der nötigen Feinfühligkeit ihren Eltern gegenüber tun, erweitern Sie so das »Team«, das Ihrer Nichte zur Verfügung steht.

Ein paar Aussagen über Tanten:

»Meine Tante hat meine Klavierstunden bezahlt.«

»Sie hat mich, wenn schulfrei war, mit in die Stadt zum Teetrinken genommen, und wir taten so, als wären wir feine Damen.«

»Als mein Bruder bei einem Autounfall ums Leben kam, habe ich drei Monate lang bei ihr gewohnt. Meine Eltern waren zu verzweifelt, um normal funktionieren zu können, und auch wenn ich am Wochenende immer zu ihnen nach Hause ging, war das für uns alle lebensrettend.«

»Meine Tante wusste über meinen Freund und unsere Probleme Bescheid, meiner Mutter konnte ich das einfach nicht erzählen.«

»Meine Tante war ungefähr sechs Jahre jünger als meine Mutter, sie hat mich einfach besser verstanden. Sie hat mir auch alles zu meiner Periode erklärt. Man konnte sie alles fragen.«

»Ich ging immer zu meiner Tante, um mit ihr zusammen Mosaike zu basteln, das hat mit ihr großen Spaß gemacht.«

Tanten hören nicht nur gut zu, sie sprechen auch über ernste Themen mit ihren Nichten. Sie kennen sich mit Jungs und Männern aus und reden Klartext:

»Klar sieht er gut aus, aber er ist wirklich dämlich, du würdest dich nach zehn Minuten mit ihm langweilen.«

»Dieser Junge spielt Spielchen. Ich würde ihm kein Wort glauben. Der braucht noch zehn Jahre, bis er erwachsen wird.«

»Der steht nicht auf dich, meine Süße, sondern nur auf deine Titten.«

Tanten halten sich auch mit Kritik nicht zurück:

»Du hast einfach nur Angst vor Zurückweisung.«

»Ich glaube, du liegst falsch. Du solltest zu deiner Mutter gehen und dich entschuldigen.«

»Du kannst das schon machen, aber ich glaube, damit drückst du dich. Du kannst doch mehr!«

Gute Onkel und Tanten zu sein ist viel wichtiger, als wir uns vorstellen können, aber man muss es wirklich wollen, die Notwendigkeit dafür sehen und es dann auch richtig anpacken. Wenn Sie es mal kurz aus einer Laune heraus sein wollen, wird das Kind sehr enttäuscht sein, wenn Sie es dann wieder fallen lassen. Sie brauchen einen langen Atem, besonders in der Jugendzeit Ihrer Nichte. Aber wenn Sie Zuneigung zu ihr verspüren, dann legen Sie los. Es wird für beide Seiten eine Bereicherung sein, denn sie wird sich mit ihrer Frische und Offenheit bei Ihnen revanchieren. Die Rolle der Tante ist uralt, und wir Menschen sind so angelegt, dass wir sie wirklich brauchen.

BLEIBEN SIE RUHIG – SIE BRAUCHT IHRE ZUNEIGUNG

In der Teenagerzeit fahren Mädchen in einer Achterbahn der Gefühle. Für Eltern kann es verdammt anstrengend sein, sich ständig durch ein Minenfeld zu bewegen und zu versuchen, eine Explosion zu vermeiden.

In den frühen Teenagerjahren gibt es anscheinend zwei Sprünge: Mit etwa 13, manchmal etwas früher, erscheinen Mädchen mental sehr desorientiert. Das liegt daran, dass sich ab diesem Alter der präfrontale Cortex (s. S. 146) im Umbau befindet. Daraus resultiert ein kindliches, unorganisiertes, hilfloses Verhalten. Das kann einen zur Verzweiflung treiben, aber es ist einfach ein Rückfall ins Babyalter. Behalten Sie sie im Auge und genießen Sie, dass sie zumindest Ihre Nähe sucht, bei Ihnen sein und kuscheln will. Denn mit 14 beginnt eine ganz andere Phase.

14 ist oft ein sehr unleidliches Alter. Die Teenager haben eine Aufgabe zu erledigen: sich von ihren Eltern abzulösen. Ihre Tochter war bisher, wenn alles gut lief, in die Familie eingebunden, definierte sich über sie, und ihre ganze Lebenswelt war Teil der Familie. Das muss sich jetzt ändern, sonst wird sie nie alleine zurechtkommen. Es ist ganz wichtig, dass Sie das nicht als Ablehnung verstehen – es geht nicht darum, dass sie Sie nicht mehr mag. Selbst wenn ein Mädchen ihre Eltern und das, wofür sie stehen, zutiefst bewundert, ist ihr tief im Inneren klar, dass sie innerhalb der Welt ihrer Eltern nicht erwachsen werden kann. Sie muss da heraus und sie selbst sein. Das kann dazu führen, dass sie alle möglichen Identitäten durchprobiert: zum Beispiel Gothic, Punk oder Grunge, wenn sie aus einer ganz ordentlichen bürgerlichen Familie kommt, oder sie wird plötzlich ganz spießig und ordentlich, wenn ihre Eltern Hippies sind.

(Wenn Sie die britische Sitcom *Absolutely Fabulous* kennen, erinnern Sie sich vielleicht an Saffy. Die Tochter der Familie ist das einzige halbwegs vernünftige menschliche Wesen in der gesamten Serie.)

Manche Eltern reagieren auf die Rebellion beleidigt und ziehen sich zurück. Aber es ist absolut nicht der richtige Zeitpunkt, Ihre Tochter alleinezulassen. Irgendjemanden braucht sie zum Um-den-Finger-Wickeln, Kämpfen, Rumdiskutieren und Streiten. Entweder Sie oder ihre Lehrer oder die Polizei. Dann doch wohl besser Sie.

Einen Großteil der Zeit wird sowieso alles normal laufen, aber geraten Sie nicht in Panik, wenn das Mädchen auch mal schwierig oder gar unmöglich ist. Verhandeln Sie, hören Sie zu, argumentieren Sie, geben Sie nach, wenn Ihre Tochter gut argumentiert, oder belassen Sie es einfach auch mal dabei, unterschiedlicher Meinung zu sein. Sie ist gerade dabei zu lernen, eine eigenständige Persönlichkeit zu sein, auch wenn sie noch nicht genau weiß, was das ist. Das ist wirklich schwer für Eltern. Zwar zählen immer noch die Sicherheit Ihrer Tochter und das Einhalten von Abmachungen, aber Ihr Bedürfnis nach Freundschaft stillen Sie besser woanders, denn in diesem Alter möchte Ihre Tochter einfach nicht immer Ihre Freundin sein.

Mit 15 wird es dann üblicherweise einfacher, und mit 16 sind Mädchen schon ein ganzes Stück reifer. Sobald Ihre Tochter mehr Selbstsicherheit gewonnen hat, hat sie es auch weniger nötig, Sie auf Distanz zu halten, und kann sich Ihnen wieder annähern.

WAS CHEMIKALIEN MIT VORZEITIGER PUBERTÄT ZU TUN HABEN

Inzwischen sind viele Eltern beunruhigt darüber, dass Mädchen immer früher in die Pubertät kommen, und das – zumindest teilweise – zu Recht. Wenn eine Achtjährige Brüste bekommt, dann verwirrt sie das natürlich und lenkt eine Art von Aufmerksamkeit auf sie, auf die sie gut verzichten könnte.

Ist das eine Epidemie? Und was sind die Ursachen? Hat es etwas mit Stoffen im Trinkwasser zu tun? Und was kann man tun, um es der eigenen Tochter zu ersparen?

Die Pubertät wird durch Hormone ausgelöst, und im Laufe der letzten 100 Jahre hat unsere wunderbare Industrie – teilweise gezielt, teilweise versehentlich – Chemikalien produziert, die diesen Hormonen gleichen. Hormonähnliche Stoffe und sogenannte endokrine Disruptoren wie Bisphenol A (BPA) und Phthalate kommen in Produkten des Alltags und in Chemikalien für die Landwirtschaft vor und gelangen so auch ins Trinkwasser und in Lebensmittel.

Das wissen wir seit 40 Jahren.[16] 1977 gab es in Italien einen Fall, bei dem durch kontaminiertes Rindfleisch und Geflügel Hunderten von Schülern einer Schule in der Nähe von Mailand Brüste wuchsen. Aus verseuchtem Viehfutter gelangten diese Stoffe in die Milch und das Fleisch von Kühen. Schwangere, die davon etwas zu sich nahmen, brachten Töchter zur Welt, die ganz signifikant früher in die Pubertät kamen. 2005 wuchsen einem dreijährigen Jungen und seiner vierjährigen Schwester Schamhaare, weil ihr Vater eine im Internet gekaufte Testosteroncreme verwendete und schon der bloße Hautkontakt mit seinen Kinder reichte, um das Hormon an sie weiterzugeben. So ein Dummkopf.

Hormone entfalten ihre Wirkung bereits in unglaublich kleinen Mengen. Schon ein einziges Molekül kann eine Reaktion auslösen, und deshalb ist es wissenschaftlicher Unsinn, von »sicheren Grenzwerten« zu sprechen. Wenn irgendwo Hormone im Spiel sind, dann werden sie sich auch auf uns auswirken.

Veränderungen in der Pubertät sind nur eine Folge. Aber auch Krebs, Diabetes, Herzprobleme, sogar Verhaltensauffälligkeiten und psychische Krankheiten wurden mit diesen chemischen Stoffen in Verbindung gebracht. Die Harvard School of Public Health in den USA hat herausgefunden, dass der Kontakt von Schwangeren mit BPA später mit Verhaltensauffälligkeiten, Aggressivität, Hyperaktivität und höheren Graden von Depressivität bei ihren Kindern korrelierte.[17] Wichtig dabei: Nur die Mädchen waren betroffen, was darauf hinweist, dass tatsächlich ein weibliches Hormon, vermutlich noch im Mutterleib, durch diesen Stoff beeinträchtigt wurde.

Das US-amerikanische Gesundheitsministerium zog Hunderte von Studien zu dem Plastikzusatz BPA heran und stieß auf »unwiderlegbare Beweise«, dass es die Brustdrüsen beeinflusst. Man kann mit ziemlicher Sicherheit sagen, dass diese Stoffe weder für Sie noch für Ihre Tochter gut sind.[18] Was nun?

Was Sie tun können

Fangen wir mit den einfachen Dingen an: Viele Leute wissen inzwischen, dass BPA in Wasserflaschen aus Polycarbonat enthalten ist (achten Sie beim Recyclinghinweis auf der Flasche auf »PC« oder den Code 7), außerdem bis vor Kurzem sogar in Babyflaschen. Und ja, es wird an die Flüssigkeit abgegeben. In einer Studie stieg bei Studenten nach nur einer Woche Benutzung dieser Flaschen der BPA-Spiegel um 69 Prozent an.[19]

Die schlechtere Nachricht ist, dass BPA auch in der Folie enthalten ist, mit der Gemüse- und Suppenkonservendosen innen beschichtet sind. Und das ist eine viel größere Gefahrenquelle als Wasserflaschen, weil der Inhalt viel länger Zeit hat, mit dem BPA aus der Folie zu reagieren. Tomatensuppe in Dosen ist leicht säurehaltig und deshalb als Allererstes zu meiden. BPA aus der Dosenbeschichtung wird auch in Softdrinks und Alkohol abgegeben. Wenn Sie Babymilch füttern, ist Pulver deutlich sicherer als flüssige Produkte. Vermeiden Sie außerdem Frischhaltefolie, außer sie ist BPA-frei.

Auch im Thermopapier für Kassenzettel oder Flugzeugbordpässe ist BPA enthalten, obwohl es sichere Alternativen gibt. Das ist besonders relevant für alle, die an Supermarktkassen arbeiten.

Hormonähnliche Stoffe stecken auch in Spritzmitteln der Landwirtschaft, deshalb ist Bionahrung wenn möglich vorzuziehen, und kaufen Sie lieber Fleisch von gras- statt von getreidegefütterten Tieren. (Das ist gesünder für Sie und für die Kuh sowieso.)

Manche dieser Empfehlungen sind sehr schwierig zu realisieren, und eigentlich wäre hier die Gesetzgebung gefragt. Was können Sie und ich schon gegen Möbel tun, die mit Brandverzögerern behandelt sind? Wie sollen wir wissen, ob eine Matratze oder ein Kleidungsstück Chemikalien enthält? (Wenn es chemisch riecht, dann ist es wahrscheinlich so, aber nicht alle Chemikalien riechen.)

Kosmetika enthalten oft Phthalate; Nagellack und Parfüms sind die üblichen Verdächtigen. (Aktuelle Informationen finden Sie im Internet zum Beispiel bei der internationalen Kampagne für sichere Kosmetik, www.safecosmetics.org, aber auch auf deutschen Websites zum Verbraucherschutz, wenn Sie »sichere Kosmetik« in die Suchmaschine eingeben.) Benutzen Sie parfümfreie Reinigungs- und Waschmittel und Kosmetika. Viele Lufterfrischer enthalten Phthalate, und die atmen Sie natürlich ein. Vermeiden Sie sie deshalb, wenn nicht ausdrücklich »ohne Phthalate« draufsteht.

Wenn Sie durch solche Maßnahmen das Gefühl bekommen, sich von der Zivilisation zu verabschieden, kann ich Ihnen das nicht verübeln. Es wäre Aufgabe von Politikern und Behörden, hier eindeutige Regeln festzulegen, denn die Lobby der Industrie lässt uns lieber im Dunkeln. Vorläufig gilt jedenfalls: Eine Schwangere, die an der Kasse arbeitet, sich die Nägel lackiert,

Softdrinks aus Dosen zu sich nimmt, Dosensuppe zum Abendessen warm macht und getreidegefüttertes Rindfleisch isst, sollte auf einen Jungen hoffen.

Was tun bei vorzeitiger Pubertät?

Wenn Mädchen Zeichen vorzeitiger Pubertät wie zum Beispiel Brustwachstum zeigen, so kann das verschiedene Gründe haben:

- Es gibt Krankheitsbilder, die nicht durch Hormone hervorgerufen werden, aber zu einer vorzeitigen Pubertät führen. Ein Beispiel ist die sogenannte *Zentrale Pubertas praecox*, bei der Mädchen bereits vor dem achten Lebensjahr Anzeichen der Pubertät zeigen. Nach Klärung der Ursache lässt sich eine *Zentrale Pubertas praecox* durch Medikamente gut in den Griff bekommen.
- Etwas ganz anderes ist, dass bestimmte Mädchen einfach sehr früh in die Pubertät kommen und schon immer kamen. Das ist eine geringe, aber nicht völlig unerhebliche Zahl, die abhängig von der ethnischen Herkunft variiert. Im Alter von sieben Jahren setzt bei zehn Prozent der weißen, bei 23 Prozent der schwarzen, bei 15 Prozent der hispanischen und bei zwei Prozent der asiatischen Mädchen das Brustwachstum ein. Experten raten in diesem Fall nicht zur medikamentösen Behandlung, weil diese Entwicklung im Bereich der normalen Abweichungen liegt.
- Wenn gesagt wird, dass Mädchen immer früher in die Pubertät kommen, ist das nicht ganz richtig. Es stimmt, dass sich bei immer mehr Mädchen die Brüste früher entwickeln, aber das ist noch nicht die richtige Pubertät, weil es nicht mit den anderen Veränderungen einhergeht. Die Menarche (die erste Monatsblutung) hat sich im Laufe der letzten 40 Jahre nur unwesentlich verschoben und liegt immer noch durchschnitt-

lich bei etwas über zwölf Jahren. (Es kann aber auch bis 16 dauern, also machen Sie sich keine Sorgen, es gibt bei Mädchen auch »Spätblüher«.)

- Die Forscher fanden im Körper von Mädchen mit früher Brustentwicklung die in der Pubertät normalerweise vorhandenen Östrogene nicht. Daraus schlossen sie, dass vermutlich östrogenähnliche Stoffe aus der Umwelt diesen »Fehlstart« ausgelöst haben. Diese Art der Brustentwicklung führte nicht zu einem früheren Einsetzen der Menstruation, und die richtige Pubertät entsprach den üblichen Phasen.
- Es bleibt aber nach wie vor ein Problem. Einerseits erhöht das frühe Brustwachstum das Risiko, an Brustkrebs zu erkranken. Viel wichtiger aber sind die sozialen Folgen. Eine Acht- oder Neunjährige mit Brüsten bekommt in unserer sexualisierten Gesellschaft eine Art von Aufmerksamkeit, mit der sie nicht umgehen kann, und das bereitet den Eltern die größten Sorgen.

Weitere Gründe für ein frühes Einsetzen der Pubertät:

- Ein hoher Anteil von Körperfett: Körperfett produziert Östrogen und setzt so einen Teufelskreis in Gang, denn das Östrogen signalisiert dem Körper, noch mehr Fett zu speichern (vergleiche das Kapitel über Gewichtsprobleme S. 194–209). Zwingen Sie Ihre Tochter aber nicht dazu, eine Diät zu beginnen oder mehr Sport zu treiben, weil diese Ansätze häufig nach hinten losgehen.
- Viel Stress: Bei Mädchen, deren Eltern sich scheiden ließen, während sie zwischen drei und acht Jahren alt waren, oder mit Vätern, die gewalttätig, alkohol- oder drogenabhängig, suizidgefährdet oder zeitweise im Gefängnis waren, setzte die Pubertät häufig früher ein.

- Stiefvater: Der Grund ist nicht, dass Stiefväter generell Stress bedeuten, sondern dass ein nicht blutsverwandter Mann in der Familie Einfluss auf den Hormonhaushalt von Mädchen hat – die Gründe dafür sind unbekannt.
- Herkunft aus einem Entwicklungsland oder Unterernährung in der frühen Kindheit: Adoptierte Waisenkinder oder Flüchtlinge, die in ihrer Kindheit in ein entwickeltes Land kamen, zeigen oft Anzeichen vorzeitiger Pubertät. Die schlüssigste Erklärung dafür ist, dass der Körper signalisiert bekommt, dass das Leben sehr hart ist und man besser schnell vorankommen sollte.

Was also tun, wenn die Tochter sehr früh, also mit sieben oder acht, in die Pubertät kommt? An der Tatsache selbst können wir nichts ändern, aber an dem Umgang damit. Wir können sie ermutigen, aktiv zu sein und ihren Körper zu mögen. Wir können sie ihrem Alter gemäß behandeln und uns nicht davon beeinflussen lassen, wie sie aussieht. Wir können uns dagegen wehren, dass schon Push-up-BHs für Sechsjährige auf den Markt kommen, und unsere Töchter nicht in Kinderschönheitswettbewerbe schicken, wo sie Make-up tragen und kokett herumtanzen muss.

Wir können für eine glückliche und entspannte Kindheit sorgen, indem wir nicht auf Wettbewerb und Leistung setzen, sondern gemeinsam essen, Bücher lesen und sie Kind sein lassen. Vorzeitige Pubertät kann verstörend wirken, aber sie ist nicht unausweichlich eine Katastrophe. Wir können damit umgehen und dafür sorgen, dass das Leben unserer Tochter in der Spur bleibt.

WENN IHRE TOCHTER LESBISCH IST

Bei der Akzeptanz gleichgeschlechtlicher Liebe gab es in den letzten Jahren enorme Fortschritte. Ministerinnen, Rockstars, Athletinnen, Schauspielerinnen, Lehrerinnen, Pfarrerinnen und Fernsehmoderatorinnen leben offen und glücklich lesbisch, und kaum jemand runzelt mehr die Stirn.

Dennoch gibt es immer noch Leute, die Schwule, Lesben, Bisexuelle oder Transsexuelle (LGBT*) für fehlgeleitet halten oder für Kranke, die man kurieren muss. Diese Sichtweise verschwindet glücklicherweise langsam, vielleicht, weil die meisten inzwischen die Fakten oder homosexuelle Menschen persönlich kennen. Die wachsende Akzeptanz ist für betroffene Eltern hilfreich, aber mit einem homosexuellen Kind begibt man sich trotzdem auf einen Weg, der Mut erfordert.

Die Fakten

Wir leben in einer Gesellschaft, die fälschlich davon ausgeht, alle hätten heterosexuell zu sein. Selbst für den betroffenen jungen Menschen ist die Feststellung, sich vom gleichen Geschlecht angezogen zu fühlen, oftmals ein Schock. Und dann stellt sich die Frage, wie man die anderen darüber informiert, insbesondere die Eltern. Jugendliche haben manchmal fürchterliche Angst bei dem Gedanken, ihre Eltern könnten sie nicht akzeptieren oder

* LGBT steht für Lesbian, Gay, Bisexual, Transgender. Die englische Abkürzung hat sich inzwischen international durchgesetzt für alle Personen, die nicht in die Kategorie »heterosexuell« passen. Der Begriff »gay« wird manchmal (auch auf Deutsch) ebenfalls für verschiedene Kategorien genutzt, aber »lesbisch« ist der einfachste und verbreitetste Begriff für Mädchen, die sich hauptsächlich von Mädchen angezogen fühlen. Über transsexuelle Mädchen, die gerne ein Junge sein möchten und sich zum Teil einer Behandlung unterziehen, um männlicher zu werden, schreibe ich hier nicht. Die Herausforderung für Eltern ist in diesem Falle dieselbe: Ihre Tochter braucht ihre Akzeptanz und Unterstützung dabei, herauszufinden, wer sie wirklich ist.

auf die Neuigkeit entsetzt reagieren. Die Erkenntnis, höchstwahrscheinlich homosexuell zu sein, kommt meistens in den frühen Teenagerjahren, einer Zeit, in der es sowieso schon schwer ist, sich einerseits anzupassen und andererseits Selbstvertrauen zu entwickeln. Diese Situation fordert von allen im Umfeld des Kindes Feinfühligkeit und Unterstützung.

Welche sexuelle Orientierung Ihr Kind schließlich auch hat – es ist von großem Nutzen, wenn Sie sich, während es aufwächst, über Schwule und Lesben immer verständnisvoll und nie verächtlich äußern und sich über die Erfahrungen Homosexueller informieren. Eltern, die sich über Homosexuelle abfällig äußern oder lustig machen, werden ihr Kind dadurch wohl kaum zu Offenheit ermutigen.

Die Entscheidung, es sich selbst, dann den Eltern und schließlich einem weiteren Kreis von Familie und Freunden einzugestehen, ist ein längerer Prozess, über den der oder die Jugendliche nachzudenken hat. Die meisten erwachsenen Homosexuellen erzählen, dass es bis zum Coming-out – also bis zu dem Moment, an dem man die Welt wissen lässt, dass man nicht so ist, wie sie bisher dachte – ein langer Weg ist.

Wenn Ihre Tochter entdeckt, dass sie nicht der heterosexuellen Norm entspricht, ist sie die Einzige, die entscheiden kann, wann und wem sie es erzählt. Manche jungen Leute sind im Umgang mit ihrer sexuellen Orientierung sehr offen und stolz, andere hingegen überhaupt nicht; das hängt sehr häufig von der Einstellung ihres Umfelds ab.

Auch die Eltern begeben sich auf eine innere Reise. Noch lange bevor wir Kinder haben, schon wenn wir selbst noch welche sind, denken wir über die Kinder nach, die wir einmal haben werden. Elternschaft ist getrieben von Gedanken an die Zukunft, unsere Träume eilen uns voraus, und Hochzeiten und Enkelkinder kommen sehr häufig darin vor.

Man darf die Macht solcher Traumvorstellungen nicht unterschätzen. Schon in ihrer frühesten Kindheit sind wir auf unsere Kinder oft böse, weil sie nicht unseren Vorstellungen, wie sie zu sein haben, entsprechen. Von diesen Vorannahmen – alle Mädchen kochen gerne, sind sauber und ordentlich, alle Jungen sind lebhaft und sportlich – müssen wir uns verabschieden, sonst vermitteln wir unseren Kindern das Gefühl, uns zu enttäuschen.

Wenn Sie erfahren, dass Ihr Kind schwul oder lesbisch ist, dann macht das Ihren tiefsten Hoffnungen vielleicht einen Strich durch die Rechnung. Sie können behaupten, dass Ihnen das völlig gleichgültig ist und sich das aus Rücksicht auf Ihre Tochter auch selbst einreden. Aber Akzeptanz ist kein Willensakt, sondern ein Prozess, den Sie durchmachen – und der beinhaltet auch die Trauer darüber, was Sie verloren haben. Es ist sehr nützlich, sich Zeit zum Nachdenken zu nehmen. Nehmen Sie sich frei, fangen Sie an, sich von all den halb bewussten Vorstellungen von der Tochter Ihrer Träume zu verabschieden. Schreiben Sie Tagebuch. Machen Sie lange Spaziergänge. Gönnen Sie sich die Zeit, die alte Realität gehen zu lassen und die neue willkommen zu heißen.

Vielleicht kommen Sie zu dem Ergebnis, dass Sie es – natürlich nur mit dem Einverständnis Ihrer Tochter – auch Ihre Freunde wissen lassen sollten. Schließlich will jeder, dass die Freunde einen gut kennen und verstehen. Die meisten von ihnen werden sehr verständnisvoll und offen sein. Aber je nachdem, in welchem Umfeld Sie sich bewegen, könnten manche auch voreingenommen reagieren.

Pamela Du Valle, die einen schwulen Sohn hat, schrieb darüber ein bewegendes Gedicht. Hier ein Auszug:

Ich sag es dir jetzt, und es liegt an dir allein.
Zu meinem Sohn und mir selbst muss ich ehrlich sein.

Akzeptierst aber du meinen Sohn nicht und mich,
ist die Freundschaft vorbei, dann verzicht ich auf dich.[20]

Diese unerschütterliche Loyalität ihrem Sprössling gegenüber ist ein schöner Zug und macht ihrem Sohn sicher Mut.

Abgesehen von den Veränderungen durch ihr Coming-out haben lesbische Mädchen die gleichen Probleme und Fragen wie heterosexuelle: Wird mich jemand lieben? Werden mich die Menschen um mich herum respektieren?

Es gibt ganze Bücher zu diesem Thema. Unterstützung finden Sie auch bei Organisationen, in Deutschland zum Beispiel dem *Bundesverband der Eltern, Freunde und Angehörigen von Homosexuellen e.V.* (www.befah.de). Sich zu informieren lohnt sich auf alle Fälle. Auch wenn Ihre Tochter heterosexuell ist, wird sie vielleicht eine lesbische Freundin haben, die es zu schätzen weiß, wenn Sie verständnisvoll und ungezwungen reagieren.

Noch eine letzte Anmerkung: Viele Mädchen haben in ihrer Teenagerzeit sehr intensive, liebevolle Freundschaften mit Mädchen. Diese sind in der Regel nicht sexuell motiviert und geben auch keinen Hinweis auf die sexuelle Orientierung. (In offeneren Gesellschaften kommt das auch unter Jungen als Bestandteil ihres Erwachsenwerdens vor.) Es ist eine Modeerscheinung, dass heute Jungen die Mädchen auf Partys und bei ähnlichen Gelegenheiten dazu drängen, untereinander herumzuknutschen und damit Pornos zu imitieren, die zur Stimulierung von Männern gedacht sind. Dieser Quatsch kann Mädchen dazu bringen, sich zu verkrampfen, Sorgen zu machen und sich völlig unnötig aus solchen Mädchenfreundschaften zurückzuziehen. Ermutigen Sie Ihre Tochter dazu, sie selbst zu sein und mit ihren Freundinnen offen darüber zu sprechen, was sich gut anfühlt und was nicht. Wir kriegen alle viel zu viele Etiketten aufgeklebt, aber wir sind Individuen, und kein Etikett kann uns beschreiben.

TEENAGER UND DER SCHLAF

Was Eltern schon immer wussten, haben Forscher kürzlich bestätigt: Teenager bekommen nicht genug Schlaf. Das Problem rührt zum Teil daher, dass sich der Schlafzyklus in der Adoleszenz verschiebt und Heranwachsende eher länger ausschlafen müssten. Aber wir sind gezwungen, sie zu wecken und in die Schule zu schicken. Die angehäuften Schlafschulden wirken sich sowohl auf das Lernvermögen als auch auf die psychische Gesundheit negativ aus. Doch dem kann abgeholfen werden – schauen wir, was Dr. Michael Carr-Gregg, Australiens führender Schlafforscher und Aktivist für die psychische Gesundheit, dazu zu sagen hat:

Um halb neun Uhr morgens stehen wir vor einer Mädchenschule irgendwo auf der Welt. Als die Schülerinnen aus Autos und Bussen aussteigen, rollt auf uns eine Welle schläfriger Gestalten zu. Manche klammern sich an Pappbecher mit Milchkaffee: Es scheint sich hier um ein Narkolepsiezentrum zu handeln.

Innerhalb der nächsten halben Stunde werden einige dieser jungen Damen den Kopf aufs Pult legen und schlafen. Dem Rest macht es der Schlafmangel ebenso unmöglich, irgendetwas vom Unterricht um sie herum mitzubekommen.

Teenager – sowohl Jungen als auch Mädchen – sind ganz offiziell der Teil der Bevölkerung mit dem größten Schlafmangel. Mary Carskadon, Professorin an der Brown University in den USA, fand heraus, dass Jugendliche im Durchschnitt etwa 7,5 Stunden pro Nacht schlafen, 25 Prozent jedoch nur 6,5 Stunden und weniger abbekommen. Das heißt, ein Viertel aller Jugendlichen leidet unter beträchtlichem Schlafmangel. Carskadon stellte fest, dass Jugendliche etwa 9,25 Stunden Schlaf brauchen, um optimal ausgeschlafen zu sein. Erziehern und Psychologen wird immer deutlicher bewusst, dass viele Mädchen Nacht für Nacht den Schlaf nur für eine Option unter vielen halten und so enorme Schlafdefizite haben.[21]

Würde man bei den Mädchen, die da mit dem Kopf auf dem Pult vor sich hin dösen, ein EEG machen, würde man feststellen, dass 50 Prozent von ihnen schnurstracks in den REM-Schlaf fallen – die Hirnströme wären ähnlich wie bei Narkolepsiepatienten. Auch wenn diese Mädchen nicht wirklich unter dieser Krankheit leiden, lässt ihr Zustand sie doch so wirken.*

Dieser Schlafmangel beeinträchtigt nicht nur ihre körperliche Gesundheit, er reduziert auch die Leistungsfähigkeit und das Reaktionsvermögen in der Schule, beim Autofahren, beim Sport und im Umgang mit Erwachsenen. Außerdem steigt die Gefahr von Depressionen und suizidalen Gedanken und Gefühlen. Aus wissenschaftlicher Sicht ist ausreichend Schlaf die beste Lernhilfe.

Schulen sollten Schlafunterricht erteilen, damit Jugendliche erfahren, wie sehr Schlafmangel ihren Billionen Gehirnzellen und Synapsen schadet. Eltern sollten dem Schlaf ihrer Kinder höchste Priorität zuweisen und schon früh auf eine geregelte Schlafenszeit achten. Außerdem sollten wir auch über den morgendlichen Schulbeginn neu nachdenken. In Studien wurde herausgefunden, dass in den höheren Schulen schon eine halbe Stunde Verschiebung nach hinten das Wohlbefinden, die Gesundheit und das Lernvermögen der Schüler entscheidend verbessern können.

Was Sie tun können

Regeln Sie den Verlauf des Abends und die Schlafenszeit klar. Eine halbe Stunde lesen im Bett zur Entspannung ist in Ordnung, aber verbieten Sie sämtliche elektronische Medien (Telefon, iPad,

* REM steht für Rapid Eye Movement, da diese Schlafphase durch schnelle Augenbewegungen des Schlafenden gekennzeichnet ist. In der REM-Phase träumt man am meisten.

Computer und Fernseher) im Kinderzimmer. Bildschirme wirken sich negativ auf die Schlafvorbereitung des Gehirns aus, außerdem sind die Inhalte meist viel zu anregend.

Es kommt vor, dass Teenager am Wochenende ausschlafen müssen, um die aufgehäuften Schlafschulden der Woche abzubauen. Dieses Nachholen ist gesund, aber noch besser ist es, dass sie auch unter der Woche neun Stunden Schlaf pro Nacht bekommen.

Aufgrund der Verschiebung des Schlafrhythmus in der Jugend sollten Schulen nicht zu früh beginnen. Wir sollten auf veränderte Stundenpläne hinwirken, die den körperlichen Bedürfnissen von Teenagern mehr entsprechen.

Kapitel 6

Vorbereitung aufs Erwachsensein

(14. bis 18. Lebensjahr)

Stellen Sie sich eine 14-Jährige vor. Sie hat das Gymnasium zur Hälfte absolviert, sie ist körperlich praktisch ausgewachsen und hat die schwierigste Phase der Pubertät hinter sich gebracht. Sie kann schwanger werden. Sie ist stark, strukturiert und ziemlich schlau. (Vor ein paar Hundert Jahren hätte man sie jetzt verheiratet.) Was meinen Sie? Ist sie schon bereit, eine Frau zu sein?

Für alle, die tatsächlich eine 14-jährige Tochter haben, liegt die Antwort auf der Hand: wahrscheinlich nicht! Die Eigenschaften, die eine Person reif machen, kommen bei einer 14-Jährigen zum Vorschein, aber wie das Licht einer flackernden Birne sind sie nicht konstant. Im einen Augenblick kann sie freundlich und bedacht, im nächsten gedankenlos und egozentrisch sein. Sie macht vielleicht große Versprechungen, vergisst aber, sie zu halten. Sie verliert auch mal völlig die Orientierung, kann dem Druck Gleichaltriger schwer standhalten und neigt dazu, emotional überzureagieren.

Das alles ist nicht ihre Schuld. Das Gehirn eines Mädchens am Anfang der Teenagerzeit ist noch dabei, sein Kontrollzentrum im präfrontalen Cortex zu reorganisieren – es ist wie eine noch nicht fertig eingerichtete Firmenzentrale, in der man sich nur vorübergehend provisorisch aufhalten kann. Der Amygdala genannte Teil ihres Gehirns, zuständig für Spontaneität und Gefühle, übernimmt in Augenblicken des Stresses, des Drucks oder der Ablenkung die Führung.

Natürlich wurden Mädchen in traditionellen Gesellschaften in diesem Alter verheiratet, in Ländern wie Afghanistan werden sie es heute noch, aber dort gab es eiserne Verhaltensnormen, die jede Sekunde ihres Lebens regelten. Heute haben wir für unsere Töchter eine ganz andere Vorstellung vom Frausein, die sich durch Freiheit von Geschlechterklischees, Unabhängigkeit und Gleichberechtigung gegenüber den Männern auszeichnet. Um dieses Ideal zu erreichen, braucht es ein bisschen mehr Zeit.

Die Jahre von 14 bis 18 sind eine Zeit intensiver Vorbereitung, weil es heute durchaus schwierig ist, eine Frau zu sein. Ihre Tochter muss selbstbewusst, reflektiert, emotional gefestigt, souverän gegenüber anderen und selbstverantwortlich handeln. Noch besser, wenn sie auch ein Ziel vor Augen hat und ein Gefühl dafür, was dem Leben Freude und Sinn verleiht. Das sind Ihre letzten Gaben, bevor Sie Ihre Tochter auf den Weg in ihre eigene Zukunft schicken.

Was macht eine Erwachsene aus?

Wir gehen heute davon aus, dass das Erwachsenenalter etwa zwischen 18 und 21 beginnt. Also muss eine 18-Jährige so weit sein, dass sie auch unabhängig von ihren Bezugspersonen gut funktioniert. Sie kann dem Gesetz nach Auto fahren, arbeiten, Sex haben, Alkohol trinken und in jeder Hinsicht ihre eigenen Entscheidungen treffen. Eltern müssen also im Vorfeld dafür sorgen, dass sie lernt, all das zu tun, ohne dabei sich selbst oder andere zu schädigen. Aber eine richtige Erwachsene braucht noch mehr als nur die Fähigkeit, sich Ärger vom Hals zu halten – sie hat ihre eigenen Vorstellungen und Ziele, sie hat herausgefunden, was ihr wirklich wichtig ist. Darauf also arbeiten wir bei unseren Töchtern in der Zeit zwischen ihrem 14. und 18. Lebensjahr hin.

In diesem Kapitel möchte ich Ihnen die Geschichte zweier junger Frauen von der Mädchenzeit bis ins Erwachsenenalter erzählen. Die eine hat einen schweren Autounfall überlebt, die andere ist eine berühmte Sängerin, die ihre Karriere fast zerstört hätte, bis sie herausfand, wozu sie auf der Welt war. Solche Lektionen müssen alle Mädchen lernen, wenn auch hoffentlich in weniger dramatischer Form: »Dein Leben liegt in deiner Hand. Das Leben anderer Menschen liegt in deiner Hand – willkommen in der erschreckenden Freiheit der Erwachsenen!«

ELTERN, DIE SICH DRÜCKEN

Manche Eltern lassen ihre Töchter tatsächlich mit 14 Jahren erwachsen werden. Dahinter stecken zwei Bedürfnisse: Erstens haben sie sie lieber zur Freundin (was viel einfacher ist, als sie zu erziehen), und zweitens fühlen sie sich selbst jünger, wenn sie sich hip und cool statt streng und fürsorglich verhalten (Letzteres bedeutet nämlich harte Arbeit). Solche Eltern stellen für die Party ihrer Tochter den Alkohol bereit. Solche Väter drücken ihrer Tochter 50 Euro zum Ausgehen in die Hand. Das sind Mädchen, die zu erwachsen, und Eltern, die zu kindisch sind. Diese Eltern machen sich noch darüber lustig, dass ihre Tochter sich mit 14 wie eine 20-Jährige verhält, wo sie sich doch selbst mit 45 verhalten, als wären sie 15. Aber das wäre ein Betrug an Ihrer Tochter. Sie braucht Sie nicht als Freunde, sie braucht Sie dringend als Eltern, die Verantwortung übernehmen, ihr sagen, wann sie zu Hause sein muss, sie zur vereinbarten Zeit abholen, ihr Alkohol verbieten, solange sie zu jung dafür ist, und die wissen, mit wem sie wo unterwegs ist. Ihre Tochter braucht Eltern, die den Mut haben, auch mal ein bisschen uncool zu sein, um ihr Leben zu retten.

Initiationsriten

Traditionelle Gesellschaften wussten eine Menge darüber, wie man den Nachwuchs großzieht. Sie machten Dinge, die sich heute aufgrund neuester neurologischer Erkenntnisse als richtig erwiesen haben. Zum Beispiel liebten und verhätschelten sie ihre Säuglinge und Kleinkinder, erfreuten sich an ihnen und ließen sie nach Herzenslust spielen. Von ihren Sechs- bis Zwölfjährigen erwarteten sie dagegen viel mehr, übertrugen ihnen Tätigkeiten und Verantwortung, und in die Erziehung ihrer Jugendlichen investierten sie viel Mühe, um sie ins Erwachsenenleben hinauszukatapultieren. Das Erwachsenwerden wurde nie dem Zufall überlassen.

Die Idee, dass Eltern und andere Erwachsene aus dem Umfeld der Kinder einen Initiationsritus vollziehen, ist in letzter Zeit auf großes Interesse gestoßen. Ein Initiationsritus ist eine Zeit der intensiven Beschäftigung, der Unterweisung, der Rituale und des Engagements. Er gibt einem jungen Mädchen zu verstehen: »Wir feiern, dass du eine Frau wirst, und unterstützen dich dabei.«

In Australien sind inzwischen Programme wie *Rite Journey* (Ritusreise) oder *Pathways to Womanhood* (Pfade zum Frausein) sehr weit verbreitet. Sie verschaffen jungen Mädchen eine mehrtägige Auszeit vom Alltag, die sie mit älteren Frauen, unter anderem auch ihren Müttern, Mentorinnen und Lehrerinnen zusammen verbringen. Die Mädchen hören von den Älteren Geschichten über das Leben als Frau und können selbst über ihre Identität und ihre Werte Auskunft geben. Die Erwachsenen bestärken die Mädchen in ihren positiven Eigenschaften und ermuntern sie, sich in Dankbarkeit von ihrer Kindheit zu verabschieden.

Das Ganze ist erfüllt von einem Gefühl des Stolzes und der Ehre, eine Frau zu sein, ein Gefühl, das jungen Mädchen häufig abhandengekommen ist – mit tragischen Folgen. Am Ende der Veranstaltung werden die Mädchen bei ihrer Rückkehr ins normale Leben von ihren Vätern willkommen geheißen und eine Zeremonie besiegelt, dass sie nun Frauen, keine Mädchen mehr sind.

Egal ob in Form einer festen Zeremonie oder im Rahmen des normalen Familienlebens – die entscheidenden Elemente müssen vorhanden sein. Die Frage, mit der wir unsere Tochter in diesem Alter konfrontieren müssen, lässt sich folgendermaßen zusammenfassen: »Was für eine Frau möchtest du sein?« Mädchen werden sehr unterschiedlich darauf antworten:

»Ich möchte eine ehrliche und vertrauenswürdige Freundin sein.«

»Ich möchte auf dieser Welt anderen Menschen helfen.«

»Ich will die Menschen in eine bessere Welt führen.«

»Ich bin eine Künstlerin und möchte Schönheit erschaffen.«
»Ich bin stolz darauf, ein einzigartiges Individuum zu sein.«

Die Gefahren, die auf Frauen lauern, müssen ausgesprochen und ins Blickfeld gerückt werden. Kinder werden beschützt, Frauen nicht. Ein Mädchen brachte es mir gegenüber einmal so auf den Punkt: »Jetzt sind es nicht mehr meine Eltern, die mein Leben verpfuschen, jetzt habe ich die Freiheit, es selbst zu tun.«

Ein Übergangsritus macht ein Mädchen noch nicht endgültig zur Frau, sondern zu einer »Anfängerin« in diesem Gebiet. Aber sie hat den Fluss schon überquert, ihr Blick ist in die Zukunft gerichtet, und sie wird nicht mehr umkehren.[22]

Auch Hausarbeit macht erwachsen

Übergangsriten sind beim Erwachsenwerden nur die Spitze des Eisbergs. Darunter verborgen sind all die täglichen Bemühungen von Müttern und Vätern, ihren Kindern beizubringen, dass es Freude macht, mit anzupacken, also ein hilfreiches und schließlich auch gleichwertiges Mitglied der Familie und der Gemeinschaft zu sein. Eltern müssen diese Aufgabe aus einem sehr wichtigen Grund übernehmen: Niemand würde erwachsen werden, wenn er nicht müsste.

Das geschieht nicht aus Schikane oder dem Wunsch heraus, Unterstützung beim Kochen, bei Besorgungen oder beim Bezahlen der Rechnungen zu haben. Das spielt natürlich auch eine Rolle, aber entscheidend ist, wofür diese Tätigkeiten stehen und was sie lehren. Etwas für andere zu tun bewirkt eine innere Veränderung. Wer das Abendessen zubereitet oder sein Zimmer in Ordnung bringt oder am Wochenende Geld dazuverdient, um die eine oder andere Rechnung zu bezahlen, wird sich kompetent, stolz und frei fühlen.

Stellen Sie sich darauf ein, dass die Organisation der täglichen Routine wiederholter und sorgfältiger Unterweisung bedarf. Gehen Sie optimistisch und freundlich an die Sache heran, statt ständig zu nörgeln. Seien Sie geduldig und mitfühlend, aber bleiben Sie dran. Sie sind der Coach Ihrer Tochter, und sie muss Ihnen gegenüber eine positive Einstellung haben, damit Ihre Botschaften bei ihr ankommen. »Ich weiß, du bist müde, aber wenn wir gleich loslegen, geht es schnell, und danach haben wir alle Ruhe.«

Helfen Sie Ihrer Tochter (oder Ihrem Sohn), indem Sie immer auf Folgendem bestehen:

- dass sie das wegräumt oder sauber macht, was sie benutzt hat.
- dass sie ihre eigenen Sachen in Ordnung hält, sodass sie sie leicht wiederfindet, wenn sie sie braucht.
- dass sie gute Manieren und sowohl der Familie als auch Fremden gegenüber einen höflichen Ton an den Tag legt.
- dass sie das Eigentum anderer respektiert.
- dass sie sich entschuldigt, wenn sie etwas falsch gemacht hat, und den Fehler wiedergutmacht.

Teenager, die keinen Beitrag leisten und die andere hinter sich herräumen lassen, verströmen eine negative Energie, die allen die Laune verdirbt, einschließlich ihnen selbst. Entscheidend ist, sich daran zu gewöhnen, es richtig zu machen, dann wird es zum Automatismus und spart Energie und Diskussionen. Wenn die Umgebung ordentlich und angenehm ist, können sich alle wohlfühlen. Es ist viel einfacher, es von Anfang an so zu handhaben und die Routine beizubehalten.

Aber das ist natürlich nur der alltägliche Kleinkram, und auf Ihre Tochter wartet da draußen die große Welt – und die hebt das Ganze auf eine völlig neue Stufe …

Verantwortung – die schwerste Lektion des Lebens

Die 14-jährige Marielle war ein lebensfrohes, sportliches Mädchen und die Älteste von vier Geschwistern. Sie besuchte eine gemischte Schule in einem westlichen Vorort von Sydney. An einem Frühlingsnachmittag verließen sie und ihre Freundinnen lachend und quatschend die Schule und liefen in Richtung Bahnhof, um nach Hause zu fahren. Sie überquerten, so wie jeden Tag, in einer großen Gruppe mehrere Fußgängerampeln. Doch an jenem Tag hatten sie kaum die Zeit, ihre Köpfe in Richtung quietschender Bremsen zu drehen, bevor Bruchteile von Sekunden später ein Auto mitten in ihre Gruppe krachte. Ein Mädchen starb sofort, fünf weitere, darunter Marielle, wurden schwer verletzt.

Marielle verbrachte sechs Monate im Krankenhaus. In zahlreichen Operationen und mithilfe schmerzhafter Rehabilitationsbehandlungen wurde sie wieder in die Lage versetzt zu laufen. Auch wenn sie körperlich nie wieder so agil sein würde wie früher, würde sie doch ein normales Leben führen können. Mit einer Ausnahme: Der Gedanke, sich irgendeiner Straße zu nähern, versetzte sie immer noch in Panik. Sie litt unter Platzangst, Albträumen und Flashbacks. Sie in die Schule zu fahren war für sie und ihre Eltern eine Qual.

Ihre Eltern brachten sie zu einer Traumatherapeutin, einer Frau Mitte fünfzig, die mehrere Monate mit ihr arbeitete. Sie zeigte ihr Entspannungs- und Achtsamkeitstechniken, redete mit ihr über die Erlebnisse und baute gemeinsam mit ihr ihre mentale Stärke wieder auf. Marielles Zustand verbesserte sich seither beträchtlich, aber Straßen, auf denen Autos unterwegs waren, konnte sie sich immer noch nicht nähern. Wenn sie es versuchte, begann sie unkontrolliert zu zittern, fühlte Übelkeit aufsteigen und bekam Durchfall. Es sind die gleichen Symptome, unter denen Soldaten leiden, wenn sie aus dem Krieg oder von einem gefährlichen Einsatz zurückkehren, und jeder hat den Namen ihrer Krankheit schon einmal gehört: posttraumatische Belastungsstörung.

Marielles Therapeutin war eine kompetente und einfallsreiche Frau. Für Marielle war sie so etwas wie eine resolute Tante geworden, die sie trösten, aber auch anschubsen konnte, wenn es nötig war. Nach mehr als drei Monaten Therapie war es Zeit für den nächsten Schritt. (Die folgende Methode kann ich nur empfehlen, wenn eine wirklich stabile, starke Beziehung zwischen Therapeut und Patient besteht.)

- Wir haben darüber gesprochen, was an jenem Tag passiert ist, Marielle, du hast das Geschehen nach und nach zusammengesetzt.
- Ja.
- Aber über etwas anderes haben wir noch nicht gesprochen.
- Hm?
- Wenn du an den Unfall damals denkst oder darüber sprichst, wem gibst du die Schuld daran?
- Dem Fahrer, diesem dämlichen Idioten, der meine Freundin getötet und mich überfahren hat. (Marielle klingt wütend, aber ihr Blick ist traurig, und sie bricht in Tränen aus, wie oft, wenn sie darüber redet.)

– Gut, du denkst also, der Fahrer trägt die alleinige Schuld?
– Ja.
– Und du warst sein schuldloses Opfer?
– Ja, ich hatte einfach Pech.

Die Therapeutin macht eine Pause und atmet tief ein.

– Hast du nicht das Gefühl, dass auch dich ein Teil der Schuld trifft?

Es herrscht eine angespannte Stille, die Frage wühlt Marielle auf, und auch wenn man es nicht sieht, so arbeitet es doch in ihrem Kopf.

– Was wollen Sie damit sagen?
– Ihr seid bei Grün rübergegangen …
– Ja, wir achten immer darauf, es wäre blöd, wenn wir es nicht täten.
– Hättet ihr sonst noch etwas tun können?
– Pause.
– Wie meinen Sie das?

Die Therapeutin schweigt. Die beiden kennen sich inzwischen sehr gut, das Gespräch hätte ohne eine gute Beziehung der beiden nicht diese Wendung nehmen können. Schließlich beginnt Marielle zu reden.

– Ich weiß immer noch nicht, was Sie meinen.
– Habt ihr geschaut, ob ein Auto kommt?
– Das war nicht nötig, es war ja grün.
– Also habt ihr nicht geschaut?

Marielle starrt ihre Therapeutin an, ihre Augen bewegen sich nicht, aber in ihrem Kopf rattert es.

In der darauffolgenden Woche begab sich Marielle in eine intensivere Auseinandersetzung mit dem, was das Leben ihr angetan hatte. Die Opferrolle war so einfach, sie war ein Kind, das ganz unschuldig mit seinen Freundinnen die Straße bei Grün überquerte. Sie konnten nicht davon ausgehen, dass ein Auto in die Gruppe hineinrasen würde, aber sie hatten es nicht überprüft – und eines raste in sie hinein.

Wem konnte man die Verantwortung dafür geben? Der Fahrer war 100-prozentig verantwortlich und saß deswegen im Gefängnis. Aber Marielle wurde langsam bewusst, dass sie zu vertrauensselig gewesen war, nicht aufmerksam, zu abgelenkt, um zu überprüfen, ob sie tatsächlich in Sicherheit war. Nicht alle Autos halten bei Rot. Nicht alle Fahrer sind nüchtern und zurechnungsfähig. Sie hätte sich umsehen müssen.

Natürlich war das Marielle teilweise bewusst, ebenso wie ihrem Umfeld, aber niemand wagte, es auszusprechen. Wer hätte es über sich gebracht, ihr angesichts dessen, was sie durchgestanden hatte, auch noch Vorwürfe zu machen. Aber ihre Therapeutin wusste, dass die Wahrheit wichtig war, und auch Marielle wusste es.

Für kurze Zeit fiel Marielle in das andere Extrem – von »ganz unschuldig« zu »an allem schuld«. Sie quälte sich mit dem Gedanken, dass sie das Leben ihrer Freundin hätte retten können, wenn sie besser aufgepasst hätte. Aber die Therapeutin war darauf vorbereitet, und sie konnten nun auf der Grundlage des tiefen Vertrauens, das Marielle zu ihr hatte, einige sehr schwierige Gespräche führen.

»Du hast dich darauf verlassen, dass Autofahrer das Richtige tun, weil sie es bisher immer getan haben. Die Ampel war grün. Das hat doch früher immer funktioniert. Aber du kannst dich eben nicht auf alle Autofahrer verlassen. Du hättest dich umsehen müssen. Aber das trifft auch auf alle anderen Mädchen an dieser Kreuzung zu. Vielleicht hätte es das Leben des getöteten Mädchens trotzdem nicht gerettet. Vielleicht aber doch.«

Nach und nach gelang es Marielle, ihren Anteil der Verantwortung zu übernehmen, nicht zu viel, aber auch nicht zu wenig.

In einem tieferen Sinn war das eine Lektion des Erwachsenwerdens. Sie kam zur rechten Zeit. Ein Teil dieses Lernprozesses besteht darin, zu erfahren, dass die Welt voller Zufälle und Grausamkeiten ist und man gut auf sich aufpassen muss. Wer clever und hellwach ist, kann die eigene Sicherheit erhöhen.

In den darauffolgenden Wochen wurde diese Lektion nicht nur zum Bestandteil von Marielles Denken, sondern auch ihres Körpergefühls. Ihre schrecklichen Verletzungen waren zu einem kleinen Teil auch auf ihr eigenes Verhalten zurückzuführen. Und dieses Verhalten konnte sie ändern. Sie konnte vom Opfer zur Meisterin ihres eigenen Schicksals werden. Indem sie auch nur fünf Prozent der Verantwortung übernahm, hatte sie eine zwar schmerzvolle, aber dennoch gleichzeitig stärkende Erfahrung gemacht. Autos sind gefährlich, aber noch viel gefährlicher, wenn man nicht auf sie achtgibt. Irgendwie verschwand mit dieser Einsicht auch Marielles Angst. Sie begann wieder, sich Straßen zu nähern, nicht mehr zitternd mit gesenktem Kopf, sondern mit einem wachsamen Blick auf das Geschehen.

Inzwischen bewältigt Marielle diese Straßenkreuzung und auch vieles andere mit einem kurzen, entschlossenen Blick. Sie sieht dem Tod ins Auge, sie weiß, dass er immer an unserer Seite ist. Sie ist froh, am Leben zu sein, und will es auch bleiben. Sie ist nicht nur einfach geheilt, sie ist erwachsen.

Das wahre Geheimnis des Erwachsenseins

Zeit für eine sehr fortschrittliche Idee: Wir bewegen uns hier im ungesicherten Terrain, und ich hoffe, Sie sind bereit, mir zu folgen. Ich bin zu der Überzeugung gelangt, dass der größte Unterschied zwischen einem Kind und einem Erwachsenen ist, dass der Erwachsene weiß, warum er auf der Welt ist.

Denken Sie kurz darüber nach: Ein Kind ist nur für sich selbst auf der Welt. Das ist für ein Kind auch angemessen und richtig, aber es ist nicht unser Lebensziel. Das größte Glück – darin stimmen alte Weisheit und die neuesten Erkenntnisse der positiven Psychologie überein – empfinden wir, wenn wir unsere eigene Bedeutung relativieren und lernen, uns um das Ganze zu kümmern. Das Leben aller, nicht nur unser eigenes.

Das kann man (insbesondere wenn man weibliche Lebensentwürfe historisch betrachtet) leicht mit der völligen Selbstaufgabe zugunsten anderer verwechseln, aber das will ich nicht propagieren.

Es gibt für uns alle einen Ort, an dem sich unsere tiefsten Wünsche mit den Bedürfnissen der Welt, in der wir leben, treffen. Wenn wir diesen Ort finden, wird unser Leben zu einer reinen Freude. Die folgende Geschichte soll deutlich machen, was ich meine.

Eine Sängerin findet ihre Seele[23]

Die australische Sängerin und Musikerin Missy Higgins ist weltbekannt für ihre schön rauen und authentischen Songs. Die talentierte junge Frau ist früh durchgestartet. Als sie in der zwölften Klasse war, hat sie bereits einen internationalen Plattenvertrag unterschrieben. Die Songs ihres ersten Albums waren noch auf dem Übungsklavier im Musikzimmer ihrer Schule entstanden. Dann stand sie plötzlich weltweit im Rampenlicht. Doch dieser schnelle Ruhm und die Aufmerksamkeit brachten sie aus dem Konzept. Sie litt an Panikattacken und war nicht mehr in der Lage, aufzutreten.

Warnzeichen gab es schon vorher: Bereits in der 11. Klasse war sie nach einem Nervenzusammenbruch im Krankenhaus. Damals erfuhr sie, dass ihr Vater viele Jahre lang an Depressionen gelitten hatte, die er inzwischen aber überwunden hatte.

Missy Higgins zog sich völlig zurück, trat nicht mehr auf und wies ihren Manager an, keine Angebote, Einladungen oder E-Mails mehr zu schicken, woran er sich zwei Jahre lang hielt. Missy verbrachte Zeit in verschiedenen Aschrams, reiste viel, machte eine Therapie und besuchte die Universität. Sie arbeitete hart daran, ihr Leben wieder in Ordnung zu bringen, nachdem der frühe Erfolg einen so zerstörerischen Einfluss auf ihr offenes, verletzliches Wesen gehabt hatte.

Es war keine einfache Zeit für sie – eine Reise in die eigene Seele ist nie einfach. Doch dann geschah etwas, vielleicht aus Zufall, vielleicht als unausweichliche Folge ihrer Suche nach Wahrheit: Aus einem Impuls heraus brach ihr Manager sein Schweigen und schickte ihr die Einladung für einen Auftritt auf dem Frauenfestival *Lilith Fair* in den USA. Irgendwas in ihr sagte: »Ja, mach es.«

Ihr Auftritt war großartig, und hinterher umringten sie begeisterte Fans, um sich bei ihr für das zu bedanken, was ihre Musik ihnen über die Jahre hinweg gegeben hatte. Plötzlich wurde ihr klar, dass ihr musikalisches Talent für andere Menschen bestimmt war, dass sie der Menschheit etwas zu geben hatte.

Inzwischen schreibt sie wieder Lieder, nimmt Platten auf und gibt Konzerte. Ich vermute, das ist etwas, was allen wahren Künstlern klar werden muss: »Es geht nicht um mich.« Der Erfolgsdruck, die Gefühle des Angreifbarseins und der Verletzlichkeit verschwinden, wenn man realisiert, dass einem diese Gnade zuteilwurde, um seinem Publikum etwas weiterzugeben. Kunst soll erhebend sein für die Mitmenschen. Das Individuum geht darin auf, indem es sie mit anderen teilt. Das meine ich mit Seele.

Mit 18, 20 oder 25 Jahren erreicht ein Mädchen einen wundervollen Punkt: Sie beginnt, eine Frau zu sein. Sie hat ihr Leben selbst in der Hand. Sie weiß, dass Selbstbezogenheit kein Schlüssel zum Glück ist. Sie fühlt eine Verbindung zum wahren Leben und weiß, dass sie unter den Menschen einen bestimmten Platz auszufüllen hat. Das wahre Abenteuer kann beginnen.

Träumen Sie sich in die Zukunft

Dieses Kapitel beschrieb das letzte der fünf Stadien auf dem Weg vom Mädchen zur Frau. Zum Abschluss möchte ich Sie dazu einladen, ein wenig zu träumen. Wie alt Ihre Tochter jetzt auch ist, es macht auf jeden Fall Freude, ein wenig darüber nachzudenken, was für eine Frau wohl aus ihr werden wird. Lehnen Sie sich also zurück und begeben Sie sich auf die Reise …

An einem warmen Sommerabend befinden Sie sich in einem ruhigen Haus inmitten einer baumbestandenen Straße. Sie sind inzwischen älter, aber immer noch gesund und wohlauf. Sie sehen aus dem Fenster, als ein Auto die Straße entlangfährt, ein schnittiges, leises, kompaktes Elektroauto. Eine junge Frau steigt aus, und bei näherem Hinsehen erkennen Sie, dass es Ihre erwachsene Tochter ist. Wie sieht sie aus? Welche Kleidung trägt sie?

Hat sie einen Lebensgefährten und Kinder mitgebracht? Sie gehen hinaus, um sie zu begrüßen. Was für eine Persönlichkeit ist sie, welche Charakterzüge hat sie? Hat sie sich verändert? Wie klingt ihre Stimme?

Wie groß ist sie? Ist sie gesund, geht es ihr gut? Was hat sie aus ihrem Leben und ihren Talenten gemacht? Malen Sie sich in Ihrer Fantasie alle Details aus.

Gehen Sie mit ihr ins Haus, setzen Sie sich zusammen hin und unterhalten Sie sich. Was wird sie erzählen? Was fühlen Sie? Denken Sie darüber nach, wie die Kindheit Ihrer Tochter und ihre heutigen Stärken und Tugenden zusammenhängen. Fühlen Sie, wie stolz und zufrieden Sie sind. Eine wunderbare Frau wird Sie überleben und das, was Sie ihr beigebracht haben, an künftige Generationen weitergeben.

Kurz gefasst

- Um ein Mädchen auf das Erwachsensein vorzubereiten, ist in der Phase zwischen dem 14. und dem 18. Lebensjahr viel Erziehungsarbeit nötig.
- Nur mithilfe von Übergangsriten gelingt der Sprung. Es funktioniert nicht ohne Ihre Hilfe.
- Arbeit und Verantwortung sind ein unverzichtbarer Teil der Entwicklung zur Erwachsenen.
- Marielle lernte durch einen schrecklichen Unfall, dass sie ihr Leben selbst in der Hand hat.
- Eine talentierte Sängerin fand zu sich, als ihr klar wurde, dass ihr Talent dazu da ist, anderen etwas zu geben. Erwachsen zu sein bedeutet, aus dem Gefängnis des eigenen Ichs auszubrechen in die große Welt.
- Nur wer in der Lage ist, für die eigenen Bedürfnisse einzutreten, kann auch gute Beziehungen aufbauen.
- Mit 18 ist man noch keine Frau, aber man beginnt, es zu werden.

Zweiter Teil

Wirksame Abwehr – Wie man mit den fünf großen Gefahren umgeht

Kapitel 7

Zu früh zu sexy

In den vier Jahren, die ich an diesem Buch gearbeitet habe, habe ich keine Gelegenheit ausgelassen, mit anderen Menschen darüber zu sprechen, was mit unseren Mädchen passiert. Friseure, Taxifahrer oder ein Sitznachbar im Flugzeug ließen sich schnell auf das Thema ein, und Freunde, Familie und Kollegen, alle sagten sie dasselbe: Die Mädchen werden zu schnell erwachsen.

Die Symptome kennen alle Eltern: Die meisten Achtjährigen machen sich bereits Gedanken über ihre Figur. Es gibt Zwölfjährige, die nicht ohne Make-up auf die Straße gehen. Und Zeitschriften, die sich an Zehn- bis 14-Jährige richten, widmen sich dem Thema Oralsex. Wir haben all das anscheinend zugelassen, ohne uns zu fragen, ob es gut ist. Aber das ist es eindeutig nicht.

Ich habe eine Freundin, eine temperamentvolle, energiegeladene junge Frau, die sich für die psychische Gesundheit junger Mädchen einsetzt. Sie geht in Schulen und spricht mit den Mädchen über ihre Belastungen. Eines Tages bekam sie folgenden Brief:

»Sie kennen mich nicht, ich war heute eines der Mädchen im Publikum. Aber es war, als würden Sie mich persönlich meinen.

Bis heute dachte ich, dass ich, weil ich kleine Brüste habe, Brustimplantate bräuchte, um eine richtige Frau zu sein. Und ich glaubte, was meine Freundinnen sagen: dass ich eine Loserin bin, wenn ich mit 16 noch keinen Sex hatte.

Jetzt, wo ich Ihnen zugehört habe, glaube ich das nicht mehr. Ich fühle mich plötzlich so glücklich und stark. Sie haben mir gesagt, dass ich okay bin, so wie ich bin. Vorher habe ich das nie geglaubt. Ich heule, während ich das schreibe. Ich kann Ihnen für Ihre Botschaft gar nicht genug danken, und dafür, was Sie Mädchen wie mir vermitteln.«

Dieser Brief inspiriert mich und macht mich zugleich traurig und wütend. Nach 40 Jahren Feminismus sollten unsere Töchter Entscheidungsfreiheit haben und sie selbst sein können. Sie sollten zutiefst davon überzeugt sein, dass sie wertvoll und einzigartig sind. Stattdessen sind Mädchen nie unsicherer gewesen. Ihr Aussehen und die Frage, ob sie sexy sind, sind zur Besessenheit geworden. Manche Mädchen beschäftigen sich mit nichts anderem mehr.

Wie ein Produkt bewertet zu werden, das anderen gefallen soll, hat Mädchen um 50 Jahre zurückgeworfen. Der Begriff Sexualisierung, also jemandem von außen eine sexuelle Identität aufzuzwingen, wurde eigentlich im Zusammenhang mit Kindesmissbrauch verwendet. Heute stößt man in jeder Grundschule auf dieses Problem. Es ist kein neues Problem, aber inzwischen ist es allgegenwärtig. Die wenigsten Mädchen können ihm entkommen.

Wie sich eine gesunde Sexualität von selbst entwickelt

Eigentlich sollte es anders sein. Denn wenn man der Natur ihren Lauf lässt, dann entsteht bei allen Heranwachsenden im Laufe der Pubertät langsam ein sexuelles Bewusstsein, das von einer natürlichen Scheu in Grenzen gehalten wird. So können sie gut damit umgehen.

Ein typisches Beispiel ist die Begeisterung von etwa zehn- bis 14-jährigen Mädchen für Boygroups, die nichts mit sexuellen Gefühlen zu tun hat. Diese zarte Form der Zuneigung können sie gut handhaben und sich dabei sicher und ungestört fühlen.

Bevor sie zehn sind, finden Mädchen Jungen ganz unerträglich, bis zum Alter von etwa 14 Jahren finden sie sie interessant, aber schwierig, und danach, wenn sie reifer werden, können sie zu einigen wenigen Jungen echte, gute Freundschaften aufbauen. Wenn Mädchen Glück haben, bekommen sie in gemischten Gruppen mehr Routine im Umgang mit Jungen und lernen bei unterschiedlichen Gelegenheiten verschiedene Charaktere kennen. Wenn ein Mädchen auf einen netten, lustigen Jungen stößt, mit dem man sich gut unterhalten kann und der sie oder andere nicht runtermacht, dann will sie vielleicht mit ihm ausgehen.

DREI VERSCHIEDENE GEFÜHLE

Es ist nichts Ungewöhnliches, dass man sich von jemandem angezogen fühlt, den man eigentlich nicht mag, in dessen Gegenwart man sich gar nicht wohlfühlt. Dafür sorgen manchmal die Hormone. Bringen Sie Ihrer Tochter am besten bei, zwischen drei Gefühlen zu unterscheiden: Zuneigung, Liebe und Begehren. Jeder möchte jemanden finden, dem man alle drei Gefühle gleichzeitig entgegenbringt, aber es ist hilfreich, sie unterscheiden zu können. Begehren mit Liebe, Liebe mit Zuneigung und Zuneigung mit Begehren zu verwechseln, führt zu ernsten Problemen. Eltern sollten darüber ungezwungen, aber ernsthaft mit ihren Töchtern sprechen. Damit umgehen zu können ist die Voraussetzung für glückliche Partnerschaften.

Bei den ersten Liebesbeziehungen wird noch vorsichtig ausgetestet, da geht es vorrangig ums Entdecken. Mit wachsendem Vertrauen entsteht dann auch Intimität. Es ist eine der schönsten Zeiten im Leben, man fühlt sich zutiefst lebendig, und auf der Welt zu sein ist wunderbar.

Genau hier richtet die Sexualisierung unserer Kinder den größten Schaden an. Weil die Medien ihnen eintrichtern, dass sie sexy sein sollen, weil ihre Vorbilder im Fernsehen und Kino Sex von allen anderen Aspekten einer Beziehung trennen können, weil sie glauben, durch Sex bekomme man Liebe, verhalten sie sich nicht mehr intuitiv, sondern so, wie sie glauben, sich verhalten zu müssen.

Die Mädchen fürchten, wenn sie nicht funktionieren, wird ihr Freund sie verlassen. Wenn sie Sex haben, sind sie weder entspannt noch erregt, sondern zutiefst besorgt über die Performance, die sie abliefern. Sie denken darüber nach, wie sie im Vergleich zu anderen abschneiden und welche Techniken sie anwenden sollen. Dieser Generation wird so ein Bereich ihres Lebens, den sie als schön und erhebend empfinden könnten, einfach zerstört – ein fürchterlicher Verlust.

In Gesprächen mit Forschern gaben Mädchen an, dass ein großer Teil des Sex, den sie hatten, nur die Jungen bei Laune halten sollte. Viele empfanden ihn als leer und unbefriedigend. So wie Frauen vor 100 Jahren Sex mit einem »Augen zu und durch« über sich ergehen ließen, haben sich Mädchen heute damit abgefunden, dass er eine Notwendigkeit ist. Viele trinken sogar möglichst viel Alkohol, bevor sie mit Jungen ausgehen, damit der Sex ihnen leichter fällt und unpersönlicher wird.

DIE FAKTEN

An der Latrobe University in Melbourne wurde 2002 und 2008 eine große Studie zur Teenagersexualität durchgeführt. Was die Forscher herausfanden, war alarmierend und hat alle schockiert, die mit Teenagern arbeiten: Innerhalb von sechs Jahren hat sich die Zahl von Mädchen, die noch während der Schulzeit Sex mit unterschiedlichen Partnern hatten, verdoppelt.[24] Vergleicht man das mit Zahlen der letzten 30 Jahre, ist die Zahl von vier Prozent auf 20 Prozent aller Mädchen angestiegen, und nichts weist auf eine Verlangsamung dieses Anstiegs hin. Während Sie das lesen, wird die Zahl bereits wieder gestiegen sein. Unterschiedliche Partner wurden definiert als drei oder mehr – im Alter von 17!

Mit vielen verschiedenen Partnern Sex zu haben, ist schlicht nicht gesund. Die Benutzung von Kondomen ist inzwischen zwar weit verbreitet, aber weil viele Mädchen die Pille nehmen, sehen sie dazu häufig keine Notwendigkeit. Daher rührt eine steigende Zahl von Infektionen, unter anderem mit Chlamydien, die die Fruchtbarkeit beeinträchtigen können, und die Popularität von Oralsex führt nachweislich zu mehr Mund- und Rachenkrebs.

Wenn Sie Ihre Tochter vor der Gehirnwäsche bewahren wollen, die sie dazu bringt, zu früh zu sexy zu sein, müssen Sie rechtzeitig damit beginnen – und ein wichtiger Aspekt dabei sind die Medien in Ihrem Haushalt.

ZU JUNG FÜR EINE BEZIEHUNG?

Der wichtigste Punkt bei der menschlichen Entwicklung ist der, dass Phasen nicht übersprungen werden können. Man kann auch kein Dach decken, bevor die Wände stehen. Wir schaden den Mädchen, wenn wir sie zu früh zu einem Verhalten treiben, für das sie weder intellektuell noch emotional bereit sind. Bei den meisten Mädchen formt sich zwischen 14 und 18 gerade ihre

Identität. Wenn eine 15-Jährige eine intensive Beziehung mit einem Jungen beginnt, weiß sie noch nicht, wer sie selbst ist. Die große Gefahr besteht, dass sie ihre Identität nach dem Jungen ausrichtet (und umgekehrt).

Weil ihr das Selbstbewusstsein fehlt, klammert sie sich an ihn und macht sich ständig Sorgen, dass er sie vielleicht nicht mag. Jedes kleinste Zeichen von Desinteresse versetzt sie in helle Aufregung. Sie wird nicht genau wissen, ob sie irgendetwas anderes will und mag als er. Wenn er im gleichen Alter ist, hat er vermutlich das gleiche Problem. Wenn er älter ist, wird es wohl darauf hinauslaufen, dass er ständig die Ansagen macht. Es entsteht eine Beziehung, in der er bestimmt, wo es langgeht. (Gerade Mädchen, die keine gute Beziehung zu ihrem Vater haben, verwechseln oft das Bedürfnis nach väterlicher Zuneigung mit Liebe und geraten in solche Beziehungen.)

Mädchen zwischen 14 und 16 haben sehr oft schon einen Freund. Einerseits ist es schön, jemand Besonderen im Leben zu haben, andererseits ist es auch emotional schwierig und meist nicht von langer Dauer. Wenn Sex eine Rolle spielt, führt das schnell zu gebrochenen Herzen und wird zur Belastung für künftige Beziehungen. Deshalb ist es wirklich eine gute Idee, es langsam anzugehen.

Der schädliche Einfluss der Medien

Auch wenn wir es ungern zugeben, sind wir Menschen doch Herdentiere. Als soziale Wesen schauen wir uns das, was wir für normal halten, von unserer Umgebung ab. Nur handelt es sich dabei heutzutage weniger um reale Menschen als vielmehr um solche aus den Medien – Fernsehen, Kino, Musikvideos und Zeitschriften. Seit 50 Jahren – und diese Entwicklung hat sich in den letzten zehn Jahren noch beschleunigt – verbringen wir immer weniger Zeit mit unserer Familie und mit Verwandten und immer mehr isoliert in unseren Wohnungen. Manche Analysen besagen sogar, dass Mädchen heute fünfmal weniger Zeit mit Erwachsenen verbringen als noch vor 50 Jahren.[25] Als Oma noch um die Ecke und viele Tanten und Freundinnen der Mutter in derselben Stadt wohnten, bekamen Mädchen eine Menge Gespräche kluger Frauen mit.

Heute hat sich das radikal geändert. Wir sehen uns Serien namens *Nachbarn* oder *Friends* an, statt mit unseren wirklichen Nachbarn zu reden oder unsere echten Freunde zu treffen. (Das Fernsehen ist fast zu unserer Familie geworden – freundliche, harmlose Männer und mütterliche Frauen leisten uns schon beim Frühstück Gesellschaft, so wie es früher Vati und Mutti taten.)

Erwachsene sehen zur Unterhaltung fern, aber Kinder nutzen Fernsehen auf eine andere Weise, nämlich um herauszufinden, was normales Verhalten ist. Aber natürlich sehen sie dort kein normales Verhalten. Jahr für Jahr zeigt das Fernsehen mehr expliziten Sex, mehr Gewalt, mehr Rohheit und extreme Gefühle, um uns bei der Stange zu halten. Die Protagonisten müssen immer schöner und aufreizender sein, damit wir weiter zuschauen. Also hat das, was im Fernsehen normal ist, absolut nichts zu tun mit dem wirklichen Leben.

Die Lieblingssendungen vieler Kinder sind sogenannte Dokusoaps. Darin kommen häufig unreife Jugendliche vor, die sich abwechselnd gegenseitig verführen, zurückweisen, verletzen, mobben und ausschließen. Und weil Kinder alles wissen über Zurückweisung und Ausschluss, sehen sie fasziniert zu. Konkurrenz und Gemeinheit, Egoismus und Grausamkeit werden als normales Verhalten dargestellt. So, denken unsere Kinder, ist die Welt: ein herzloser Ort, in der sich niemand um dich schert. Wenn du nicht hübsch oder sexy genug bist, bist du draußen.

Aber es hat sich noch mehr verändert. Zu unserer Zeit war genau definiert, was Kinder im Fernsehen sahen. Heute flimmert jederzeit alles auf allen Kanälen: Schreckliche Nachrichten unterbrechen das Nachmittagsprogramm, unangemessenes und beleidigendes Verhalten ist in sogenannten Familiensendungen an der Tagesordnung. (*Two and a half man* ist in dieser Hinsicht ein Klassiker: Als Running Gag wird der Junge ständig mit den Gesprächen über die sexuellen Eroberungen der sogenannten Erwachsenen konfrontiert.)

Wie sollen unsere Kindern widerstehen?

Es sind nicht einige kurze Augenblicke falschen Fernsehkonsums, die unseren Kindern schaden. Es ist diese unablässig über sie hereinbrechende Bilderflut. Bei dieser tagtäglichen Gehirnwäsche wird ihnen eingetrichtert, was normales Denken, Verhalten, Aussehen und normale Gefühle sind. Natürlich können wir sie dabei unterstützen, dem zu widerstehen, aber das ist wirklich harte Arbeit! Die Experten liegen nicht falsch, wenn sie uns raten, mit unseren Kindern über Medien zu reden, mit ihnen die Botschaften zu entschlüsseln und bewusst damit umzugehen. Das sollten wir auf jeden Fall tun. Aber vieles davon wirkt dennoch ununterbrochen unbewusst auf sie ein.

Fernsehen und Zeitschriften haben einen besonders perfiden Einfluss auf Mädchen. Es ist ein milliardenschwerer Markt, der unseren Teenagern überflüssige Produkte verkaufen will, über die sich frühere Generationen keine Gedanken machten: Make-up und Kosmetik für Haut und Haare, Kleidung und Schuhe, die sich in den Schränken türmen. Vor 20 Jahren gingen Mädchen glücklich und zufrieden mit Jeans und einem ordentlichen T-Shirt in die Stadt. Heute brauchen sie Stunden sorgfältigster Vorbereitung, bevor sie sich in die Öffentlichkeit begeben. Sogar Spielsachen für kleine Mädchen drehen sich nur um Mode, Schönheit, Models und Sexyness.

Der Zweck von Werbung ist der Angriff auf unsere psychische Verfassung. Wir sollen uns Sorgen machen und unzufrieden sein. Wer also Mädchen etwas verkaufen will – egal ob sie vier oder 14 sind –, muss sie zuerst verunsichern. Aussehen, Freunde, Kleidung, Gewicht, Haut, Haare: Bei wirklich allem können sie etwas falsch machen.

Fernsehen und Zeitschriften, Plakate und Musikvideos überschütten die Mädchen von allen Seiten mit Botschaften über den richtigen Look. Das Ergebnis: Das Aussehen ist das vordringliche Interesse von Kindern, die darauf eigentlich keinen Gedanken verschwenden dürften.

Früher war Kleidung dazu da, vor dem Wind zu schützen. Heute klagen Mütter darüber, dass es unmöglich ist, für Mädchen Bekleidung zu finden, die nicht offenherzig oder, wie eine es zugespitzt formulierte, nuttig ist. Ich konnte mir ein Lachen nicht verkneifen, als mir eine Kollegin, die Prostituierte betreut, erzählte, dass diese sich darüber beschweren, dass ihre Freier sie auf der Straße nicht mehr erkennen, weil sich inzwischen 17-jährige Mädchen genauso kleiden wie sie.

SCHÖNHEITSOPERATIONEN

Als ich kürzlich in Sydney einen Vortrag hielt, umringten mich danach mehrere junge Ärztinnen. Sie erzählten mir, dass immer häufiger Mädchen im Teenageralter nach einer Korrektur der Schamlippen fragten. Sie hatten Pornofilme oder Fotos gesehen, machten sich Sorgen, dass sie »unordentlich« aussahen, und wollten in Ordnung gebracht werden. Die amerikanische Gynäkologenvereinigung war über diesen Trend so besorgt, dass sie eine Warnung hinsichtlich der Nebenwirkungen herausgaben, darunter Nerven- und Gewebeschäden, Schmerzen beim Geschlechtsverkehr und schmerzhafte Vernarbungen.

BESORGNISERREGENDER FERNSEHKONSUM

Bei ganz vielen Familien sehen die Fernsehgewohnheiten folgendermaßen aus: Der Fernseher läuft immer. Der Erste, der aufwacht, schaltet ihn ein, der Letzte, der zu Bett geht, schaltet ihn wieder aus. Diese Familien zeichnen zwei spezifische Dinge aus:

1. Niemand führt je ein gutes Gespräch, weder lang noch in die Tiefe gehend, denn wenn alle immer abgelenkt sind, ist das einfach nicht möglich.
2. Die Kinder saugen über das Leben und die Welt Tausende von Botschaften auf, willkürliche, verwirrende, beängstigende, verzerrte, konstruierte und schlicht falsche. Es wurde herausgefunden, dass Menschen, die viel fernsehen, viel besorgter, ängstlicher, deprimierter, unaufmerksamer und hilfloser sind

als andere. Wie viele Eltern haben bereits versucht, einem verschreckten Dreijährigen, der im Fernsehen etwas gesehen hat, was er nicht sehen sollte, zu erklären, dass das »nicht real« ist. Für die Kleinen ist es realer als das Leben – immerhin kommt es im Fernsehen.

Würden Sie Furcht einflößende Erwachsene nach Hause einladen, damit die Ihre Kinder ängstigen und dazu drängen, Dinge zu kaufen, die sie nicht brauchen, um Probleme zu lösen, die sie nicht haben? Als Eltern sind Sie für die emotionale Sicherheit in Ihrem Zuhause verantwortlich. Sie entscheiden, wen Sie hereinlassen – nicht nur zur Tür, auch durch den Fernseher. Das Fernsehen will das Denken Ihrer Tochter beherrschen – das dürfen Sie nicht zulassen.

Was Sie tun können

Gehen wir erst die einfacheren Probleme an. Das Fernsehen ist in Sachen Medienbeeinflussung der größte Brocken. Während das Internet in den Teenagerjahren die wichtigere Rolle spielt, ist das Fernsehen in den frühen prägenden Jahren Tausende von Stunden wie ein Lehrer für Ihr Kind. Der Kasten steht in der Ecke des Wohnzimmers, manchmal zusätzlich auch in anderen Zimmern. Er ist wie ein drittes Elternteil. Was bringt er Ihrem Kind bei? Forscher haben sechs Schlüsselbotschaften identifiziert:

1. Dein Aussehen ist das Wichtigste an dir.
2. Deine körperlichen Eigenschaften (Figur, Gewicht, Haare, Zähne, Hautfarbe, Geruch) sind NIEMALS gut genug.
3. Sex ist vor allem eine Währung. Du tauschst sie ein gegen Liebe, Aufmerksamkeit oder Macht.

4. Es ist völlig normal und in Ordnung, Sex mit Leuten zu haben, die man nicht kennt oder nicht mag.
5. Die Welt ist ein beängstigender, einsamer, gefährlicher und wettbewerbsorientierter Ort. Setz dich besser schnell in Bewegung, sonst verlierst du das Rennen.
6. Für alle Probleme des Lebens gibt es eine Lösung: etwas kaufen.

Wenn Ihnen diese Botschaften richtig erscheinen, dann ist alles in Ordnung. Dann sind Sie und Ihr Partner mit dem Fernsehen einer Meinung. Wenn aber nicht, wird es Zeit zu handeln.

Der erste Schritt – kein Fernseher im Kinderzimmer

Die Forscher weltweit sind sich einig: Kinder mit eigenen Fernsehern im Zimmer sehen deutlich mehr unangemessene Inhalte, ohne dass die Eltern es bemerken und mit ihnen darüber reden können.

Das schadet ihnen: Sie neigen mehr zu Ängsten, bekommen weniger Schlaf und sind schlechter in der Schule. Wenn im Zimmer Ihres Kindes ein Fernseher steht, holen Sie ihn sofort heraus!

Der zweite Schritt – das Fernsehprogramm bewusst auswählen

Sie entscheiden selbst über den Fernsehkonsum in Ihrer Familie. Manche Familien haben überhaupt keinen Fernseher; im Augenblick sind es drei Prozent, aber die Zahl wächst.[26] Kinder aus solchen Familien sind kreativer, ruhiger, besser in der Schule und haben ein breiteres Spektrum an Interessen.

Einige Familien richten sich nach der Empfehlung der Vereinigung amerikanischer Kinderärzte (American Pediatric Association, APA) und erlauben ihren Kindern unter drei Jahren kein Fernsehen. (Die APA hat herausgefunden, dass für Babys und Kleinkinder Fernsehen nicht nur keine Vorzüge hat, sondern ihnen sogar schadet. Es verzögert die Sprachentwicklung, stresst sie, reduziert ihre Aktivität und beeinträchtigt sogar ihr Sehvermögen, weil der Fokus auf eine bestimmte Entfernung fixiert bleibt, statt zwischen nah und fern zu variieren.[27]

Andere Familien haben zwar einen Fernseher, sehen aber ausschließlich DVDs und nehmen die Lieblingssendungen ihrer Sprösslinge auf. Denn sie haben festgestellt, dass kleine Kinder gerne das Gleiche mehrfach sehen und sich die Dialoge und Lieder merken. Auf diese Weise umgeht man die ständigen Werbeunterbrechungen und schrecklichen Nachrichtenbilder, die es praktisch auf allen Kanälen gibt.

Viele Familien mit Kindern jeden Alters haben sich angewöhnt, den Fernseher nur noch zu speziellen Sendungen einzuschalten, die sich das Kind aussuchen darf – vielleicht eine halbe Stunde pro Tag, aber sie lassen ihn nie einfach eingeschaltet.

Zeitschriften

Mit Mode- und Mädchenzeitschriften sollte man es ähnlich handhaben. Sie sind voll mit Anzeigen für Make-up und Kleidung. Kaufen Sie sie nicht, es gibt gute Alternativen.

Gelegentlich geloben Mädchenzeitschriften Besserung. Eine verzichtet seit Kurzem auf computerbearbeitete Fotos, eine andere hat ihren Modelwettbewerb abgeschafft. (Um ihn kurz darauf wieder einzuführen.) Die Zeitschriften haben manchmal gute Artikel und Ratgeberkolumnen, aber ihre Existenzberechtigung ziehen sie aus den Anzeigen. Deshalb werden sie weiter Schaden anrichten, indem sie die Mädchen zu etwas anderem machen wollen, als sie sind. Sonst würden sie nichts verkaufen. Werbung ist eine Elendsindustrie, sie macht einen unzufrieden mit sich selbst und mit dem Leben. Und dabei brauchen Mädchen nun wirklich keine zusätzliche Unterstützung.

Und dann der Inhalt: welche Jungs sexy sind; wie sie selbst sexy wirken; Sexyness-Wettbewerbe. Und so weiter, Sie wissen, was ich meine.

Kurzum, Sie entscheiden, welche Medien ins Haus kommen, und Sie können sofort etwas tun. Wenn Ihre Tochter noch klein ist, wirkt das Wunder. Aber auch bei älteren Mädchen ist es noch nicht zu spät. Sie können auch die anderen Vorschläge in diesem Buch ausprobieren: Machen Sie Ihrer Tochter deutlich, dass sie geliebt wird und etwas Besonderes ist. Dass es darauf ankommt, was sie tut, nicht, wie sie aussieht. Stärken Sie ihr Gemeinschafts- und Zugehörigkeitsgefühl mithilfe anderer Menschen und Betätigungen, das verschafft ihr Selbstbewusstsein. Es wirken viele Dinge zusammen, Sie müssen nur Ihre Augen offen halten.

WAS SIE IHRER TOCHTER ÜBER SEXUELLES BEGEHREN BEIBRINGEN SOLLTEN

Wenn man all die Debatten über Teenagersex liest, könnte man zu dem Ergebnis kommen, dass er nur Probleme verursacht. Also sollte man die Kirche im Dorf lassen: Sex ist schön, aufregend und gesund, und Mädchen sollten damit umgehen und ihn richtig genießen können.

Mädchen verspüren die gleichen Bedürfnisse und Sehnsüchte wie Jungen. Eltern, speziell Mütter, müssen ihren Töchtern, lange bevor sich irgendwelche Ängste einnisten können, vermitteln, dass Sex etwas Wunderbares ist und er ihnen gefallen wird.

Deborah Tolman vom Zentrum für Frauenstudien in den USA hat für ihr Buch *Dilemmas of Desire*[28] zahlreiche erstaunliche Interviews mit Mädchen geführt. Zu ihrer Beunruhigung fand sie heraus, dass die Teenagerinnen, wenn sie über Sex sprachen, die negativen Seiten betonten. Schlimmer noch, wenn sie eigene sexuelle Erfahrungen beschrieben, klangen sie schwach und passiv – am besten lässt sich das in dem Satz »Es ist einfach passiert« zusammenfassen. Mit einem Jungen zusammen sein, bei dem man nicht sicher ist, ob man ihn mag, ein bisschen zu viel trinken und dann Sex, der halt »passiert« – das scheint fast schon die Norm. So haben sie es empfunden – keine wirkliche Wahl, kein wirkliches Begehren, keine wirkliche Absicht, kein wirkliches Gefühl der Steuerung (im Sinn von selbst aktiv Spaß zu suchen und zu haben). In ihrer Sprache kam selten ein »ich wollte« oder »mir gefiel es« vor.

Das muss wirklich besser werden. So viel Gedanken sich Erwachsene über Teenager machen, die zu früh sexuell aktiv sind – es gibt auch eine gegensätzliche Erkenntnis, zu der Tolman und andere, darunter auch ich, gelangt sind:

Mädchen, die ihre sexuellen Bedürfnisse kennen, sie sich eingestehen und sie ausdrücken können, sind auch in der Lage, selbst zu entscheiden, ob sie Sex wollen oder nicht, mit wem und unter welchen Umständen.

In der Vergangenheit haben Eltern und Gesellschaft viel zu oft die Botschaft vermittelt, dass es nur zwei Sorten von Mädchen gibt: die Bösen, die Sex mögen, und die Guten, die ihn nicht mögen. Das bescherte Mädchen wirklich schwere Zeiten. Entweder ein Mädchen verspürte Begehren, fühlte sich schlecht dabei und unterdrückt es, oder es rebellierte, indem es Sex hatte, obwohl es gar nicht wollte, nur so als Statement oder um sich interessant und wertgeschätzt zu fühlen. Dann wird es wirklich kompliziert.

Nicht jede Mutter-Tochter-Beziehung ist so, dass die beiden darüber reden können, aber es lohnt sich, daran zu arbeiten. Manche Teenager möchten über dieses Thema allerdings nicht mit ihren Eltern sprechen, dann müssen die Eltern dafür sorgen, dass sie mit jemand anderem reden. Manchmal ist es angenehmer für die Mädchen, wenn das die Tanten oder ältere Freundinnen übernehmen. Tolman berichtet, dass alle interviewten Mädchen sagten, dass über Begehren oder Lust noch niemand zuvor mit ihnen »so« gesprochen habe, das heißt: so offen, so präzise, so ausführlich. Vielleicht sollten wir.

Kurz gefasst

- Die Mainstream-Medien stellen Sex teils unbeabsichtigt, teils bewusst als etwas dar, was für Mädchen in immer jüngerem Alter verpflichtend ist.
- Diese Sexualisierung schadet den Mädchen, die dafür noch nicht richtig vorbereitet sind.
- Junge Liebe geht kaputt, wenn sie oberflächlich, verfrüht und wettbewerbsorientiert ist.

- Mädchen machen sich heute viel mehr Gedanken über Aussehen, Kleidung und Anpassung.
- Weil das sehr früh beginnt, können wir viel bewirken, wenn wir kleine Kinder wenig oder gar nicht fernsehen lassen. Wir sollten Zeitschriften und andere Medien sorgfältig auswählen. Wir sollten unsere Töchter zu einem selbstbestimmten und bewussten Umgang mit ihrer Sexualität ermutigen. Sex ist etwas Besonderes und Persönliches, keine Ware.
- Mädchenzeitschriften schaden in der Regel mehr als sie nützen.
- Alle positiven menschlichen Kontakte und Interessen, die Sie Ihrer Tochter vermitteln, werden ihr ein glückliches und befriedigendes Sexualleben ermöglichen – dann, wenn sie aus freien Stücken dazu bereit ist.

Kapitel 8

Fiese Mädchen – Mobbing

Die Schule ist nicht besonders hässlich oder schäbig, sie ist umgeben von Wiesen und Bäumen, und in der Ferne sieht man hübsche Häuser. Doch was ist in diese Schülerinnen gefahren? Sie stehen etwa zu zehnt im Kreis und lassen die Neue in der Mitte nicht entkommen. Sie beschimpfen sie, rücken ihr immer näher, schubsen sie herum, ihr Gesicht ist tränenüberströmt. Schließlich lassen sie von ihr ab und gehen auseinander. Aber die Erinnerung daran wird ihr jahrelang im Gedächtnis bleiben und sie nachts immer wieder aus dem Schlaf reißen.

Das Thema Mobbing ist ständig in den Nachrichten, es scheint überall vorzukommen, bei Erwachsenen genauso wie bei Kindern. Experten glauben nicht, dass es sich um eine Epidemie handelt, eher, dass die Leute inzwischen die Nase voll davon haben und es deshalb zum Thema machen. Mobbing beim Namen zu nennen ist der erste Schritt, um es zu beenden.

Mädchen mobben meist in nicht körperlicher Form: Das Opfer wird beschimpft, im Internet werden böse Gerüchte über es verbreitet, es wird ausgeschlossen oder in Verlegenheit gebracht, indem man ihm gegenüber Grimassen schneidet oder die Augen verdreht, damit es sich blöd vorkommt. Das wird manchmal als *Beziehungsaggression* bezeichnet, was ausdrückt, dass es genauso wehtut, auch wenn man nicht geschlagen wird.

Auch körperliches Mobbing kommt vor, vor allem unter jüngeren Mädchen und natürlich vonseiten der Jungen. In jeder Minute leidet weltweit ein Fünftel aller Kinder unter Mobbing. Es hat in extremen Einzelfällen schon zu Selbstmorden, Schießereien und Messerstechereien geführt, aber in der Breite vor allem zu echtem Leid für Millionen von Jungen und Mädchen.[39] Deshalb müssen wir uns damit beschäftigen.

Klein, aber oho

Die folgende Geschichte hat mir eine Mutter in Wellington, Neuseeland, erzählt. Ihre siebenjährige Tochter Kiri war die Kleinste in der Klasse, ein lebhaftes und intelligentes Kind, das gerne in die Schule ging. Eines Tages kam Kiri sehr traurig nach Hause. Sie lag ihrer Mutter schluchzend in den Armen, wollte kein Abendessen, aber auch nicht erzählen, worüber sie so unglücklich war. Erst später am Abend berichtete sie es ihrem Vater.

Ein viel größeres Mädchen hatte es seit einigen Wochen auf sie abgesehen, hatte sie aus den Spielen mit ihren Freundinnen ausgeschlossen und ihren Platz eingenommen. Es ärgerte sie und machte ihr Angst, und mehrmals hatte die Große Kiri richtig wehgetan, indem sie ihr sehr fest in die Arme gezwickt hatte. Aber am meisten schmerzte das Gefühl, machtlos gegen die Erniedrigung zu sein. Auch deshalb fiel es Kiri so schwer, darüber zu reden.

Kiris Eltern mailten noch in der Nacht an die Schulleitung, und zwar mit dem förmlichen Begriff »Beschwerde« im Betreff, damit die E-Mail auch zur Kenntnis genommen würde. Am nächsten Tag rief der Vater in der Schule an und vereinbarte noch für denselben Nachmittag einen Termin mit dem Direktor. Dieser sprach mit den einzelnen Mädchen der Gruppe, um sich ein genaueres Bild zu machen, danach mit Kiri und dem mobbenden Mädchen gemeinsam. Er verlangte von der Übeltäterin, sich zu entschuldigen und zu versprechen, dass es nicht wieder vorkommen würde. Kiri zeigte sich sogar recht großmütig, indem sie sagte, dass es in letzter Zeit nicht mehr so oft vorgekommen sei.

Aufgrund der sofortigen Untersuchung des Falls und unter dem Eindruck des Gesprächs (das mit Bedacht geführt wurde, nicht in einem strafenden oder wütenden Ton) hörte das Mobbing auf.

Es war den Eltern nicht entgangen, dass Kiri es ausgerechnet ihrem Vater erzählt hatte. Kiri war eines von fünf Kindern und ihr Vater ziemlich beschäftigt. Doch er merkte, dass Kiri ihn stärker brauchte als bisher, und beschloss daher, mehr mit seiner Tochter zu unternehmen. Die beiden gingen in einem Schwimmbad in der Nähe zusammen schwimmen. Das hatten sie vorher nie getan, nun machte es ihnen wirklich Freude. Kiri begann sich selbst in tieferem Wasser wohlzufühlen und hatte durch die Übung auch in der Schule mehr Spaß am Schwimmen. Außerdem verbrachte sie gerne Zeit mit ihrem Vater, und ihr Selbstwertgefühl steigerte sich sichtlich.

Kurzum, das Verhalten aller Beteiligten führte dazu, dass Kiris Selbstvertrauen gestärkt wurde und sie an diesem Erlebnis wachsen konnte.

Es gehören immer drei dazu

Zum Mobbing gehören immer drei Seiten. Erstens der Aggressor, meist eine Person, die sich selbst schlecht fühlt und der es besser geht, wenn sie diese schlechten Gefühle auf jemand anderen übertragen kann. Forschungen zu Mobbing bei Kindern haben belegt, dass Mobber häufiger an Depressionen leiden und im späteren Leben stärker selbstmordgefährdet sind. Das Mädchen, das Kiri mobbte, war eine Einzelgängerin, die zu Hause gerade eine schwere Zeit durchmachte.[30] Wahrscheinlich beneidete sie Kiri um ihre Fröhlichkeit und ihre Freundinnen und schätzte sie aufgrund ihrer geringen Körpergröße als jemanden ein, den man leicht herumschubsen konnte.

Die zweite beteiligte Person ist das Opfer: Kiri hatte das Mobbing nicht provoziert, aber sie gewann dadurch an Stärke. Es ist sehr wahrscheinlich, dass es ihr dadurch in Zukunft leichter fallen wird, sich durchzusetzen. Die Erfahrung belegt, dass es keinen Sinn hat, sich mit Mobbing zu revanchieren – denn die Mobber sind meist größer oder in der Gruppe.[31] Hilfreicher ist es, auf verbaler Ebene zu reagieren, sauer zu werden, aber natürlich zugleich andere um Hilfe zu bitten und deutlich zu machen, dass man sich nicht herumschubsen lassen will.

Schließlich sind auch noch die Zuschauer beteiligt: Wenn sie sich deutlich gegen das Mobbing aussprechen, der/dem Gemobbten beistehen und wenn nötig Hilfe hinzuziehen, hört das Mobbing oft auf. Das fällt Mädchen nicht leicht, weil sie fürchten, wenn sie sich für das Opfer einsetzen, werden sie das nächste sein.

Sprechen Sie mit Ihrer Tochter darüber, wie wichtig es ist, sich für andere einzusetzen, die schwächer und weniger selbstbewusst sind. Geben Sie ihr Beispiele, was sie sagen kann: »Hey, das ist nicht fair.« – »Sie ist meine Freundin, lass sie in Ruhe!« – »Sei nicht so bescheuert, du tust ihr weh.« Dazu gehört die passende selbstbewusste Körpersprache.

In Kiris Schule wurde richtig reagiert und Zeit und Mühe in die Lösung des Konflikts investiert. Der Schuldirektor nutzte die Gelegenheit, eine bessere Beziehung zu seinen Schülern herzustellen und die Sicherheit seiner Schule zu erhöhen. Er vermied Strafen. Die Lehrer überlegten zugleich, wie sie das mobbende Mädchen unterstützen konnten, das offensichtlich in einer schwierigen Phase steckte.

Es ist wichtig, alle drei Seiten in die Lösung einzubeziehen. Das Opfer wird selbstbewusster und erhält manchmal auf lange Sicht mehr Unterstützung und die Möglichkeit, ein Gefühl eigener Stärke zu entwickeln. In Kiris Fall trug das dazu bei, dass ihr Vater mehr Zeit mit ihr allein verbrachte. Die Aggressorin wird für die Gefühle anderer, aber auch ihre eigenen sensibilisiert. Diese bestehen häufig auch aus eigenem Schmerz; sie braucht mehr Zuwendung. Das Umfeld – Schule, Familie, Arbeitsplatz – ändert sich, wenn Menschen offen über die Vorfälle sprechen, statt sie einfach zu ignorieren.

Den Mund aufmachen

Rosalind Wiseman ist für ihr Buch *Queen Bees and Wannabes* über Mobbing unter Mädchen weltbekannt geworden. Sie ist die Tante, die sich Mädchen immer gewünscht haben: freundlich, aber immer klar und geradeheraus in ihren Ratschlägen. Wiseman unterrichtete lange Zeit Mädchen in Selbstverteidigung, und ihre Schülerinnen schilderten ihr oft ihre persönlichen Probleme mit Mobbing und Cliquenbildung. Inzwischen organisiert sie hauptberuflich Kampagnen für einen respektvollen zwischenmenschlichen Umgang. Ihre Anweisungen zu Mobbing sind sehr präzise:

Wenn etwa eine 13-Jährige von einem Jungen mit obszönen Bemerkungen über ihren Brustumfang belästigt wird, empfiehlt sie ihr Folgendes: »Schreib ganz genau auf, was er zu dir gesagt hat, wann und wo, und was dabei in dir vorging. Halte all das fest. Geh dann damit zu dem Betreuer, Lehrer oder auch jemandem in der Verwaltung, den du am besten geeignet findest, und bitte die Person um Hilfe. Es ist dein volles Recht, dich dagegen zu wehren, so angeredet zu werden.«[32]

Als die Mutter und die Tante einer 14-Jährigen Wiseman zu erotischen SMS befragte, die das Mädchen an Jungen schickte, empfahl sie, die Privatsphäre komplett zu ignorieren: »Sie sind Eigentümerin des Handys und zahlen die Rechnung. Es ist Ihr Handy. Außerdem sind SMS nicht privat. Jeder kann sie lesen und weiterleiten. Wer Privatsphäre will, soll Tagebuch schreiben. SMS gehören zum öffentlichen Verhalten, und darüber müssen die Eltern Bescheid wissen.«

Zwar plädiert Wiseman ohne Wenn und Aber dafür, hier einzuschreiten. Doch es fehlt ihr nicht an Verständnis für die beteiligten Kinder: Das Mädchen möchte interessant, sexy und erwachsen auf die Jungen wirken. Aus ihrer eigenen Sicht tut sie das auch. Auf die Jungen wirkt es aber so, als würde sie für das, was sie schreibt, auch zur Verfügung stehen. Egal, ob das stimmt oder nicht, Eltern müssen hier eingreifen, um die Tochter zu schützen, denn sie wissen um die Konsequenzen. Sie sollten einfühlsam und freundlich klare Grenzen setzen.

Die Rolle der Zuschauer

Wisemans Untersuchungen haben auch die Bedeutung der Zuschauer unterstrichen. 2011 arbeitete sie an einer Dokumentation für die Sendung *Dateline* des amerikanischen Senders NBC mit. In einem sehr eindrücklichen, erhellenden Experiment wurden Mädchen im Fernsehstudio in einem großen Raum allein gelassen, unter dem Vorwand, sich für einen Beitrag über Mode Kleidung auszusuchen.

Was die Mädchen nicht wussten: Drei in ihrer Gruppe waren professionelle Schauspielerinnen. Zwei fingen auf ein Stichwort an, die Dritte zu beschimpfen (etwa wegen ihres Gewichts oder ihrer Kleidung), und warteten darauf, wie die anderen reagieren würden: Würden sie helfen oder mitmachen? Von einem Nebenraum aus wurden die Mädchen von ihren Eltern beobachtet.

Es folgten eindringliche und bewegende Szenen. Weil jeder von uns im Leben schon einmal in einer solchen Situation war, ist es schwer, dabei unbeteiligt zuzusehen. In bestimmten Momenten meldeten sich die Umstehenden zu Wort. Vor allem ein Mädchen verhielt sich ganz großartig, indem es den beiden Schauspielerinnen schlicht verbot, so mit dem dritten Mädchen umzugehen. Aber in anderen Testgruppen, wenn die Mädchen nervös oder unsicher waren, beteiligten sie sich an der Verspottung. (Es ist beim Mobbing eine ganz typische Strategie, andere auf seine Seite zu ziehen, bevor man sich das nächste Opfer aussucht. Gerade unsichere Mädchen lassen sich darauf ein, weil sie Angst haben, sonst selbst zur Zielscheibe zu werden.)

Den Müttern war es extrem peinlich, ihre Töchter über Monitore dabei zu beobachten, wie sie sich an der Schikanierung beteiligten, statt etwas dagegen zu unternehmen.

Der Vorfall in der letzten Gruppe, die das Experiment durchlief, war am bewegendsten: Man konnte ein Mädchen dabei beobachten, wie es sich schluchzend wegdrehte. Die Aufnahmeleiter unterbrachen sofort und schritten ein. Es stellte sich heraus, dass dieses Mädchen selbst in der Schule gerade sowohl von Jungen als auch von Mädchen gemobbt wurde. Sie hatten sie auf dem Kieker, weil ihre Familie arm war. Das

Mädchen hatte Tag für Tag regelrecht Angst davor, in die Schule zu gehen, sich aber nicht getraut, ihrer Mutter davon zu erzählen, weil die sich wegen des niedrigen Einkommens sonst vielleicht noch schlechter gefühlt hätte. Die Rückkehr der Mutter in den Raum und das Gespräch über den Vorfall hinterließen einen starken Eindruck. Rosalind Wiseman betreute das Mädchen nach der Sendung persönlich und zeigte ihr, wie sie mit den Mobbern umgehen sollte. Die Sendung berichtete später darüber, wie sich das Mädchen erfolgreich gegen einen Jungen und ein Mädchen, die in der Schule die Anführer waren, zur Wehr gesetzt hatte.

Die Geschichte war ein sehr nachdrückliches Beispiel dafür, wie leicht man andere grausam behandelt und warum darauf reagiert werden muss – vor allem von den zuschauenden Kindern, aber auch von den Erwachsenen. Alle müssen klare Zeichen setzen und konsequent gegen Mobbing vorgehen.

Mobbingerfahrungen macht jeder einmal

Zuerst einmal muss man verstehen, dass man manchmal in der Rolle der Mobber, manchmal in der der Gemobbten und manchmal in der der Zuschauer ist, die einschreiten oder es lassen. Das ist ein normaler und notwendiger Bestandteil des Umgangs mit anderen: Wir lernen, wie man sich durchsetzt, Meinungen vertritt und sich zur Wehr setzt.

Ihre Tochter sollte wissen, was sie sagen kann, wenn andere sie herumschubsen: »Das will ich nicht! Hör sofort damit auf!« Nachdem Mobbing in Holland den Tod eines Jungen verursacht hatte und ein Aufschrei um die Welt ging, etwas an den Schulen zu verändern, wurde ein internationales Programm namens *Rock and Water* entwickelt. Darin lernen die Kinder unter anderem, wie man sich zu voller Größe aufrichtet, Augenkontakt zum Aggressor herstellt und ihm beim Weggehen weiter in die Augen sieht. Das Programm umfasst sowohl die körperliche als auch die mentale Stärke, aber seine wichtigste Botschaft ist, standzuhalten.

Bringen Sie Ihrer Tochter bei zu sagen: »Das ist Mobbing, das macht man nicht.« Natürlich wird das die Vorfälle nicht immer sofort stoppen. Aber es ist ein erster Schritt, das, was passiert, auch beim Namen zu nennen: »Der/die mobbt mich/sie/ihn, das ist nicht okay/das ist unfair/das ist uncool.« Wenn das Mobbing nicht aufhört, muss man sich Hilfe holen. Machen Sie Ihrer Tochter unmissverständlich klar, dass es ihr gutes Recht ist, in Ruhe gelassen und respektiert zu werden, und stellen Sie das auch sicher. Beschweren Sie sich nötigenfalls bei der Schule und lassen Sie Ihr Kind nicht an einer Schule, die nicht konsequent handelt. (Die Schule sollte ein Programm gegen Mobbing haben, das alle Schüler kennen, sodass jeder weiß, was zu tun ist und wo man Hilfe bekommt.)

Tausende von Jahren wurden Mädchen und Frauen als gesamte soziale Gruppe schikaniert. Wenn Mädchen sich zur Wehr setzen, ist das auch Teil einer historischen Entwicklung – ein weiterer guter Grund, es zu tun.

Cybermobbing

Mit dem Siegeszug der sozialen Netzwerke wie Facebook, SMS, E-Mail und Twitter wurde eine ganz neue Form des Mobbings möglich. Schmutzige SMS zu schicken oder Gerüchte und böse Kommentare online zu verbreiten ist heute an der Tagesordnung.

In der »guten alten Zeit« war man wenigstens zu Hause noch geschützt vor den Bosheiten, bevor es am nächsten Tag weiterging. Aber nun sind Stress und Schlaflosigkeit die Folge, wenn Mädchen, die ihren Computer oder ihr Handy im Kinderzimmer haben, abends vor dem Schlafengehen noch dringend ihre Nachrichten checken wollen.

Eine gute Idee ist es, digitale Medien im Kinderzimmer zu verbieten und es zur Regel zu machen, dass alle Familienmitglieder ihre Handys über Nacht in der Küche lassen und dort aufladen. Und um es noch einmal zu wiederholen: SMS mit Gemeinheiten oder Drohungen sind keine Privatangelegenheit. In weniger ernsten Fällen reicht es vielleicht, einfach nicht zu antworten. Wenn es jedoch nicht aufhört oder extrem schmutzig wird, dann muss unbedingt die Schule oder auch der Provider davon informiert werden. Außerdem muss sich niemand solchen Angriffen aussetzen: Man kann die Privacy-Einstellungen ändern, Leute, die nicht freundlich mit dem Mobber sind, wieder »entfreunden«, die Telefonnummer oder E-Mail-Adresse ändern.

The Descendants – Familie und andere Angelegenheit mit George Clooney ist ein großartiger Film über halbwüchsige Mädchen. Ein distanzierter Vater muss sich nach dem Unfall seiner Frau mehr um seine Töchter kümmern. Gleich am Anfang des Films beteiligt sich die jüngere Tochter an gemeinen SMS an eine Klassenkameradin, in denen es um das Gewicht des Mädchens geht. Deren Mutter, eine temperamentvolle Hawaiianerin, verlangt von Tochter und Vater eine Entschuldigung. Dieses Cybermobbing fand aus Gedankenlosigkeit statt, ohne die Folgen zu bedenken. Es schien einfach ein lustiger Spaß, den man sich zusammen mit den Freundinnen macht. Clooneys Filmtochter wird klar, welchen Schaden sie angerichtet hat, und ist ziemlich beschämt. Ebenso wichtig ist jedoch, dass auch ihr Vater zeigt, dass es ihm peinlich ist, und er die Sache in Ordnung bringen will.

Manchmal ist es möglich, dass Schule oder Eltern des Opfers vernünftig und freundlich mit der Mobberin oder deren Eltern reden, was durchaus einen Reifeprozess in Gang setzen kann.

Woher die Bosheit kommt

Die Australierin Maggie Hamilton publiziert über Mädchen und hat eine sehr gute Erklärung dafür, warum Bosheit in deren Welt heute so präsent ist. Sie argumentiert, dass Mädchen sehr gestresst seien, weil sie ständig dem Druck ausgesetzt sind, sich an unsere wettbewerbsorientierte, keine Sicherheit bietende Gegenwart anzupassen. Sie reagieren darauf mit einem Überlebensreflex, einem Zustand ständiger ängstlicher Wachsamkeit.[33] Sie bekommen zu Hause nicht genug Zuneigung, sind zu früh erwachsen geworden und stehen ständig unter Strom. Für Freundlichkeit und Empathie haben sie einfach keine Zeit.

Die Mobbingexpertin Kate Hadwen und ihr Team an der Edith-Cowan-Universität im westaustralischen Perth haben Tausende Kinder an Schulen im ganzen Land beobachtet. Sie haben dabei herausgefunden, dass ein Fünftel aller mobbenden Schüler überhaupt nicht reagiert, wenn man an ihre Empathie appelliert.[34] Das heißt, dass die normalen Methoden bei ihnen nicht funktionieren. Sie brauchen eine langfristige Therapie, um zu vermeiden, dass sie viel Schaden anrichten und zugleich selbst in große Schwierigkeiten geraten. Diese erschreckenden Fakten zeigen, dass Eltern die Bereitschaft zeigen müssen, einzuschreiten, denn ihre Kinder werden nicht eher sicher sein, bevor nicht das Problem langfristig unter Kontrolle gebracht ist.

Auch wenn das Phänomen der fiesen Mädchen eine Menge Aufmerksamkeit auf sich zieht, muss man sich bewusst sein, dass die meisten

Schulen ganz anders sind. Als *Queen Bees and Wannabes* zum Bestseller wurde, schrieben Hunderte von Mädchen an Rosalind Wiseman, dass sie die beschriebenen Zustände genau kannten. Aber interessanterweise folgten darauf Briefe von Mädchen und Frauen, die sagten, dass ihre Kindheit überhaupt nicht so sei. Es wurde klar, dass Rosalind Wiseman nur bestimmte Teile der USA, Großbritanniens, Australiens und der restlichen Industrieländer beschrieben hatte, die nicht repräsentativ für das ganze Land waren, jedenfalls noch nicht.

Auch in einem besseren Umfeld gab es unterschiedliche Gruppen und Statuskämpfe unter den Mädchen: die beliebten coolen Mädchen, die Streberinnen, die unkonventionellen Netten und so weiter. Aber sie waren im Großen und Ganzen nicht gemein zueinander. Und die Abgrenzung war durchlässiger, man konnte zwischen den Gruppen wechseln und, vor allem, man konnte man selbst sein. Die Stimmung war freundlicher, glücklicher, entspannter.

Oft stammen die fiesen Mädchen aus den Extremen der Gesellschaft. Es gibt einerseits die wohlhabenden, aber auch wettbewerbsorientierten Familien, in denen die Eltern finanziell gut dastehen, aber wenig Zeit haben und auch wenig Engagement zeigen. Diese Mädchen haben iPhones und Kreditkarten und manchmal sogar ihr eigenes Auto, aber sie bekommen nicht sehr viel Zuwendung. Andererseits kommen manche fiesen Mädchen auch aus wirklich armen und schwierigen Familien. Die Eltern sind mit anderem beschäftigt oder abwesend, und Aggression gilt als normale Form des Umgangs. Aber das lässt sich nicht verallgemeinern, es gibt sowohl sehr arme und zugleich freundliche Kinder als auch reiche Kinder, die sanft und fürsorglich auftreten. Was für eine Art Mensch man sein will, kann man sich letztendlich doch selbst aussuchen.

Kurz gefasst

- Ein Fünftel aller Kinder ist von Mobbing betroffen – es ist viel zu präsent und verursacht großes Leid.
- Um Mobbing zu stoppen, müssen alle drei beteiligten Seiten etwas ändern: die Opfer, die Aggressoren und die Zuschauer.
- Die Zuschauer spielen oft eine entscheidende Rolle. Ihre Tochter kann lernen, dafür einzutreten, dass andere nicht gemobbt werden.
- Cybermobbing ist ein großes Problem, weil es aus der Distanz erfolgt. Man kann dagegen vorgehen, indem man diese Distanz verkürzt und dem Mobber die Sorgen und Verletzungen mitteilt.
- Erwachsene müssen über das Mobbing informiert werden und dagegen einschreiten, dürfen die Lage aber nicht verschlimmern. Am besten ist es, ruhig, freundlich, aber entschieden vorzugehen.

Kapitel 9

Körper, Gewicht, Ernährung

Macht Ihre Tochter sich Sorgen um ihr Gewicht? Machen Sie sich Sorgen um Ihres? Dann sind Sie nicht allein, denn der Körper wurde weltweit zu einer Obsession, und nie zuvor waren die Menschen verwirrter und unzufriedener. Etwa 15 Prozent aller Frauen und Mädchen leiden im Laufe ihres Lebens an einer Essstörung – es ist eine richtige Epidemie.[35]

Vor Kurzem habe ich den Vortrag zweier junger Frauen gehört. Sie präsentierten eine erstaunliche Analyse dessen, was die Wissenschaft über Gesundheit, Ernährung und Körpergewicht zu sagen hat. Lydia Jade Turner und Sarah McMahon arbeiten in Kliniken für Essstörungen und bemühen sich darum, den Diätwahnsinn und vor allem die Diätindustrie zu bekämpfen, die alles nur noch schlimmer macht. Als Spezialistinnen haben die beiden sich bereit erklärt, das folgende Kapitel für mein Buch zu verfassen.

Die Kerze brennt an beiden Enden

Im Gesundheitswesen vieler Länder auf der Welt gibt es eine ernste Krise in Sachen Körpergewicht, und diese Krise besteht aus zwei Extremen. Einerseits stellt man bei einem Viertel der Schulkinder Übergewicht oder sogar Fettleibigkeit fest. Andererseits weisen entsprechende Untersuchungen nach, dass sich die Zahl der Essstörungen in den letzten fünf Jahren verdoppelt hat.[36] Während manche Eltern sich gezwungen sehen, ihre Kinder auf Diät zu setzen, stellen andere mit Entsetzen fest, dass ihre Töchter sich weigern, überhaupt etwas zu essen. Es ist erschreckend zu beobachten, dass nichts die Lage verbessert. Trotz der Fettleibigkeitsdebatten werden Kinder dicker und trotz aller Warnungen erkranken immer mehr Mädchen an Essstörungen. Wir machen etwas falsch.

Führende Gesundheitsexperten aus mehreren Ländern sind nun überzeugt, dass die Ursache in einem ganz falschen Blick auf das Problem zu finden ist. Wir sollten uns nicht so sehr auf das Gewicht konzentrieren, sondern auf Gesundheit, die viel wichtiger ist. Die Untersuchungen zeigen, dass wir viel besser dran wären, wenn unsere Aufmerksamkeit der Gesundheit und der Freude am Essen und am Sport gälte.[37]

Warum Diäten nur schaden

Vielleicht schockiert es Sie, dass die Forschung nach über 50 Jahren jetzt zu dem erstaunlichen Ergebnis kommt, dass Diäten kaum jemals funktionieren.[38] Etwa 95 Prozent aller Menschen haben zwei bis fünf Jahre nach ihrer Diät wieder das Ausgangsgewicht. Es gibt keine Diät, die das besser macht. Wie oft haben Sie schon gehört, dass Sie nur dieses Buch oder jenes Produkt kaufen müssen, um mit einer neuen Diät endlich abzunehmen. Wenn wir das schon als Erwachsene nicht durchschauen, wie sollen dann unsere Kinder damit zurechtkommen?

Es ist völlig gleichgültig, welche Firma es wie nennt – keine Diät hat je in vernünftigen Untersuchungen bewiesen, dass mehr als ein Bruchteil derer, die sie machen, wirklich damit abnimmt. Vielleicht ist Ihnen auch aufgefallen, dass viele Firmen inzwischen nicht mehr von Diät, sondern von Lifestyle sprechen – aber es sind immer noch Diäten.

Die milliardenschwere Diätindustrie ist mit ihrer Werbung in allen Medien präsent, und Ihre Tochter wird überall auf sie stoßen. Dank jahrzehntelanger Marketingbemühungen erliegen die meisten Leute einem fatalen Trugschluss: dass fette Menschen fett sind, weil ihnen die Disziplin fehlt, ihr Gewicht langfristig konstant zu halten. Wir sollen die fetten Leute meiden, Angst haben, selbst fett zu werden, und wenn wir es bereits sind, alles daransetzen, schlanker zu werden.

Es ist unglaublich, dass es trotz all dieser Marketingkampagnen und Staatsprogramme keinem einzigen Land gelungen ist, den Anteil an Fettleibigen zu senken.

Gesunde Ernährung und Sport sind gut für die Gesundheit, reduzieren aber nicht notwendigerweise das Gewicht. Und doch ist es wichtiger und verspricht mehr Erfolg, auf die Gesundheit zu achten.

WIE WIR GEPOLT SIND

Aus folgendem Grund sind Diäten nicht erfolgreich: Die Menschen haben sich in der Steinzeit einer harten Umwelt angepasst, in der ein Mangel an Nahrung herrschte. Deshalb sind unsere Körper darauf programmiert, ein gesundes Gewicht zu erhalten. Wenn wir eine Diät machen, signalisieren wir unserem Körper eine Hungersnot, und es werden Mechanismen in Gang gesetzt, um das verlorene Gewicht wiederzugewinnen. Eine im *New England Journal of Medicine* veröffentlichte Studie besagt, dass bei Menschen auf Diät das appetitanregende Hormon Ghrelin um etwa 20 Prozent zunahm.[39] Zugleich waren die appetitzügelnden Hormone Leptin und Peptid YY in ungewöhnlich niedriger Konzentration vorhanden. Auch unsere Stoffwechselrate (der Grundumsatz an Energie) sinkt bei einer Diät, damit das Gewicht gehalten wird.

Sollten wir es also wieder und wieder versuchen? Interessanterweise fand die Forschung auch heraus, dass Diäten uns über eine längere Zeit noch dicker machen. Die bahnbrechende Studie von Dianne Neumark-Sztainer von der Minnesota School of Public Health belegt, dass heranwachsende Mädchen, die sich ein gewichtsregulierendes Verhalten angewöhnen, fünf Jahre später mehr Gewicht haben als Gleichaltrige.[40] Eine andere Studie untersuchte 15 000 Kinder zwischen neun und 14 Jahren.[41] Es zeigte sich, dass Kinder in diesem Alter durch Diäten deutlich häufiger Gewicht zulegten als Kinder, die keine Diät hielten. Die schlimmste Nachricht: Diäten sind die wichtigsten Vorboten einer späteren Essstörung. Ein Fünftel aller fettleibigen Australier zeigt trotz ihres hohen Gewichts Symptome von Essstörungen.

Warum das schlechte Gewissen alles noch schlimmer macht

Ein schlechtes Gewissen hinsichtlich unseres Gewichts soll uns motivieren, gesünder zu werden. Doch nichts könnte schlechter funktionieren. Fernsehshows wie *The Biggest Loser* erniedrigen die Teilnehmer und bestätigen zugleich das Klischee, dass alle Fetten nur aufgrund ihrer ungesunden Lebensgewohnheiten fett sind. Die Forschung hat aber nachgewiesen, dass ein schlechtes Gewissen die Gefahr sowohl von Fettleibigkeit als auch von Essstörungen erhöht und zugleich die Wahrscheinlichkeit regelmäßiger körperlicher Betätigung senkt.[42] Sport findet üblicherweise in der Öffentlichkeit statt. Es ist absolut nachvollziehbar, dass sich Menschen, insbesondere weibliche Teenager, die sich für ihr Aussehen schämen, in Sportbekleidung oder Badeanzügen nicht wohlfühlen und daher alles vermeiden, was die Aufmerksamkeit auf ihren Körper lenken könnte.

Mobbing unter dem Deckmantel der Gesundheitsförderung ist fast schon ein globaler Zeitvertreib. Diese Übergewichtshysterie bringt uns und unsere Töchter noch um. In einer Untersuchung fand man heraus, dass fettleibige Kinder ein 63 Prozent höheres Risiko haben, gemobbt zu werden.[43] Auch wenn es verständlich ist, dass Eltern nicht wollen, dass ihr Kind gemobbt wird, ist eine Diät in diesem Fall keine Lösung. Es vermittelt den Kindern den Eindruck, sie seien selbst schuld.

Schulische und andere Programme, die Fettleibigkeit falsch angehen, richten großen Schaden an. Professor Jennifer O'Dea von der Universität Sydney fand heraus, dass die Gesundheitserziehung für Kinder, die Fettleibigkeit vorbeugen soll, unbeabsichtigte, unerwünschte und gesundheitsschädliche Auswirkungen hat: Hungern, Erbrechen, Missbrauch von Abführmitteln, Diuretika und Diätprodukten sowie Rauchen als Appetitzügler und Nahrungsersatz.[44] Eine australische Organisation zur Bekämpfung von Essstörungen (*Eating Disorder Victoria*) berichtet, dass acht Prozent der heranwachsenden Mädchen das Rauchen als Mittel der Gewichtskontrolle einsetzen.[45]

Das andere Extrem

Wenn wir »Essstörung« hören, denken wir meist an extrem dünne Menschen. Tatsächlich sind die meisten, die an Essstörungen leiden, nicht abgemagert, die mit Bulimie oder der Binge-Eating-Störung (periodische Heißhungerattacken) haben sogar ein normales oder erhöhtes Körpergewicht. Anorexie (Magersucht) bekämpft man bestimmt nicht mithilfe unserer allgegenwärtigen Gewichtsobsession, und manche Mädchen bewundern ihre anorektischen Freundinnen sogar für ihren eisernen Willen und ihre Selbstdisziplin. Die neuesten Forschungen legen nahe, dass Anorexie eine Hirnstörung ist, die durch Hungern noch verschlimmert wird.[46] Erkrankte brauchen eine intensive klinische Behandlung, um die Denk- und Verhaltensstörung zu überwinden, und ohne Behandlung drohen langfristige Schäden oder gar der Tod.

Heißhungerattacken sind viel weiter verbreitet als Anorexie. Anfallartig große Mengen Nahrung in sich hineinzustopfen ist eine Antwort der Natur auf die Versuche, abzunehmen, denn der Körper will die Fettreserven behalten. Er schüttet verstärkt appetitanregende Hormone aus, um uns zur Nahrungsaufnahme zu bewegen, sodass Essen zur Besessenheit und Ablenkung wird. Heißhungerattacken sind der Versuch unseres Körpers, unser Überleben zu sichern. Bis jetzt wurde noch nicht herausgefunden, warum bei Anorektikern der Körper diesen Überlebensmechanismus nicht nutzt. Viele Patienten berichten sogar, dass sie sich durch das Hungern besser fühlen, und genau aus diesem Grund ist diese Krankheit so gefährlich.

Besser als Diäten

Unser Körper kommuniziert ständig mit uns: Er signalisiert uns, dass wir essen sollen, wenn wir hungrig sind, und aufhören sollen, wenn wir satt sind. Verstopfung ist ein Signal, dass unsere Nahrung zu wenig Ballaststoffe enthält. Damit wir überleben können, regelt das biologische System unseres Körpers unter anderem den Blutdruck, die Körpertemperatur und auch unser Sollgewicht.

Diäten sind eine üble Falle. Viele geraten dadurch in einen Teufelskreis: Sie verlieren zwar kurzfristig Gewicht, beschäftigen sich dadurch aber gedanklich nur noch mit ihren Gelüsten und dem Essen, sodass sie schnell wieder zunehmen und dann eine neue Diät beginnen. Zahlreiche Studien haben bewiesen, dass ein ständig schwankendes Gewicht der Gesundheit viel mehr zusetzt als ein etwas höheres, aber stabiles Gewicht. Deshalb ist der Vorsatz, es immer wieder von Neuem zu versuchen, sehr schädlich.[47]

Viele Gesundheitsexperten haben sich inzwischen vom Körpergewicht als Kennzahl für den Gesundheitszustand verabschiedet. Sie propagieren eine gesundheitsorientierte Herangehensweise, die im Englischen *Health At Every Size* (HAES, Gesund mit jeder Kleidergröße) heißt. HAES argumentiert, dass Fitness ein viel besserer Maßstab für Gesundheit ist als das Gewicht (von bestimmten Extremen mal abgesehen). Der Body Mass Index (BMI) gibt keinen Hinweis auf die Gesundheit, andere physiologische Kennzahlen wie der Blutdruck oder Puls sind viel aussagekräftiger. Die zwei wichtigsten Prinzipien sind, beim Essen auf die eigene Intuition zu hören und sich eine sportliche Betätigung zu suchen, die Spaß macht, statt sich ständig nur auf das Gewicht zu konzentrieren. Man sollte jeden Abend mit dem beruhigenden Gefühl ins Bett gehen, sich und seiner Gesundheit etwas Gutes getan zu haben, statt sich Vorwürfe zu machen, dass man auf der Waage nicht die vorgeschriebene Zahl vorweisen kann.

Wie Sie Ihrer Tochter helfen können

1. Seien Sie ihr ein Vorbild! Wenn Sie sich zwanghaft mit Ihrem Gewicht beschäftigen, wird sie es auch tun. Streichen Sie das Diätvokabular aus Ihrem Wortschatz, sehen Sie sich die entsprechenden Fernsehsendungen nicht an, und lassen Sie keine Mode- oder Diätzeitschriften im Haus herumliegen. Denken Sie nicht einmal daran, eine Diät zu machen.
2. Stellen Sie keine Softdrinks in den Kühlschrank, durch sie verwechselt man leicht Durst mit Hunger. Besser ist ein Krug kaltes Wasser.
3. Essen Sie gemeinsam am Tisch und sehen Sie dabei nicht fern. Durch die Ablenkung nehmen Sie gar nicht zur Kenntnis, dass Sie essen, und Sie genießen es auch nicht richtig. Außerdem fällt Ihnen gar nicht auf, wann Sie satt sind. Das Sättigungsgefühl stellt sich erst nach ein paar Minuten ein. Deshalb hilft langsames Essen am Tisch Kindern dabei, festzustellen, wann sie satt sind. Sprechen Sie bei Tisch über schöne Dinge und darüber, was bei Ihren Kindern gut läuft, entspannen Sie sich, es ist ja schließlich keine Vorstandssitzung.

4. Fangen Sie nicht an, Essen in »gutes Essen« und »schlechtes Essen« einzuteilen. Sprechen Sie von »Essen für jeden Tag« (die gesunden Sachen, die wir ständig zu uns nehmen) und »Essen für besondere Tage« (was wir uns manchmal zur Belohnung gönnen). Ein schlechtes Gewissen wegen des Junkfoods zu haben, macht alles

nur schlimmer. Man stopft es erst in sich hinein und fühlt sich anschließend schlecht. Untersuchungen zeigen, dass man weniger Süßigkeiten isst, wenn man sie langsam und mit Genuss zu sich nimmt.[48] Wenn man sich dafür schämt, schlingt man sie hinunter.

5. Werden Sie eine bewegte Familie. Wenn Vater und Tochter mit dem Hund Gassi gehen oder vor dem Haus ein bisschen kicken oder die ganze Familie zusammen spazieren geht, dann stellt sich der Spaß an der Bewegung ganz von selbst ein, ohne dass man es als »Training« empfindet.

Das alles gilt übrigens ganz genauso für Jungen!

EINE INDUSTRIE AUSSER KONTROLLE

Ist es nicht erschreckend, dass 95 Prozent aller Forschung zu Fettleibigkeit von der Diätindustrie finanziert wird?[49] Kein Wunder, dass unsere Auffassung von Gesundheit und Gewicht so vernebelt ist. Die Diätindustrie ist weitgehend unreguliert.

Auch die Ernährungsindustrie bräuchte eine strengere Überwachung. Warum wird bei McDonald's zu jedem Happy Meal ein Spielzeug mitverkauft? Warum ist das Marketing für überzuckerte Frühstücksflocken ganz auf Kinder zugeschnitten? Wenn wir eine gesündere Gesellschaft wollen, dann muss sich das Umfeld ändern. Auch die Tabakindustrie wurde ausgebremst, indem man die Werbung dafür nach und nach verbot und die Zigarettenpackungen weniger ansprechend gestaltet wurden. Aber das Individuum an den Pranger zu stellen, wird die Gesundheit der gesamten Bevölkerung nicht verbessern.

Kürzlich hat Australien einen *National Advisory Board for Body Image* (nationalen Beirat für die Körperwahrnehmung) gegründet.

Er entwickelte einen freiwilligen Verhaltenskodex, um die Mode- und Schönheitsindustrie zu einem vernünftigeren Umgang mit den Schönheitsidealen zu bewegen. Leider war dieser Verhaltenskodex ein Flop. Die Vorsitzende des Beirats beklagte, dass sich gar nichts geändert hat. Ein zentrales Instrument des Beirats war ein von der Regierung ausgelobter Preis für Körperwahrnehmung. Er wurde dem *Dolly Magazine* verliehen, obwohl diese Zeitschrift einen Modelcontest für 13-jährige Mädchen wieder eingeführt hatte. Die Botschaft, dass Mädchen zwar sexy, aber völlig irrelevant sind, ist doch mehr als peinlich. Andere Länder haben die Gesetze geändert. Spanien hat zum Beispiel Werbung für »Körperkult«, das heißt plastische Chirurgie und Diätprodukte, vor 22 Uhr nachts verboten. Seit 2008 ist es in Frankreich strafbar, zu »extremer Magerkeit« zu verleiten, das gilt auch für Werbung und Zeitschriften. 2012 hat Israel den Einsatz untergewichtiger Models in Zeitschriften und auf dem Laufsteg verboten.

Während manche immer noch die Eltern verantwortlich machen, wenn Kinder eine negative Selbstwahrnehmung ihres Körpers haben, haben inzwischen 45 internationale Gesundheitsexperten einen offenen Brief verfasst. Das Thema: *Der Einfluss der Medien auf das Körperbild und Verhalten – eine Zusammenfassung wissenschaftlicher Beweise*. Die Beweise, dass die Bilder in den Medien zu einer Unzufriedenheit mit dem eigenen Körper und zu Essstörungen beitragen, seien erdrückend.[50] Eine andere Studie, die 77 Untersuchungen mit 15 000 Teilnehmern auswertete, kam zu dem Ergebnis, dass diese Bilder die heutigen Heranwachsenden viel stärker beeinflussen als noch in den 1990er-Jahren.[51] Mit anderen Worten: Trotz gegenteiliger Anstrengungen haben die Bilder in den Medien immer stärkeren Einfluss. Doch auch die Eltern tragen einen Teil der Verantwortung. Sie können ihre Kinder vor Essstörungen schützen, indem sie sie zu körperlicher Betätigung motivieren, die Spaß macht, ihnen gesunde Gewohnheiten vorleben, regelmäßige Mahlzeiten einnehmen, jeden Morgen frühstücken und das Selbstwertgefühl und positive Körperbild ihrer Kinder fördern. Die Regierungen müssen gegen die Ernährungsindustrie entschlossener vorgehen, damit die Welt für unsere Töchter gesünder wird.

WAS SIND ESSSTÖRUNGEN?

Essstörungen sind bestimmte Verhaltensweisen im Umgang mit Nahrung, die in extremer Form ungesund oder schädlich sein können. Die meisten kennen Anorexie, bei der die Erkrankten so wenig essen, dass es zu lebensbedrohlichem Gewichtsverlust kommen kann. Dass man an dieser Krankheit stirbt, ist glücklicherweise relativ selten, aber sie ist sehr gefährlich, und Anorektiker brauchen schnelle Hilfe. Viel verbreiteter ist Bulimie: Die Erkrankten erbrechen die zu sich genommene Nahrung unmittelbar danach wieder, um ihr Gewicht zu halten oder zu reduzieren. In der Praxis ist Essstörung ein sehr schwammiger Begriff, und es gibt viele Menschen mit Normal- oder annähernd Durchschnittsgewicht, die ein gestörtes Essverhalten haben. Auf jeden Fall sind alle Formen gefährlich und müssen frühzeitig professionell behandelt werden. Je früher die Therapie einsetzt, desto besser sind die Chancen auf Heilung.

Frühe Warnsignale

Eltern sollten sich Gedanken über eine Essstörung machen, wenn sie bei ihrer Tochter bestimmte Verhaltensänderungen feststellen, zum Beispiel:

- starke Gewichtsschwankungen
- Stimmungsveränderungen, u. a. gesteigerte Ängstlichkeit, Wut, Deprimiertheit oder Zurückgezogenheit
- verstärkte Beschäftigung mit den Körpermaßen oder dem Gewicht (ständiges Wiegen oder Begutachtung des eigenen Körpers)
- verändertes Essverhalten, bei dem zum Beispiel bestimmte Nahrungsmittelgruppen oder bestimmte Mahlzeiten gemieden werden; das Essen wird stärker reglementiert oder ritualisiert oder das Essverhalten ist regressiv: Wie bei Kleinkindern werden ganz bestimmte Tassen oder Kinderbesteck verwendet.
- Gestresstheit rund um die Mahlzeiten

Wichtig ist, dass erst die Beobachtung eines Bündels dieser veränderten Verhaltensweisen das Vorliegen einer Essstörung wahrscheinlich macht. Eine einzelne Auffälligkeit könnte auf eine andere Erkrankung als Ursache hindeuten. Die Diagnose einer Essstörung beginnt in der Regel mit der Feststellung, dass keine physiologischen Ursachen für die Symptome verantwortlich sind.

Gestörtes Denken

Bei Menschen, die eine Essstörung entwickeln, ändern sich nicht nur das Essverhalten und die Stimmung, sie denken auch in ungewöhnlicher Weise über Ernährung und Gewicht:

- Sie verspüren den Wunsch, das Körpergewicht in einem ungesunden Maß niedrig zu halten.
- Sie haben eine extreme Angst davor, zuzunehmen oder fett zu werden.
- Sie beschäftigen sich permanent intensiv mit Essen: Sie planen ständig kommende Mahlzeiten bzw. empfinden Schuld oder Scham wegen bereits konsumierter Mahlzeiten.

- Sie klammern sich an falsche Überzeugungen über Ernährung und Gewichtskontrolle, etwa dass Essen nach 18 Uhr zu extremer Zunahme führt oder dass vier Gläser Wasser vor den Mahlzeiten den Stoffwechsel beschleunigen.

Das Essverhalten

Die stärksten Hinweise auf eine Störung gibt das tatsächliche Essverhalten. Achten Sie auf Folgendes:

- Das Essen wird bewusst eingeschränkt, zum Beispiel durch das Auslassen ganzer Mahlzeiten wie dem Frühstück oder die Eliminierung bestimmter Nahrungsmittelgruppen mit Hinweis auf eine Gluten-, Laktose- oder andere Allergie.
- Heißhungerattacken: Eine große Menge Essen wird in kurzer Zeit und mit dem Gefühl des Kontrollverlusts verzehrt.
- Zwanghaftes Essen: Gefühl des Kontrollverlusts während des Essens und Essen über die Sättigungsgrenze hinaus. (Dies kann auch während üblicher Mahlzeiten und in gewöhnlichen Situationen passieren und wirkt für den Beobachter nicht ungewöhnlich, während bei Heißhungerattacken unbeobachtet große Mengen vertilgt werden.)
- Schädliche Verhaltensweisen wie Erbrechen, der Missbrauch von Abführmitteln oder exzessiver Sport sollen den Körper wieder von der Nahrung »reinigen« oder »befreien«.

Das spezifische Zusammentreffen gestörter Verhaltensweisen führt zu einer genauen Diagnose. Diese Verhaltensweisen ändern sich üblicherweise während der Erkrankung, weshalb sich auch die Diagnose ändern kann. Während der Behandlung einer Essstörung kann das Verhalten auch ins andere Extrem wechseln, und der Therapeut muss dabei helfen, diese Situation in den Griff zu bekommen.

Was Sie tun können

Wenn Sie fürchten, Ihre Tochter könnte an einer Essstörung erkrankt sein, ist es entscheidend, dass Sie sofort reagieren. Eine frühe Behandlung erhöht die Chancen auf Heilung, warten Sie deshalb nicht, bis Ihre Tochter »krank genug« dafür ist. Vereinbaren Sie einen Termin mit Ihrem Hausarzt oder einer Beratungsstelle, um zu erfahren, wo es in Ihrer Region die besten Behandlungsmöglichkeiten gibt. Die Therapie von Essstörungen ist hoch spezialisiert, und es ist sinnvoll, mit einer evidenzbasierten Methode zu beginnen. Ihr Hausarzt oder die Beratungsstelle kann Ihnen sagen, welche das im Falle Ihrer Tochter ist.

Die besten Erfolgsaussichten bestehen bei einer sogenannten therapeutischen Allianz, das heißt einem guten Verhältnis zwischen dem Therapeuten, der Klientin und ihrer Familie. Es ist entscheidend, dass selbst nach einem erfolglosen ersten Versuch weitere Therapieversuche unternommen werden. Eine endgültige Heilung gelingt nur durch die Kombination von richtigem Therapeuten, richtiger Methode und richtigem Timing. Am besten informieren Sie sich selbst möglichst umfangreich über Essstörungen, sodass Sie zur Heilung Ihrer Tochter bestmöglich beitragen können.

Es ist normal, gegenüber einer Person mit Essstörung Angst, Schuld oder sogar Wut zu empfinden, aber diese Gefühle sind natürlich wenig hilfreich. Manchmal machen Eltern ihr essgestörtes Kind für die Probleme in der Ehe oder in der Familie verantwortlich. Diese Gefühle erschweren es ihnen, das Nötige zur Heilung ihrer Tochter beizutragen, zum Beispiel, indem sie sie zur Therapie begleiten oder einfach nett und verständnisvoll sind und ihr zuhören.

Fünf Mythen über Essstörungen

1. **Mythos:** Menschen sind für ihre Essstörung selbst verantwortlich.
Fakt ist: Essstörungen sind schwere psychische Erkrankungen, die sich über einen längeren Zeitraum hinweg aufgrund komplexer Ursachen entwickeln.

2. **Mythos:** Nur wer dünn ist, hat eine Essstörung.
Fakt ist: Die meisten Essgestörten haben Normalgewicht oder sind leicht übergewichtig.

3. **Mythos:** Nur Frauen bekommen Essstörungen.
Fakt ist: Essstörungen bei Männern nehmen zu, insbesondere bei Jungen unter 14 Jahren (in dieser Altersgruppe sind inzwischen ein Viertel der Erkrankten männlich). Bei Männern werden Essstörungen seltener diagnostiziert, weil man sie bei ihnen nicht erwartet.

4. **Mythos:** Nur Anorexie ist eine ernste Essstörung.
Fakt ist: Jeder, der sich beim Essen Einschränkungen auferlegt oder durch Erbrechen oder Abführmittelmissbrauch eine Gewichtsreduktion herbeiführen will, läuft Gefahr, ernsthaft zu erkranken. Des Weiteren ist jede Essstörung für die Erkrankten ein Stressfaktor und führt zu Isolation, weswegen diese Menschen verstärkt zu selbstverletzendem Verhalten und Selbstmord neigen.

5. **Mythos:** Menschen mit Essstörungen sind sexuell missbraucht worden.
Fakt ist: Sexueller Missbrauch ist ein Risikofaktor für diverse psychische Erkrankungen, unter anderem auch Essstörungen. Aber nicht jeder Mensch mit einer Essstörung wurde auch sexuell missbraucht.

Wenn Ihre Tochter eine Essstörung entwickelt, sind Sie nicht verantwortlich dafür, aber Sie sind eine der wichtigsten Ressourcen bei ihrer Heilung. Um einen Vergleich heranzuziehen: Ein Schmerzmittel kann

Kopfschmerzen beseitigen, aber die Kopfschmerzen wurden nicht durch das Nichtvorhandensein von Schmerzmitteln hervorgerufen.

Auch wenn Ihre Tochter nur ein Symptom einer Essstörung zeigt, ist es entscheidend, dass Sie sofort handeln. Durch rechtzeitiges Eingreifen kann verhindert werden, dass die Krankheit ausbricht. Aber auch bei einer bestehenden Erkrankung ist der Heilungserfolg durch frühzeitige Behandlung größer.

Verlieren Sie nicht die Hoffnung, jeder kann vollständig geheilt werden.

Kurz gefasst

- Sowohl Unter- als auch Überernährung sind weltweit eine Gefahr für Mädchen.
- Diäten führen meistens nicht zur Gewichtsreduktion, sondern verschlimmern das Problem.
- Leute mit Übergewicht anzuprangern ist eine unbarmherzige und wenig hilfreiche Haltung in unserer Gesellschaft, auch wenn manche Schulen, staatlichen Programme und Fernsehsendungen diese Haltung bestärken.
- Die besten Strategien gegen Übergewicht sind bewusstes Essen und die Fokussierung auf die eigene Gesundheit.
- Essstörungen wie Anorexie und Bulimie (Letztere kommt viel häufiger vor) sind psychische Erkrankungen und unterliegen nicht der freien Entscheidung der Patienten. Sie bestehen aus gestörtem Denken und extremem Essverhalten. Die frühen Warnzeichen zu erkennen und Hilfe in Anspruch zu nehmen, ist das Beste, was Sie tun können.

Kapitel 10

Alkohol und andere Drogen

Paul Dillon wohnt in der Innenstadt. Er kennt den aktuellen Straßenpreis von Amphetamin und weiß, dass gerade besonders hochwertiges Crystal importiert wird. Er weiß auch, was zu tun ist, wenn jemand eine Überdosis abbekommen oder sich ins Koma getrunken hat. Paul Dillon, seit Jahren Australiens bekanntester Drogenaufklärer, arbeitet in Schulen und mit Gruppen, um Kindern Perspektiven aufzuzeigen und sie und ihre Freunde davon abzuhalten, für einen kurzen Trip ihr Leben wegzuwerfen.[52]

Wahrscheinlich ist Paul Dillon dafür verantwortlich, dass in Australien der Drogen- und Alkoholkonsum unter Jugendlichen seit 2002 abgenommen hat. Er kann mit überraschenden Fakten und Methoden aufwarten, um Eltern zu vermitteln, wann sie sich entspannen können und wann sie sich Sorgen machen müssen: Er führt sie und ihre Kinder ein in die Welt der bewusstseinsverändernden legalen und illegalen Chemikalien. In Schulen zeigt er gerne ein paar interessante Folien. Die meisten kennen ja die Statistiken, die zeigen, dass von den Jugendlichen sehr viele Alkohol trinken, weniger rauchen, noch weniger Cannabis konsumieren und so weiter bis hin zu Ecstasy und Heroin. Paul Dillon stellt das Schema auf den Kopf. Die Zahlen schwanken ein bisschen in den verschiedenen Ländern, aber im Großen und Ganzen zeigt sich in der westlichen Welt folgendes Bild:

- Auch wenn viele 17-Jährige bereits Alkohol getrunken haben, trinken die meisten nicht regelmäßig exzessiv, ein paar wenige trinken sogar fast nie. Mehr als ein Viertel dieser Altersgruppe sehen sich selbst als Nichttrinker, und fast zehn Prozent haben Alkohol überhaupt noch nie angerührt.

- Mehr als 70 Prozent der 17-jährigen Oberschüler haben noch nie Cannabis geraucht und werden es wahrscheinlich niemals tun.
- 97 Prozent aller Oberschüler haben noch nie halluzinogene Drogen genommen.
- 96 Prozent haben noch nie Amphetamine genommen, und selbst von den vier Prozent, die bereits welche konsumiert haben, haben die meisten sie im Verlauf des letzten Jahres nur ein- bis zweimal genommen.
- Das Gleiche gilt für Heroin und Morphine.
- Ebenso Kokain: 98 Prozent nehmen es nie und die restlichen zwei Prozent nahmen es nur ein- oder zweimal.
- Bei Ecstasy sieht es ein bisschen schlechter aus: Nur 92 Prozent haben es noch nie genommen, und die, die es nehmen, nehmen es nur gelegentlich.

Paul Dillon sieht bei seinen Vorträgen in den Schulsälen und Mehrzweckhallen in die vielen Gesichter vor ihm. Wenn er seine Folien zeigt, merkt er, wie zahllose junge Leute in ihren Sitzen ein bisschen größer werden. All die nicht trinkenden, keine Drogen nehmenden Schüler stellen plötzlich fest, dass sie die Mehrheit bilden. Das ist sowohl für sie als auch für ihre Eltern eine extrem wichtige Information. Die ganze Panik über Kinder, die ihr Leben mit Drogen ruinieren, beziehungsweise der Druck, man müsste unbedingt Drogen nehmen, um cool zu sein, schwindet.

Tatsächlich meiden nicht nur die meisten Schulkinder problemlos Alkohol und Drogen (wenn man mal von einem ganz leichten Anstieg bei Ecstasy absieht), der Konsum generell ist in den 2000er-Jahren langsam, aber stetig gesunken. Die Jugendlichen von heute sind im Großen und Ganzen nicht gefährdet.

Das ist die gute Nachricht, was Drogen betrifft. Paul Dillon gibt sich immer große Mühe zu zeigen, dass sie ein sehr kleines Problem einer sehr kleinen Minderheit sind (für diese kleine Gruppe wiederum sind sie allerdings ein sehr großes Problem). Was er aber keinesfalls verharmlosen möchte, ist der Alkohol.

Alkoholische Getränke werden legal produziert, sind so aufgemacht, dass sie auch junge Frauen ansprechen, und werden intensiv vermarktet. Und doch verursachen sie Hirnschäden und stellen ein hohes Sicherheitsrisiko dar, da sie zu Unfällen und Gewalt führen. Paul unterstellt mehr oder weniger (und ich neige dazu, ihm zuzustimmen), dass die Alkoholindustrie die Drogenhysterie absichtlich befeuert, damit Eltern erleichtert sind, wenn ihre Töchter »nur« Alkohol trinken. (Mehr zur Alkoholindustrie später.)

Jahrelang hat man das schöne Märchen erzählt, dass ein bisschen Alkohol nicht schadet. Man empfahl den »mediterranen« Ansatz, die Kinder zum Essen mal vom Wein nippen zu lassen, der dazu führe, dass sie vernünftig damit umgehen lernen und nicht aus Rebellion trinken. Noch letztes Jahr konnte man das in einem Buch einer führenden Mädchenschulorganisation lesen.

Eine nette Theorie, die sich aber leider als komplett falsch herausgestellt hat. Man weiß inzwischen, dass auch kleine Mengen Alkohol in der Kindheit oder frühen Jugend das Gehirn auf erschreckende Weise verändern, sodass die Kinder später auf Alkohol anfälliger reagieren und eher zu Alkoholismus neigen. Man sollte Kinder also nicht mal in die Nähe von Alkohol lassen.

Die Auswirkungen von selbst geringen Mengen Alkohol auf das Gehirn sind ein starkes Argument dafür, die Altersgrenze für Alkoholkonsum von 21 Jahren aus den USA zu übernehmen, wo sie gut funktioniert. Das Problem, dass Alkohol mit falschen Ausweisen gekauft wird, tritt dort erst ab 19 auf, in Australien schon mit 16. Das bedeutet drei oder vier Jahre längerer Schutz für das Hirn unserer Jugendlichen.

Auch wenn Paul Dillons auf den Kopf gestellte Statistiken einen wichtigen Punkt treffen, ist der Alkoholkonsum immer noch beunruhigend, wenn auch nur bei einer kleinen Minderheit. Jeder 17. Jugendliche trinkt jede Woche in einem gesundheitsgefährdenden Ausmaß. Bei Frauen, deren Körper kleiner und deren Stoffwechsel anders ist, beträgt die vermutlich schädliche Menge nach Expertenmeinung mehr als 10 bis 12 Gramm reiner Alkohol pro Tag (das entspricht einem Achtelliter Wein). Bei Mädchen, die noch keine voll entwickelte Leber haben (das ist erst mit etwa 21 Jahren der Fall), sollte die Menge wesentlich geringer sein. Sechs Prozent aller schulpflichtigen Mädchen trinken mindestens einmal pro Woche Mengen, die selbst für erwachsene Frauen gefährlich wären.

Was viele Mädchen und ihre Eltern noch gar nicht wissen, ist, dass nach neuesten Erkenntnissen Alkohol auch für ein Drittel aller Brustkrebserkrankungen verantwortlich ist. (Neben einer genetischen Komponente spielen bei Brustkrebs fast immer irgendwelche von außen zugeführten Gifte eine Rolle. Ethanol im Blutkreislauf tut den Weichteilen einfach nicht gut.)

So lautet also das Resümee des oben skizzierten Überblicks: Bei den meisten Mädchen läuft alles prima, aber die wenigen, bei denen das nicht so ist, sind wirklich in ernsthaften Schwierigkeiten.

Bis jetzt haben wir nur über Schulkinder gesprochen. Erfreulicherweise hat die Schule einen positiven Einfluss auf das psychische Wohlbefinden von Kindern. Die meisten von ihnen mögen die Schule, sie gibt ihnen Struktur und Routine, es sind Erwachsene da, die sich um sie kümmern, und Freunde, die vielerlei Anregungen bieten.

Wenn Kinder die Schule verlassen, kann man bei allen Indikatoren psychischer Gesundheit eine Verschlechterung beobachten: Selbstmorde, Selbstverletzungen, Alkohol- und Drogenmissbrauch, Depressions- und Angsterkrankungen nehmen zu. Es ist sehr einsam da draußen in der großen Welt.

Was Eltern wissen und ihren Töchtern beibringen sollten

Drogenkonsum steht in keinem Zusammenhang mit den Dingen, die Sie vermuten würden. Er hängt nicht vom Einkommen ab – arme und reiche Mädchen haben das gleiche Risiko. Er hängt nicht von der Intelligenz oder den Fähigkeiten des Kindes ab. Nur ein Faktor ist entscheidend: die Wachsamkeit und Aufsicht der Eltern. Kinder, deren Eltern wissen, wo sie sind und was sie tun, die in ihrem Leben präsent sind, neigen weniger zu Alkohol- und Drogenkonsum. Und wenn einmal etwas aus dem Ruder läuft, sind diese Eltern da und kümmern sich darum, dass es nicht wieder vorkommt.

Dieses Engagement besteht nicht aus Überwachung, sondern aus fürsorglichen Gesprächen, klaren Vereinbarungen darüber, wo das Kind mit wem ist, und der freundlich, aber bestimmt geäußerten Erwartung, dass das Kind Verantwortung für seine Sicherheit übernehmen kann.

Alle Erziehungsexperten, mit denen ich für dieses Buch gesprochen habe, waren sehr kritisch (und das ist noch höflich ausgedrückt) gegenüber Eltern eingestellt, die für ihre Kinder wie Freunde sein wollen: Mama kauft der Tochter Alkoholika, Papa drückt ihr 50 Euro in die Hand, wenn sie mit ihren Freundinnen Party machen geht. (Früher hieß Party ja, dass man seine Freunde nach Hause einlädt, zum Essen, Trinken, Reden, Tanzen. Heute heißt es einfach, sich die Kante zu geben. Party wird in irgendwelchen Bars und Clubs gemacht, wo man sein eigenes Wort nicht versteht – was Absicht ist, denn wenn die Leute zu reden anfangen, trinken sie nicht so viel. Die Betreiber wollen ihnen aber Getränke verkaufen, deshalb sollen die Besucher völlig überhitzt und überdreht sein.)

Etwa 35 Prozent des Alkohols, den Kinder im Schulalter (und damit illegal) zu sich nehmen, wird von den Eltern besorgt.[53] Aber immerhin sind es ja keine Drogen!

Eine spezielle Droge ist vor allem auf Partys (also in Clubs) angesagt, nämlich Ecstasy. Man fühlt sich damit freundlich und energiegeladen, es setzt eine Wochendosis Endorphine frei (weswegen man sich hinterher auch eine Woche lang mies fühlt). Das Problem ist, dass es in irgendwelchen Werkstätten von obskuren Gestalten zusammengerührt wird, die nicht genau wissen oder denen es egal ist, was da reinkommt – kein Mensch weiß, was sie dafür verwenden. Das müssen Sie Ihrer Tochter ruhig, aber unmissverständlich klarmachen: Ecstasy ist kein geprüftes Schweizer Qualitätsprodukt.

Möglich, dass wir unseren Kindern überhaupt viel zu viel Vertrauen in Pillen einflößen. Wir verschreiben sie einer Menge kleiner Jungs, die eigentlich bloß mehr Gelegenheit zum Rumtoben bräuchten. Und wenn unser Kind Kopfschmerzen hat, reichen wir ihm ein Aspirin. Drogenexperte Paul Dillon erklärt, dass 90 Prozent der Kopfschmerzen bei Jugendlichen auf Dehydrierung zurückzuführen sind und ein schlichtes Glas Wasser hilfreicher wäre.

Die Alkohol-Dealer[54]

Vor einigen Jahren begann die Alkoholindustrie, sich Sorgen zu machen, weil der Konsum stagnierte oder sogar rückläufig war. Ihre beste Kundschaft war jung gestorben. Die Firmen brauchten einen neuen Markt, denn in der Wirtschaft ist Wachstum alles. Ihre Marktforscher kamen mit Mädchen im Teenageralter ins Gespräch. (In den USA erhalten Schulen 500 Dollar, damit die Forscher Zugang zu den Schulkindern bekommen, um herauszufinden, wie sie ihnen am besten schaden können.)

Es stellte sich heraus, dass Mädchen den Geschmack von Schnaps nicht mochten. Da lag traurigerweise ein großer Markt brach, und so erfand die Industrie die Alkopops: spritzig und süß wie Saft, aber eigentlich großteils aus Rum, Brandy, Wodka oder Gin. Und hurra, die Mädels fingen an, das Zeug kistenweise zu trinken!

Unter dem Druck von Gesundheitsverbänden versuchte die australische Regierung, die Steuer auf diese Getränke zu erhöhen. Bei den Erzeugern brach ein Sturm der Entrüstung los, und sie erreichten einen

Kompromiss (Lobbyisten gehen nicht einfach zur Wahl, wie wir durchschnittlichen Menschen, sie haben andere Möglichkeiten der Einflussnahme). Der Konsum von Alkopops ging zurück, aber nicht in ausreichendem Maße. Und die Mädchen gewöhnten sich an Schnaps. Heute sieht man Mädchen in den Vorortzügen auf dem Weg zur Innenstadt Schnaps aus dem Supermarkt trinken: Sie wollen schon mal vorglühen, um sich die teuren Drinks in den Clubs zu sparen.

In welchem Land Sie auch leben, so können Sie die Integrität Ihrer Politiker testen: Verlangen Sie eine starke Besteuerung von Alkohol, speziell für solchen, den bevorzugt junge Menschen trinken. Junge Konsumenten sind sehr preissensitiv, eine Erhöhung von 20 Cent reicht oft schon, um sie abzuhalten. Bringen Sie die Politik dazu, die gesamte an eine junge Zielgruppe gerichtete Alkoholwerbung zu verbieten. Diese Industrie soll meinetwegen überleben, als anständige Hersteller eines hochwertigen Produkts, aber sie soll nicht mehr von etwas profitieren, wofür wir alle in Form von Straßenunfällen und Krankenhauskosten mitbezahlen müssen. Fordern Sie, dass das Alter für legalen Alkoholkonsum auf 21 Jahre angehoben wird. In diesem Alter schadet der Alkohol dem im Wachstum befindlichen Gehirn weniger, sodass ein paar Jahre mehr Zeit ist, Reife und Lebenserfahrung zu sammeln, um mit den Auswirkungen umzugehen. Wenn die Politiker als Einzelne oder als Partei sich weigern, diese Forderungen zu unterstützen, dann wissen Sie, wem sie gehören – jedenfalls nicht uns Wählern.

Komasaufen

Trotz der guten Nachrichten hinsichtlich der Mehrheit gibt es eine kleine Gruppe von Mädchen und jungen Frauen, die genug für uns alle trinken. Sie trinken einmal oder mehrmals die Woche so viel, dass sich ihr Körper in einem ununterbrochenen Umwandlungsprozess befindet. Teenager haben noch keine voll entwickelten Lebern. Sie können den Alkohol aus dem Blutkreislauf nicht so schnell aufnehmen und umwandeln. Ihre im Wachstum befindlichen Gehirne werden schwer geschädigt, und sie haben ein um 60 Prozent erhöhtes Risiko, als Erwachsene Alkoholiker zu werden.

Komasaufen ist in der ganzen Welt ein Trend bei Mädchen und jungen Frauen geworden, selbst in Ländern wie Frankreich oder Italien, wo es früher keine Probleme mit Alkohol gab. Die Jungen können ihr Glück kaum fassen: Diese Mädchen sind sexuell zugänglich wie nie zuvor, es scheint ihnen einfach alles gleichgültig zu sein.

Für diese Zunahme sind verschiedene Faktoren verantwortlich. Die Orte, an denen sie in ihrer Freizeit zusammentreffen, sind stark auf Alkohol ausgerichtet. Massives Marketing verschafft dem Alkohol ein erwachsenes und cooles Image. Der Druck, sich durch das Trinken anzupassen, ist enorm. Aber es scheint noch etwas anderes hineinzuspielen: der verzweifelte Wunsch, sich selbst kaputt zu machen, eine Art langsamer Selbstmord, ein selbstzerstörerischer Eifer, die Realität auszublenden. Der in diesem Buch beschriebene Druck, der in verschiedenster Form auf den Mädchen lastet, summiert sich. Manche von ihnen trinken deshalb, andere ritzen sich, haben Essstörungen oder wahllosen Sex. Manche alles zusammen. Diese Mädchen brauchen Hilfe.

Was Sie tun können

Wenn Sie Eltern sind, schenken Sie Ihrer Tochter Liebe. Tun Sie mit ihr von klein auf all die Dinge, die dieses Buch auflistet. Wenn sie trotzdem ein problematisches Trinkverhalten zeigt, holen Sie sich Hilfe. Bei manchen ist Alkoholismus eine Stoffwechselstörung und muss behandelt werden.

Geben Sie minderjährigen Kindern keinen Alkohol. Trinken Sie selbst nur moderat und zu besonderen Gelegenheiten ein Glas. Trinken Sie vor allem niemals, wenn Sie gestresst sind. Wenn Ihre Tochter sieht, dass Sie Alkohol »brauchen« oder er Auswirkungen auf Ihr Verhalten hat, ist das ein Vorbild der schlimmsten Art.

Lassen Sie sie einfach nicht in Clubs gehen, bevor sie in der Lage ist, auf sich selbst aufzupassen. Treffen Sie eine feste Abmachung über das Heimkommen und darüber, dass Sie sie im Notfall *jederzeit überall* abholen kommen.

Ihr Ziel ist, dass Ihre Tochter ausgehen und sich amüsieren kann, ohne dabei zu Schaden zu kommen. Sie sind auf ihrer Seite, Sie haben aber mehr Überblick. Solange sie noch nicht volljährig ist, sind Sie für ihr Leben verantwortlich. Aber auch wenn sie älter ist und noch unter Ihrem Dach wohnt, haben Sie die Möglichkeit, auf eine freundliche und fürsorgliche Weise einzuschreiten, um sie zu schützen. Selbst eine besorgte Mitbewohnerin würde das tun. Pünktlich und nicht betrunken nach Hause zu kommen sind ganz vernünftige Forderungen in jeder Hausgemeinschaft, in der die Bewohner einander wichtig sind.

Esthers Gesetz

Esther, die mir hilft, meine Seminare für Lehrer zu organisieren, ist knapp 25 und eine sehr warmherzige, idealistische Angehörige der Generation Y. Ich habe sie einmal gefragt, wie sie und ihre Freundinnen es mit dem Ausgehen halten. »Ganz einfach«, meinte sie, »wir haben eine sogenannte Stimme der Vernunft.« Sie und ihre Freundinnen stellten irgendwann fest, dass sie jemanden brauchten, zum Beispiel die Fahrerin, die nüchtern blieb. Die sollte in der Lage sein zu entscheiden, ob es Zeit war, nach Hause zu fahren, ob diese oder jene Straße okay oder irgendwelche Leute vertrauenswürdig waren und Ähnliches, was für ihre Sicherheit relevant war. Immer wenn sie abends zu fünft oder sechst ausgingen, wählten sie eine »Stimme der Vernunft«, die nicht mehr als ein Glas trinken durfte. Und die Vereinbarung war, dass das, was sie sagte, ohne Widerrede befolgt wurde.

Weil ich vermutete, dass die Wahl häufig auf Esther fiel, frage ich, ob das nicht lästig wäre. Sie versicherte mir aber, dass es eine Ehre sei – einige der Mädchen wurden nie gewählt. »Wir rotieren immer ein bisschen, aber drei oder vier von uns nehmen besonders ernst, dass wir einander mögen und uns heil nach Hause bringen wollen. Wir sind stolz drauf.«

Kapitel 11

Mädchen und das Internet

In ganz Australien habe ich auf Vorträgen für Lehrer und Eltern schon oft zusammen mit der Feministin und Fürsprecherin für Mädchen Melinda Tankard Reist gesprochen. Wenn ich zu spät dran bin, finde ich den Veranstaltungsort immer dadurch, weil ich schon von Weitem Tausende von Leuten »O nein« rufen höre. Denn mit ihrer Präsentation, was junge Leute so alles im Internet vorfinden, ruft Melinda Tankard Reist bei ihrem Publikum Erschütterung hervor – und das, obwohl sie noch ziemlich zurückhaltend ist bei dem, was sie zeigt. Wir als Eltern müssen darüber Bescheid wissen. Eine milliardenschwere Industrie, lukrativer als Sport oder Hollywood, lebt von der Pornografie, und junge Leute sind ihre Hauptzielgruppe. Auch hilfreiche Einrichtungen wie Facebook können missbraucht werden, wenn Eltern ihre Kinder nicht unterstützen. Melinda Tankard Reist beschreibt das mit unmissverständlicher Deutlichkeit:

Ich bin Autorin, Rednerin und Kommentatorin. Ich habe vier Kinder. Wie bei den meisten Menschen, die ich kenne, bestimmt das Internet einen großen Teil meines Lebens. Heute wollte ich das Kapitel für dieses Buch schreiben. Stattdessen checkte ich meine zwei Facebook-Seiten und postete zwei Artikel sowie Dankeschöns für die, die mir Nachrichten zur Unterstützung geschickt hatten. Ich habe einige Petitionen mit der Bitte, sie zu unterstützen, weitergeleitet. Ich twitterte Links zu Artikeln und Blogs, antwortete auf Twitternachrichten und leitete Twitternachrichten weiter. Ich versuchte, ein paar Mails zu beantworten, ließ es dann wieder bleiben und schaute mir stattdessen ein paar Clips auf YouTube an – unter anderem, wie mein Sohn »Digital Love« von Daft Punk covert (das ist großartig, das müssen Sie sich anhören). Ich glotzte verträumt auf ein paar Fotos von dem Strand, an dem ich bald Urlaub machen werde. Ich kontaktierte meine Kinder auf Facebook (meine Tochter, die als Gitarristin und Outdoor-Abenteurerin anderswo wohnt, nicht meine beiden jüngeren, die noch zu Hause wohnen – obwohl ich bekannt dafür bin, auch der 16-Jährigen zu Hause zu mailen, um ihre Aufmerksamkeit zu erringen).

Nachdem dieser Onlinewahnsinn mehrere Stunden verschlungen hatte, habe ich nun alles ausgeschaltet, um meine Hausaufgaben zu machen.

Die neuen sozialen Netzwerke haben für meine Arbeit neue Möglichkeiten eröffnet, bringen aber zugleich auch neue Probleme mit sich. Zum Beispiel Ablenkung! Die Schwierigkeit, Tausende von Nachrichten zu verarbeiten. Eine Menge Dinge, die mich stressen oder ängstigen können. Und ich bin erwachsen. Ich weiß, dass ich für die vielen Stunden, die ich als Teil meiner Untersuchungen im Netz verbringe, einen Ausgleich brauche, der mich wieder aufbaut. Ich weiß, wann ich aufhören muss.

Freunde, die man gar nicht kennt

Aber was passiert mit den Teenagern oder den noch Jüngeren, die ihr Leben in sozialen Netzwerken verbringen und nicht aufhören können, weil sie immer Angst haben, etwas zu verpassen? Die ständig SMS schreiben, ihre Facebook- und MySpace-Seiten aktualisieren, mit Instagram Fotos verschicken und auf den Thrill warten, den die unmittelbare Belohnung durch sekundenschnelle Antwort auf ihre Nachrichten bringt. Manche Mädchen nehmen ihre iPhones mit ins Bett, und jede Nachricht, jeder Pieps reißt sie aus dem Schlaf.

Eine junge Frau schrieb in der *Times,* dass sie ständig echten menschlichen Kontakt ersetze durch die verlässlichere Form der Smileys auf MySpace und Zwinker auf Match.com und Anstupser auf Facebook.

Was tun die Mädchen, die sich Sorgen machen, weil sie nicht genug »Freunde« auf Facebook haben oder unter der noch schlimmeren

Schmach der »Entfreundung« leiden? All das sind neue Quellen der Angst: negative Antworten auf ihre Posts oder die Sorge, was passiert, wenn sie eine Zeit lang nicht ihre Nachrichten checken und irgendwer etwas Gemeines gepostet hat.

Alles ist sichtbar

Natürlich haben die sozialen Netzwerke ihre Vorteile. Es erleichtert Kommunikation und Verbindungen und kann Freunde zusammenbringen. Online können Mädchen auch ihre Kreativität zum Ausdruck bringen, indem sie ihre Kunst, ihre Mode, ihre Gedichte oder Geschichten ins Netz stellen. Sie können sich auch einer Sache anschließen, die ihnen wichtig ist.

Aber sehr oft wird in dieser neuen Welt eben alles offengelegt, nichts wird zurückgehalten, von banalen Updates bis zu Ausbrüchen der Trauer und Verzweiflung. Wenn ein Mädchen ihr digitales Selbstporträt erstellt, ist es ein Rund-um-die-Uhr-Marketing ihrer selbst, und ihr digitaler Fußabdruck ist unauslöschlich. Die Privatsphäre steht da selten im Vordergrund.

Christine Rosen schrieb in der Zeitschrift *The New Atlantis,* dass sich das ewige menschliche Bedürfnis nach Aufmerksamkeit als das zentrale Thema in diesen riesigen virtuellen Ausstellungsräumen erweise.

Sag mir, dass ich hübsch bin

Meine Kollegen und ich machen uns besonders Sorgen um die Mädchen, die mit sich selbst unzufrieden sind und auf Bestätigung von außen warten. Die sozialen Netzwerke laden sie dazu ein, nicht nur ein paar enge Freunde, sondern die ganze Welt danach zu fragen, wie sie sie finden.

2012 posteten bereits Elfjährige Clips auf YouTube, in der sie die Welt um Beurteilung baten: Sind sie hässlich oder hübsch? Inzwischen gibt es Hunderte dieser Hübsch-oder-Hässlich-Videos – ein Remake von »Spieglein, Spieglein an der Wand« im 21. Jahrhundert.

Diese rührenden Botschaften, von Millionen von Menschen angeklickt, führten dazu, dass ein Mädchen namens Kendal sagt: »Viele Leute sagen mir, dass ich hässlich bin. Ich glaube, ich bin fett und hässlich.« Die 15-Jährige wurde vier Millionen Mal angeklickt und bekam 107 000 anonyme Antworten, unter anderem »Warum lebst du, und Kinder in Afrika sterben?« Oder: »Du brauchst eine Umarmung – von einem Seil um deinen Hals ...«

Verletzliche Teens und noch Jüngere laden eine Cyberwelt zur Prüfung und Beurteilung ein, die für ihre Grausamkeit und ihre Hetzaufrufe berüchtigt ist.

Und wenn dann eine Welle von Schmähungen über sie hereinbricht, dann schütteln sie das lässig ab, mit Schulterzucken und einem halben Lächeln, als würde es ihnen nichts ausmachen – wo man doch genau weiß, dass es sehr wohl etwas ausmacht.

In der Onlinewelt hat jeder Kommentar überdimensionale Bedeutung. Durch Klatsch und Gerüchte kann das fragile Selbstwertgefühl eines Mädchens innerhalb von Sekunden zunichtegemacht werden und wird zum Auslöser von autoaggressivem Verhalten, Suizidgedanken und gar tatsächlich Selbstmord.

Onlinemobbing, unter dem mindestens zehn Prozent aller Jugendlichen in Australien leiden, kann tödlich sein. Karen Rae aus Melbourne hat keinen Zweifel daran, dass Mobbing im Internet verantwortlich war für den Tod ihrer 14-jährigen Tochter. Den Medien sagte sie, dass ihre Tochter am Freitagabend im Internet war und ihr etwas von einer Nachricht erzählte, die so schlimm war, dass sie sterben wolle.

Exhibitionismus wird belohnt

2012 gab es einen Internethype namens »Naked Selfies«, bei dem Leute Selbstporträts, auf denen sie nackt waren, online stellten. Es waren aber auch Tausende Fotos junger Frauen zu sehen, die sicher nicht von den Porträtierten selbst aufgenommen worden waren – vielleicht wussten diese nicht einmal, dass sie im Internet zu sehen waren.

Teenagerinnen haben mir geschrieben und mich gebeten, ihre Geschichten zu veröffentlichen: Wie sie betrunken gemacht wurden, ihr Zustand ausgenutzt wurde, um Sex mit ihnen zu haben, und wie die Fotos davon dann schon auf Facebook waren, noch bevor die Party überhaupt zu Ende war. Diese Mädchen, die erniedrigt und lächerlich gemacht werden, zahlen den Preis, nicht die, die die Fotos machen und hochladen.

Es gibt zahllose »Schlampen«-Seiten im Internet, auf der Männer die Fotos von Frauen veröffentlichen, die ihrer Ansicht nach diese Bezeichnung verdienen – oft bestrafen sie ihre Ex damit. Unter den Fotos waren Frauen mit einem blau geschlagenen Auge genauso zu sehen wie entspannte, gut gelaunte Mädchen im Kleid – der Begriff Schlampe passt anscheinend auf jede Frau.

Witzseiten über Vergewaltigungen boomen – man kann sie gar nicht mehr zählen. Solche Seiten tragen dazu bei, dass wir Jungen großziehen, für die Männlichkeit gleichbedeutend mit Herzlosigkeit und Brutalität ist.

Aufwachsen in einem Pornouniversum

Unsere Kinder sind die erste Generation, die in einem solchen Ausmaß der Pornografie ausgesetzt ist. 53 Prozent der australischen Mädchen unter 13 Jahren berichten, dass sie bereits Pornos gesehen haben. Bei den 16-Jährigen sind es schon 97 Prozent. Manche Eltern sagen: »Mein Kind würde gar nicht nach Pornos suchen.« Aber sie müssen gar nicht erst suchen – die Pornografie findet sie. Facebook ist zugekleistert damit, ebenso GoogleImages. Die Pornoseiten sind ganz bewusst nach Charakteren aus Kinderzeichentrickfilmen benannt, zum Beispiel *Dora the Explorer*. Mädchen stolpern oft bei ihren Hausaufgaben über Pornografie, indem sie ein ganz harmloses Wort in eine Suchmaschine eingeben. Oder die Jungen in der Schule zeigen ihnen entsprechende Fotos auf ihrem iPhone.

Einen solchen Eingriff in die sexuelle Entwicklung von Heranwachsenden gab es noch nie, und er wirkt sich auf ihr Verhalten aus. Es ist die erste Generation, die sexuelle Gewalt schon kennenlernt, bevor sie überhaupt Sex hatte, oft sogar schon vor dem ersten Kuss. Studien belegen, dass Jungen, die Pornos sehen, öfter dazu neigen, Gewalt gegen Frauen zur Erzwingung von Sex normal zu finden.

Jugendliche sehen sich Pornos als Aufklärungsunterricht an, doch die sind wirklich eine schlechte Anleitung: die entstellte Darstellung einer Sexualität, die von Intimität und Bindung und Respekt vor dem Partner völlig losgelöst ist. Pornos vermitteln den Mädchen, dass sie für Jungen und Männer reine Dienstleisterinnen sind. Jungen spielen in der Realität die Pornos nach. Die Mädchen sind verwirrt, weil sie nicht mögen, was sie sehen, aber der Porno ihnen sagt, dass sie es mögen sollten.

Es gibt keinen Zweifel, dass die Pornografie die sexuelle Praxis beeinflusst. Schon Zehnjährige versenden übers Telefon Sexbilder von sich. Die Mädchen laufen Gefahr, als Amateurdarstellerinnen in die Onlinepornoszene zu geraten. Soziale Netzwerke (zum Beispiel Chatrooms) erleichtern ihre Anwerbung.

Teens und sogar noch jüngere Kinder werden animiert, sich mit Webcams aufzunehmen. Es ist sehr verlockend, coole, sexy Fotos online zu stellen und dafür Kommentare zu bekommen, wo es doch auch alle Freundinnen machen. Ein Mädchen, das sonst keinerlei Bestätigung und Anerkennung hat, hat hier vielleicht die einzige Gelegenheit, Komplimente und Belohnung zu bekommen. Aber ihr ist absolut nicht klar, wo diese Bilder landen und dass sie dort für immer bleiben.

Im Juli 2007 hat MySpace 29 000 Sexstraftäter ausgeschlossen, die sich unter ihrem Klarnamen angemeldet hatten. Die mit den Pseudonymen sind vermutlich immer noch dabei. Warnen Sie Ihre Kinder davor, dass der Junge oder das Mädchen, mit dem sie chatten, in Wahrheit ein erwachsener Mann sein könnte. Sagen Sie ihnen, dass sie Fremden niemals persönliche Daten wie Telefonnummer und Adresse geben und sich niemals mit ihnen verabreden dürfen.

Wenn ich Eltern auf diese Entwicklungen aufmerksam mache, möchte ich ihnen zugleich deutlich machen, dass es nicht meine Absicht ist, Mädchen Vorwürfe wegen ihrer Sexualität zu machen. Es geht mir vielmehr darum, ihr Bewusstsein dafür zu schärfen, dass sie auf diese Weise auf ihre Sexualität reduziert werden und man ihnen Vorstellungen vermittelt, die Sexualität entstellen und den Mädchen Schaden zufügen.

Ermutigung zur Selbstverletzung

Eine nicht zu unterschätzende Gefahr für Mädchen sind auch Websites, die Selbstverletzung promoten. Tumblr und LiveJournal enthalten Tausende von Websites zu den Themen Anorexie, Bulimie, Selbstverletzung und Selbstmord. Sie sind voll von Angst und Hass auf den eigenen Körper, Texten der Selbstverachtung und Bildern von Frauen, die aus dem Fenster springen oder tot in der Badewanne liegen, ihre Arme übersät von Schnitten.

Es gibt Websites, die Anorexie und Bulimie nicht als Krankheit, sondern als Entscheidung für einen bestimmten Lifestyle darstellen (auch auf Deutsch zu finden unter Stichwörtern wie »Thinspo«, »Thinspiration«, »Thinsporation«). Wenn Ihre Tochter zu diesen Seiten surft, um sich den »Hungertipp des Tages« herunterzuladen, dann hat sie ein ernsthaftes Problem – oder sie wird bald eines bekommen.

Die Amerikanerin Harriet Brown, Autorin des Buches *Brave Girl Eating: A Family's Struggle with Anorexia*, fordert die Schließung solcher Seiten:

Wenn ich jede Thinspo-Seite auf Tumblr und so weiter dichtmachen könnte, ich würde es tun, ohne mit der Wimper zu zucken. Ich würde an eine vorherige Verwarnung nicht mal einen Gedanken verschwenden. Denn nichts, was darin zur Sprache kommt, ist irgendwie freiwillig oder authentisch. Thinspo ist keine Selbstverwirklichung, denn es ist nicht ihr wahres Ich, das die Mädchen zur Abmagerung und zur Anbetung hervorspringender Hüftknochen animiert. Das Verlangen dünn zu sein, sich durch Verhungern selbst auszulöschen, ist nicht rational. Sie haben es sich nicht ausgesucht …

Sie alle sind eingesperrt in einem Gefängnis, aus dem sie nicht entkommen können. Sie sind in der Gewalt einer Krankheit, die nicht auf rationale Argumente anspricht. In ihren Botschaften … rufen sie nach Hilfe.[55]

Die 19-jährige Studentin Rebekah McAlindon befindet sich gerade auf dem Wege der Genesung von einer Essstörung. Auf meinem Blog schreibt sie:

Als junge Frau im Heilungsprozess ist es für mich quälend und traurig, und es löst schreckliche Erinnerungen aus, wenn ich sehe, dass andere Mädchen solche Verhaltensweisen an den Tag legen. Wenn Sie Eltern sind: Bitte, bitte überwachen Sie die Internetaktivitäten Ihres Kindes. Und wenn Sie gerade von einer Essstörung genesen und es Ihnen schwerfällt, solche Internetseiten zu meiden, dann reden Sie mit jemandem darüber. Bitten Sie zum Beispiel eine Freundin darum, diese Websites für Sie zu blockieren. Vielleicht haben Sie auch den Mut, es selbst zu tun.

Wir können uns alle gegenseitig unterstützen und um diese Pro-Anorexie- und Pro-Bulimie-Seiten einen großen Bogen machen. Es ist vielleicht ein kleiner, aber bedeutsamer Schritt, um die Verbreitung von Essstörungen und das schreckliche Leid, das sie verursachen, einzudämmen.

Nach dem Selbstmord einer 16-Jährigen aus Melbourne erzählte ihre Mutter im Fernsehen, dass sie nichts von den Internetaktivitäten ihrer Tochter wusste – darin ging es um ihr negatives Weltbild und um autoaggressives Verhalten. Paige McIntyre machte ihren Selbsthass und die Fotos von ihren Selbstverletzungen auf Facebook öffentlich, aber ihre Familie bekam von dieser geheimen Existenz nichts mit. Als Paige sich das Leben nahm, gingen Tausende Nachrichten auf ihrer Facebookseite ein. Und die Botschaften und Anrufe hörten erst auf, als ihre Mutter schrieb: »Im Himmel gibt's kein Netz.«

Das Internet allein bringt keinem Mädchen den Tod, aber es kann sehr leicht eine bereits vorhandene Anfälligkeit verschlimmern.

Zeigen Sie Ihrer Tochter, wie man von Websites wegkommt, die sich mit dem Tod und Selbstmordtechniken beschäftigen. Es gibt positive, hilfreiche und professionelle Websites, die Mädchen, die unter Depressionen und Selbstzweifeln leiden, unterstützen.

Paige hatte zwar viele Freunde – 300 auf Facebook –, die mitfühlend und fürsorglich reagierten. Doch die Zeit, die sie »mit ihnen« verbrachte, verbrachte sie letztlich allein in ihrem Zimmer, viele Stunden jede Nacht. An diesem Ort konnte sie eine liebevolle und enge Bindung, nach der sie sich so sehnte, nicht finden. Ihre Mutter berichtete, dass sie sich von ihrer Tochter, die so in ihren Onlineaktivitäten aufging, regelrecht abgeschnitten fühlte. Aber ein verletzliches Mädchen braucht in einer so schwierigen Phase reale, persönliche Zuwendung und eher das Verständnis von Erwachsenen als das von Gleichaltrigen.

Auch wenn Ihre Tochter das Internet nur auf harmlose Art und Weise nutzt, kann es trotzdem sein, dass sie zu viel Zeit online verbringt. Viele Gesundheitsbehörden sorgen sich darum, dass die sozialen Netzwerke das Leben von Mädchen einengen und begrenzen, denn sie fördern extrem narzisstisches (also auf sich selbst bezogenes) Verhalten in einem Alter, in dem Mädchen eigentlich dazu ermutigt werden sollten, über ihren eigenen Horizont hinauszudenken, um ein vollwertiges Mitglied der realen Gesellschaft zu werden. Mädchen wurden in der Vergangenheit viel zu lange in viel zu enge Käfige gesperrt – wir wollen doch nicht, dass das alles wieder von vorne losgeht.

Erziehen Sie Ihre Tochter zu unabhängigem Denken, dazu, dass sie ihr Selbstwertgefühl aus sich selbst schöpft und nicht daraus, was andere über sie denken. Das wird später einmal ihre stärkste Waffe sein.

WAS ELTERN TUN KÖNNEN

Inzwischen sind Sie wahrscheinlich drauf und dran, sämtliche Computer zu Hause kaputt zu schlagen, Ihren Kindern alle Handys wegzunehmen und die iPads aus dem Fenster zu werfen. Aber wir können unseren Kindern auch vermitteln, wie man mit dem Internet auf sinnvolle Weise umgeht und sich mit Respekt vor anderen in der Onlinewelt bewegt.

- Zeigen Sie Interesse an den Technologien, die Ihr Kind verwendet. Wenn Sie selbst noch keinen Account haben, dann legen Sie sich einen zu und machen Sie sich mit den entsprechenden Optionen zum Schutz der Privatsphäre vertraut. Gehen Sie sicher, dass Ihr Kind dabei das Maximum dieser Optionen nutzt. Manche Eltern stellen ihren Kindern die Bedingung, dass sie auf deren Facebook-Account als »Freund« zugelassen werden. Seien Sie sich aber bewusst, dass das noch lange nicht garantiert, dass Sie alles sehen, was Ihr Sohn oder Ihre Tochter online stellt. Viele haben längst rausgefunden, wie man bestimmte Leute (also Mutti und Vati) so blockieren kann, dass sie persönliche Nachrichten nicht sehen. Das wird also eine Herausforderung, weshalb auf diesen Kommunikationskanälen die Grenzen hinsichtlich der Sicherheit fließend sein müssen.

- Machen Sie sich mit den Vorschriften vertraut. Bevor Ihr Kind 13 Jahre alt ist, darf es keinen Facebook-Account haben. Vielleicht fühlt es sich dann ausgeschlossen, aber wenn alle Eltern in dieser Hinsicht strenger sind, dann unterstützen sie sich gegenseitig. Bringen Sie also auch befreundete Eltern dazu, entsprechend zu verfahren.
- Stellen Sie den Computer zu Hause an einem allen zugänglichen Ort auf und installieren Sie Filter. Bis jetzt sind Internetprovider noch nicht verpflichtet, für solche Filter zu sorgen, also müssen Sie es selbst tun.
- Beschränken Sie die Computer-Zeit. Es fördert nicht gerade das Sozialleben Ihres Kindes, wenn es rund um die Uhr online ist. Für eine gesunde Nachtruhe ist vor allem eine bildschirmfreie Zeit vor dem Schlafengehen wichtig (vergleiche Kapitel 6).
- Behandeln Sie diese Kommunikationsmittel mit Offenheit, dann wird Ihr Kind auch ohne Hemmungen mit Ihnen darüber reden, wenn es online auf verstörende Inhalte stößt. Wenn Sie den Verdacht haben, dass Ihre Tochter sich auf problematischen Websites aufhält, dann surfen Sie dort mit ihr gemeinsam – entscheidend ist, dass Sie eingreifen.
- Vor allem anderen ist es wichtig, dass Sie die Verbindung zu Ihrer Tochter aufrechterhalten. Eine enge Bindung an die Eltern reduziert die Gefahr problematischen Verhaltens.
- Machen Sie sich mit dem Gesetz vertraut. Wenn über das Telefon oder im Internet Belästigungen, Angriffs- oder Todesdrohungen verbreitet werden, müssen die Absender mit straf-

rechtlicher Verfolgung rechnen. Genauso wie über 18-Jährige, die Sexbilder von Minderjährigen posten.

- Werden Sie auch im größeren Rahmen aktiv: Beteiligen Sie sich an Kampagnen, die sich gegen die Sexualisierung, Erniedrigung und Pornofizierung richten (vergleiche zum Beispiel in Australien www.collectiveshout.org, in Deutschland setzt sich die Organisation *Innocence in danger e.V.* gegen sexuellen Missbrauch und pornografische Ausbeutung an Kindern im Internet ein, www.innocenceindanger.de). Weltweit sind Experten der Ansicht, dass wir unsere vergiftete Medienkultur endlich bereinigen müssen, damit unsere Kinder in einer liebe- und respektvolleren und kinderfreundlicheren Welt aufwachsen können.

Dritter Teil

Mädchen und ihre Eltern

Kapitel 12

Mädchen und ihre Mütter

Eines stellt bei der Erziehung von Mädchen niemand infrage – die zentrale Rolle der Mutter. Aus einem einfachen Grund: Die Mutter ist das Rollenvorbild, der Mensch gleichen Geschlechts, der von frühester Kindheit an den meisten Einfluss auf 95 Prozent aller Mädchen hat. Ein Vater, der zu Hause bleibt, kann der Hauptversorger sein und viel bewirken, eine Tante oder Großmutter kann eine abwesende Mutter ersetzen. Aber für die meisten Mädchen ist ihre Mutter die Person, die ihnen zeigt, was es heißt, eine Frau zu sein – und das ist eine großartige Aufgabe.

In verschiedenen Phasen kann ein Mädchen seine Mutter lieben und hassen, bewundern und kritisieren. In den ersten 20 Lebensjahren kommt wahrscheinlich alles vor. Aber wie es auch läuft, kein Mädchen wird je behaupten, dass seine Mutter nicht extrem wichtig war. Noch lange, nachdem Sie nicht mehr sind, wird sich Ihre Tochter an Ihr Lächeln und Ihre Berührungen erinnern, was Sie ihr beigebracht haben, welche Gefühle Sie ihr vermittelt haben. Sie wird all das durch die Liebe zu ihren eigenen Kindern weitergeben, und diese Liebe wird so die Generationen überdauern.

Wie Rollenvorbilder wirken

Wenn man genauer darüber nachdenkt, ist es sehr komplex, was Kinder beim Erwachsenwerden alles lernen müssen. Nicht nur Fahrrad fahren oder Ballett, alles, was wir tun, müssen wir lernen. Wie man Geduld übt, wie man Anweisungen gibt, wie man sich mit dem Ehemann so freundlich auseinandersetzt, dass er kapiert, was man will, wie man mit Humor die Stimmung auch in stressigen Zeiten hochhält, wie man liebt – das alles sind Dinge, die man nicht aus Büchern lernen kann. Mensch zu sein lernen wir, indem wir anderen Menschen zusehen. Ohne Rollenvorbilder hätten wir keine Ahnung, und unser Leben wäre unvorstellbar hart. Leute, die keine guten Vorbilder hatten, enden oft in Schwierigkeiten oder im Gefängnis. (Sozialarbeiter, die sogenannte Risikomütter betreuen, stellen häufig fest, dass diese nie beobachtet haben, wie man ein Kind auf freundliche Weise diszipliniert. Sie kennen keine anderen Möglichkeiten als Zwicken, Schlagen, in den Schrank sperren.)

Kinderhirne sind aufs Zuschauen und Nachahmen programmiert. Netzwerke spezieller Nerven, sogenannte Spiegelneurone, verbinden unsere Augen und Muskeln, sodass wir das Verhalten anderer nachahmen, ohne es überhaupt zu merken. Wenn Sie bestimmte Ticks Ihrer Mutter oder Ihres Vaters übernommen haben, waren da Ihre Spiegelneurone am Werk. Deswegen werden Kinder so wie die Erwachsenen, mit denen sie aufwachsen. Musiker erzeugen Musiker, Gärtner oder Tierfreunde erzeugen eine neue Generation von Gärtnern und Tierfreunden. Wenn Ihr Kind Sie liebt, will es so werden wie Sie.

Also nehmen Sie sich zusammen, Sie wissen doch, wo das hinführt, oder? Ihre Tochter wird sich in Sie verwandeln. Plus aller zusätzlichen Vorbilder, die sie einbeziehen kann, um das »Basismodell« zu verbessern. Sie wird Sie in sich tragen. Wenn Sie als Mutter Ihr Bestes geben, bekommt Ihre Tochter den bestmöglichen Start ins Leben.

STIEFMÜTTER

Heute sind ein Drittel aller Mütter Stiefmütter.[56] Eine Tochter als Stiefmutter großzuziehen ist ein wunderbarer Akt der Großzügigkeit, denn Liebe und Nähe müssen aus dem Nichts heraus entstehen. Stiefmütter haben mir berichtet, dass das Geheimnis ist, sich der Stieftochter nicht aufzudrängen. Denn diese hat sich die Stiefmutter nicht ausgesucht, leidet unter dem Verlust der biologischen Mutter und bringt ihr noch starke Loyalität entgegen. Versuchen Sie nicht, die Mutter zu ersetzen, sondern daneben eine neue Beziehung aufzubauen. Vertrauen und Intimität brauchen Zeit – Ihr Stiefkind muss auf der emotionalen Ebene auf Sie zugehen. Wenn Sie ruhig und liebevoll agieren, kann Liebe zwischen Ihnen wachsen.

Im Laufe der Geschichte haben Millionen von Kindern zusätzliche und andere Mütter gefunden, als die, die sie geboren haben. Weniger braucht jedenfalls keiner. Mädchen brauchen viel Liebe, und je mehr Rollenvorbilder sie bekommen, desto besser.

Räumen Sie Ihr Leben auf

Machen wir uns ans Praktische. In welcher Weise könnten Sie Ihrer Tochter als Rollenvorbild nützen oder schaden? Unterziehen Sie Ihr Leben einem kurzen Check:

- Kommen Sie mit Männern gut aus, oder ist das ein Problemfeld für Sie?
- Wissen Sie, wie man Freundschaften schließt und pflegt?
- Können Sie sich entspannen?
- Halten Sie Ihre Versprechen?
- Wissen Sie, wie man auch schwierige Situationen durchsteht?

All das kann Ihre Tochter von Ihnen lernen.

Es gibt noch andere, alltägliche Dinge, die wir unseren Töchtern unbewusst beibringen. Der Umgang mit Stress ist dabei ein wichtiger Aspekt. In meinen Vorträgen und Büchern über *Die Geheimnisse glücklicher Kinder* gebe ich Eltern immer einen Hinweis, der sie erstaunt: Ihre Kinder können nicht entspannter sein, als Sie selbst es sind. Denn zumindest in den frühen Jahren steigt und fällt ihr Stresspegel mit dem ihrer Eltern und dem der Personen um sie herum. Sie sind wie ein Pegelstandsanzeiger für die Stressbelastung von Mutter und Vater. Selbst Neugeborene spüren das schon. Zu mir kam einmal eine Familie in die Therapie, die ihr Neugeborenes in der Tragetasche dabeihatte. Immer, wenn es um ein spezielles schwieriges Thema ging, musste sich das Baby übergeben. Der Rest der Stunde verging dann friedlich, aber in einem Zustand erhöhter Wachsamkeit.

Man denkt, Stress sei schwer zu kontrollieren, aber mit Unterstützung kann man lernen, auch in schwierigen Situationen ruhig zu bleiben. Die Schwangerschaft ist ein guter Zeitpunkt, um mit einem Yoga- oder Meditationskurs zu beginnen. Am leichtesten lernt man von jemandem, den man mag (die Spiegelneurone helfen dabei). Eine CD oder DVD ist die zweitbeste Lösung, und mit einem Buch funktioniert es nur dann, wenn Sie wirklich sehr entschlossen sind.

Sie können jeden Tag selbst entscheiden, wie stressig Ihr Leben sein soll und was Ihre Tochter daraus lernt. Ihr Fahrverhalten ist ein klassisches Beispiel. Wenn Sie die anderen Fahrer anschreien, für ihr Geschleiche verfluchen, dicht auffahren, rassistische Kommentare abgeben oder einfach nur nervös mit den Fingern aufs Lenkrad trommeln: Ihre Tochter sieht das alles. Eltern haben oft keine Vorstellung davon, als wie gefährlich Kinder ihren Fahrstil wahrnehmen. Meine Tochter erzählte ihrer Mutter, dass sie mit mir nicht mehr fahren wolle. Ich fahre nicht schnell, eher viel zu entspannt. Ich wechsle in letzter Minute die Spur, lasse mich zu kreativen Wendemanövern hinreißen und vertraue auf meine erstaunliche Fähigkeit, in kleinste Parklücken zu schlüpfen. Das hat meine Tochter maßlos geängstigt. Ich musste einen ganz neuen Fahrstil entwickeln, weil ich wollte, dass sie sich bei mir sicher fühlt.

Mädchen beobachten ihre Mütter (und Väter) dabei, wie sie mit anderen Menschen umgehen. Ob sie freundlich sind, ob sie sich ehrenamtlich engagieren, ob sie anhalten, um jemandem auf der Straße zu helfen, der unsicher oder verstört wirkt.

Wer Kinder hat, muss seine Emotionen kontrollieren, denn unerklärlich starke Gefühle könnten sie schrecken. Wir müssen uns selbst zügeln, denn wir vergessen allzu leicht, wie klein und verletzlich sie sind. Wir dürfen Gefühle haben und sie auch zeigen, aber wir dürfen uns nicht von ihnen überwältigen lassen.

Beide Geschlechter haben ihre eigenen charakterlichen Risiken: Bei Jungen kann es Selbstüberschätzung sein. Bei Töchtern müssen wir dagegen aufpassen, dass wir kein Bild des Märtyrertums abgeben. Ein Märtyrer stellt alle eigenen Bedürfnisse hintan. Unsere Mädchen müssen auch sehen, dass wir selbst ein gesundes Interesse an unseren persönlichen Aktivitäten, unserer Freizeit, unseren Vorstellungen haben. Wie sonst sollten sie lernen, es genauso zu machen?

Steigern Sie Ihre Wirkung

Es gibt eine einfache Methode, Ihre eigene Vorbildfunktion noch zu verstärken: Erklären Sie, warum Sie etwas tun. Mädchen hören uns schon zu, bevor sie selbst sprechen können. Indem wir unsere Entscheidungen und Handlungen erklären, lernen sie zu verstehen, warum sich Menschen so oder so verhalten. Viele Leute, die sich falsch verhalten, tun das aus Gedankenlosigkeit: Ihre Handlungen werden von Gefühlen gesteuert. Menschen, die sich richtig verhalten, haben ein paar Richtlinien für ihr Leben verinnerlicht, und diese helfen ihnen bei Entscheidungen. Teilen Sie deshalb Ihre Überlegungen mit Ihrer Tochter. Ein Beispiel ist der Versuch, die Motive anderer zu verstehen, zum Beispiel: »Der da rast ganz schön, vielleicht ist es ein Notfall oder er hat einen schlechten Tag. Hoffentlich passiert nichts.«

Ganz wichtig ist es, Ihren Kindern den Unterschied zwischen kurzfristigen und langfristigen Bedürfnissen und Zielen beizubringen. Die Hausaufgaben zu machen ist kurzfristig lästig, wenn man lieber schwimmen gehen oder am Computer spielen möchte. Aber langfristig ist es besser, sie fertig zu haben, weil man hinterher wirklich entspannt ist. In der höheren Schule begreifen Kinder auch die Vorstellung, dass man ein paar Qualifikationen vorweisen muss, wenn man eine Job will, der Spaß macht, gut bezahlt ist und bei dem einen niemand herumschubst. Deswegen zahlt es sich aus, sich in den Abschlussklassen ein bisschen Mühe zu geben. Es gibt viele weitere Beispiele.

Vermitteln Sie Ihren Kindern Ihre Werte: dass es gut ist, wenn man sich um sich selbst kümmert, aber auch um andere; dass es hilfreich ist, wenn jeder seine Zusagen einhält; dass die meisten Probleme mit einem Kompromiss gelöst werden können; dass jeder ein Recht hat, gehört zu werden; dass Ehrlichkeit auf die Dauer mehr bringt. Vielleicht rollen Ihre Kinder mit den Augen, aber ein paar Tage später werden sie Ihre Philosophie weitertragen, vielleicht im Umgang mit ihren Freunden, wenn Sie gar nicht dabei sind.

Fragen Sie sich, welche zentralen Überzeugungen Sie durchs Leben begleiten, und sorgen Sie dafür, dass Ihre Tochter sie kennt.

Loslassen

Wenn es gut läuft, bleiben Mutter und Tochter einander ein Leben lang eng verbunden. Trotzdem ist in den späten Teenagerjahren ein wenig Distanz nötig, damit Töchter zu erwachsenen Individuen heranreifen können. Außerdem brauchen sie in ihrem Leben weitere Vorbilder. Wer das anerkennt, klammert weniger und nimmt die Distanz nicht persönlich. Auch wenn es manchmal schwer zu ertragen ist, brauchen unsere Kinder Freiraum. Micky Foss, eine Mutter aus New South Wales, hat mir folgende Geschichte erzählt:

Die 17-jährige Tochter meiner besten Freundin übernachtet einmal die Woche bei uns. Als sie einmal am nächsten Morgen zur Schule ging, brachte ich sie an die Tür, reichte ihr ihre Sachen, küsste sie zum Abschied und wünschte ihr einen schönen Tag. Sie sagte ganz aufgeregt und erfreut: »Du bist so lieb. Meine Mutter würde mich nie zur Tür begleiten, mich umarmen und mir einen schönen Tag wünschen. Sie ist irgendwo im Haus, wenn ich gehe, und ruft tschüss. Ich wünschte, sie würde mir auch einen Abschiedskuss geben.«

Ich dachte eine Weile darüber nach. Genau genommen ist die Tochter meiner Freundin meine Ersatztochter. Liebend gerne würde ich das Gleiche bei meiner 16-Jährigen tun, aber die würde mich dafür hassen.

Ich schloss daraus, dass es völlig gleichgültig ist, wie sich die Mütter von Teenagerinnen verhalten – die Töchter wollen anscheinend immer genau das Gegenteil von dem, was sie haben.

Warum das so ist? Ich denke, das ist Teil des ganz normalen Ablösungsprozesses. Meine Tochter würde mir vorwerfen, dass ich sie wie ein kleines Kind behandle. Sie würde denken, ich traue ihr nicht zu, allein aus dem Haus zu kommen, und sie würde nicht geküsst werden wollen. Früher habe ich das alles gemacht, und sie hat es gemocht. Jetzt nicht mehr. Sie muss sich jetzt als Individuum entwickeln, und zwar ohne dass ich als ihre Mutter dabei das tue, was ich früher tat, als sie noch klein war.

Und auch wenn ich die Tochter meiner Freundin von klein auf kenne, bin ich nicht ihre Mutter, und sie verspürt nicht das Bedürfnis, sich von mir zu distanzieren. Sie kann meine Fürsorge und Liebe genießen, ohne in ein emotionales Dilemma zu geraten.

Ich erzählte meiner Freundin davon. Sie wird ihre Tochter jetzt morgens zur Tür bringen und ihr einen Abschiedskuss geben. Ich wette, dass die sie, kaum dass eine Woche vergangen ist, wegschubsen und sagen wird: »Hör auf damit! Was glaubst du eigentlich, wie alt ich bin?«

Wir werden sehen …

Das Zuhause als Zufluchtsort

Einige Dinge, die ich von wirklich guten Eltern gelernt habe, möchte ich weitergeben: Es kommt auf die Stimmung in Ihrem Haushalt an, die emotionale Atmosphäre, die Sie als Eltern für alle schaffen, die darin leben.

Die große Welt da draußen ist stressig. Schulen sind sehr oft groß und anonym, der Schultag verläuft gehetzt, die Nerven liegen blank. Unsere Städte sind abweisend, und die Fremden, denen wir begegnen, kümmert unser Befinden nicht. Manche Kinder sind sogar mit Feindseligkeit und Gewalt konfrontiert. Wir haben wenig unberührte Natur um uns, in der wir zwischen Wind, Wasser und Himmel zur Ruhe kommen können. Aus all diesen Gründen ist ein friedliches und sicheres Zuhause so wichtig – besonders für Mädchen, die überaus sensibel auf all die Sinneseindrücke reagieren, die auf sie einströmen.

Darum sollte zu Hause eine gewisse Ruhe herrschen. Das heißt nicht, dass nach einem harten Schultag nicht mal eine halbe Stunde der Fernseher oder Musik laufen kann, aber es kommt sozusagen auf die Temperatur an: Ist die Geräuschkulisse entspannend oder anstrengend? Heißen Sie Ihre Kinder zu Hause willkommen, gibt es Essen und Trinken, ermuntern Sie sie, sich zu entspannen? Oder geben Sie schnell ein paar Anweisungen und hetzen weiter?

Kinder brauchen Routine und feste Strukturen. Wenn sie wissen, wo es langgeht, können sie freier und kreativer sein, weil sie nicht ständig überwachsam sein müssen.

Dazu ein paar Anregungen:

- Gemeinsame Mahlzeiten zu festgelegter Zeit, wo alle am Tisch sitzen, ohne dass der Fernseher dabei läuft, sind sehr hilfreich (das belegen auch Untersuchungen).[57]
- Legen Sie fest, wann Zeit zum Schlafen ist, wann, sich fürs Bett fertigzumachen, und welche Tätigkeiten dazugehören: zum Beispiel Baden oder Duschen, Vorlesen oder Lesen zum Einschlafen.
- Keine elektronischen Geräte mehr vor dem Schlafengehen. Handys gehören ans Aufladegerät in die Küche, nicht unters Kopfkissen, wo sie die Kinder bis spät in die Nacht mit irgendwelchen Pausenhofstreitereien wach halten.
- Pflegen Sie jahreszeitliche Rituale im erweiterten Familienkreis, für den sie eine Bedeutung haben. Das Gewusel einer großen Gruppe ist sehr aufregend für Kinder.
- Gesellschaftsspiele, Familienkonzerte und Talentwettbewerbe im größeren Familienkreis zeigen, wie man über die Generationen hinweg Spaß haben kann.

- Geburtstage sollten gefeiert werden – nicht mit großen Ausgaben, sondern mit Zeit und Mühe und Aktivitäten, an die sich die Kinder später gerne erinnern.
- Ihre Tochter braucht ab und an Zeit mit ihrer Mutter oder ihrem Vater allein, zum Beispiel ein Wochenende. Gemeinsam übernachten, kochen, etwas unternehmen und Gespräche zu zweit ohne Geschwister oder andere Leute. Diese 100 Prozent Aufmerksamkeit nur für sie wird sie im Gedächtnis behalten.
- Auch Besuche und Übernachtungen bei Tanten oder Großeltern geben ihr dieses Gefühl, dass jemand nur für sie da ist.
- Machen Sie Familienurlaub, wo sich alle entspannen können. Vermeiden Sie Cluburlaub, bei dem gelangweilte junge Leute für den »Kids Club« zuständig sind und Sie Ihren Kindern wieder nicht näherkommen als den Rest des Jahres. Oft haben Kinder die Ferien als ganz besonders schöne Zeiten in Erinnerung. Da erleben sie, dass ihre Eltern entspannt, gut gelaunt und glücklich darüber sind, mit ihnen zusammen sein zu können.
- Das Kinderzimmer erscheint geräumiger, sauberer, wie neu, wenn es einmal jährlich, zum Beispiel zu Schuljahresbeginn, entrümpelt wird. Kleidungsstücke, Bücher und Spielsachen, die Ihr Kind nicht mehr mag, kann man Menschen spenden, die sie brauchen können.

Das war ein Rundumschlag. Ich hoffe, ein paar der Ideen inspirieren Sie.

Der Mutterschaft wohnen ein paar traurige Momente inne: Die Kinder zieht es hinaus in die Welt, und je besser Sie sie erzogen haben, umso weiter gehen sie weg. Aber Kinder, die in Liebe aufwuchsen, kommen ihrer Mutter trotz der Distanz immer näher. Dem Herzen Ihrer Kinder sind Sie so nahe, als würden Sie neben ihnen stehen.

EIN GROSSARTIGER FILM ÜBER MÜTTER

Vielleicht haben Sie schon von *Spanglish* gehört, einem Film mit Adam Sandler und Paz Vega in den Hauptrollen, der als Komödie missverstanden und von der Kritik übersehen wurde. Dieser wundervolle Film über eine Mexikanerin und ihre Tochter, die bei einer wohlhabenden amerikanischen Familie einziehen, zeigt sehr eindringlich, was es bedeutet, einer Tochter eine gute Mutter zu sein. Die Werte der beiden Kulturen stehen in starkem Kontrast: In der einen wird Liebe über Besitz, Shopping und Mode ausgedrückt, und das setzt alle einem starken inneren Druck aus. In der anderen zählt es, dass man loyal ist, sich anstrengt und sich selbst treu bleibt.

In der Anfangsszene kauft die amerikanische Mutter ihrer Tochter Kleidung, die eine Nummer zu klein ist, um sie zum Abnehmen zu motivieren. Die anfängliche Begeisterung der Tochter beim Anblick der Kleider verwandelt sich in bittere Enttäuschung. Aus der Szene kann man viel lernen.

Es ist sehr bewegend, der amerikanischen und der mexikanischen Tochter beim Erwachsenwerden zuzusehen, und sehr erhellend, wie unterschiedlich in den beiden Kulturen die Mädchen erzogen werden. Am Ende des Films steht ein unvergesslicher Ausspruch der mexikanischen Tochter. Diese blickt nach einigen Jahren auf ihre Kindheit zurück, als sie in einer Bewerbung für ein College beschreiben muss, wer sie ist: »Wenn ich in diesem College aufgenommen werde, wird mich das sehr glücklich machen, aber das ist es nicht, was mich definiert. Es ist beglückend und bestärkend zu wissen, wer ich bin: die Tochter meiner Mutter.«

Stellen Sie sich vor, dass Ihre Tochter als erwachsene, unabhängige, starke Frau einmal so etwas über Sie sagen wird. Was ist nötig, damit sie das tut? Wäre das nicht eine Menge Zeit und Mühe wert? Wäre das nicht einfach umwerfend?

Kurz gefasst

- In negativer wie in positiver Hinsicht: Mütter haben auf das Leben ihrer Töchter den stärksten Einfluss, weil sie ihnen als Vorbild für das Frausein dienen.
- Dieses Wissen kann Sie dazu bringen, viele Ihrer Handlungen noch einmal genau zu überdenken.
- Besonders wichtig ist, welche Beziehungen zu anderen Menschen Sie vorleben, insbesondere zum Vater Ihrer Tochter. Aber auch wie Sie Auto fahren oder über andere Leute reden, wird Ihre Tochter verinnerlichen.
- Der Stresspegel in Ihrem Leben und in Ihrem Haushalt ist ein wichtiger Aspekt: Durch Ihren Stresspegel regulieren Sie auch den im Körper Ihrer Tochter.
- Indem Sie loslassen, helfen Sie Ihrer Tochter, erwachsen zu werden. Auch wenn sie ab einem gewissen Alter manchmal Abstand zu Ihnen braucht, heißt das nicht, dass Sie nicht mehr in der Pflicht sind.
- Wenn Sie Ihre Sache gut machen und sich um ein tiefes Verständnis Ihrer Tochter gegenüber bemühen, wird Ihre Beziehung für Sie beide lebenslang eine Quelle der Freude sein.

Kapitel 13

Mädchen und ihre Väter

Oben an der Treppe halten sie kurz an, der Vater und seine kleine Tochter. Sie erblickt die lange Reihe von Stufen und runzelt ein bisschen die Stirn. Doch dann sucht sie, ohne auch nur den Kopf zur Seite zu drehen, seine Hand, findet und ergreift sie. Jetzt nimmt sie sicher die erste Stufe, dann die zweite, während er neben ihr das Gleiche tut. Sie summt beim gemeinsamen Hinuntersteigen etwas vor sich hin. Und auch er fühlt sich ziemlich gut.

Für kleine Mädchen sind ihre Väter etwas beinahe Magisches. Sie gehen oft weg, an unbekannte Orte, und kommen wieder zurück. Ihre Stimmen dröhnen tief und laut, und sie riechen seltsam, aber meistens irgendwie gut. Oft bringen sie Spaß und Aufregung und Abwechslung in die tägliche Routine. Wenn es gut läuft, bringen sie Mama zum Lachen. Mädchen in jedem Alter haben das tiefe Bedürfnis, ihre Väter zu lieben und von ihnen geliebt zu werden. Erst in den letzten Jahrzehnten haben wir den Wert und die Bedeutung der Väter erkannt. (Noch bis in die 1970er-Jahre hinein wurden Kinder, deren Mütter starben und die keine weitere Verwandtschaft hatten, automatisch in Waisenhäuser gesteckt. Der Vater bekam noch nicht einmal die Chance, sie großzuziehen. Unvorstellbar, wie dieser doppelte Verlust Väter und ihre Kinder erschüttert haben muss.)

Heute wissen wir, dass Väter die gleichen tiefen Gefühle hegen, genauso fürsorglich sein können und genauso wichtig für ihre Kinder sind wie Mütter. (Und Mutter und Vater, die gemeinsam an einem Strang ziehen, sind Gold wert.) In Studien fand man heraus, dass Mädchen mit einem engagierten Vater ein stärkeres Selbstwertgefühl entwickeln, bessere Noten haben und seltener Gefahr laufen, zu früh schwanger zu werden oder Probleme mit Alkohol oder Drogen zu bekommen. Väter sind gut für Töchter.

Seit sich diese Erkenntnis in den letzten Jahren verbreitet hat, treten die Väter verstärkt in Erscheinung. Die jungen Väter von heute verbringen täglich dreimal so viel Zeit mit ihren Kindern wie frühere Generationen: Das ist eine große Chance![58]

Im Folgenden schildere ich die Hauptgründe, warum ein Vater für seine Tochter so wichtig ist ...

Ein Vater ist stark und bietet Sicherheit

Schon sehr früh entscheidet ein Kind, was der Vater für es bedeutet: Ist er eine Quelle der Sicherheit und des Schutzes oder eine Quelle der Gefahr? Sicherheit und Vertrauen sind die entscheidenden Gefühle, die ein Mädchen mit einem guten, liebevollen Vater verbindet. Wir Erwachsenen müssen uns immer wieder bewusst machen, dass wir unseren kleinen Kindern wie Riesen vorkommen. Meiner Ansicht nach sollte jeder Vater im Stillen einen Eid ablegen: »Ich werde dich nie schlagen oder verletzen. Ich werde versuchen, dich nicht einmal zu verängstigen.« Jedes Kind sollte sagen können: »Bei meinem Vater fühle ich mich sicher.«

Ganz einfach ist es zum Beispiel, leiser zu sprechen. Das Gehör von Mädchen ist feiner als das von Jungen. Sie denken oft, man schreit, wenn man nur mit etwas festerer Stimme spricht. (Als unsere Kinder noch klein waren, wies meine Frau Shaaron mich oft darauf hin, dass ich viel lauter sprach, als mir bewusst war. Es war peinlich, mit mir in den Supermarkt zu gehen. Ich konnte sogar richtig beängstigend klingen, während ich dachte, ich wäre einfach nur teilnahmsvoll. So ein Vater wollte ich nicht sein.)

Ihre Körperkraft müssen Väter sinnvoll einsetzen. Wie ein starkes Pferd oder ein großer Hund übt diese Kraft auf kleine Mädchen eine große Anziehungskraft aus. Väter, die mit ihren Töchter lärmend auf dem Boden herumtoben, Pferd spielen oder vorgeben, ein Monster zu sein, mit dem sie kämpfen können, vermitteln ihnen ein Gefühl der Stärke und erhöhen zugleich ihre Erregungstoleranz. Es ist, als würden die Mädchen einen Teil der väterlichen Stärke in sich aufnehmen.

Mädchen, denen ihre Väter schon früh Zeit für Spiel und Spaß widmen, sind unternehmungslustiger und kontaktfreudiger, wenn sie größer werden. Der Anblick eines Mädchens, das mit seinem Vater zusammen angelt oder schwimmt oder einen Sonntagsspaziergang macht, hat etwas Herzerwärmendes. Und diese Verbundenheit bedeutet nur Gutes für ihr späteres Leben.

In Verbindung bleiben

Die meisten Väter werden bei der Geburt ihrer Tochter von Begeisterung, Verantwortungsgefühl und Fürsorglichkeit überwältigt. Die Frage ist nur, ob das so bleibt. Vielen Vätern des 20. Jahrhunderts ist es nicht gelungen, diesen Zustand aufrechtzuerhalten, weil ihre Rolle sie verwirrt oder überfordert hat, weil sie einfach zu beschäftigt waren oder, noch schlimmer, weil sie irgendwann das Interesse daran verloren. Bei ihren Töchtern hinterließ das eine tiefe Wunde. Sie revanchierten sich mit Ungezogenheit und Rebellion im Teenageralter oder sogar selbstzerstörerischem Verhalten in Form von wahllosem Sex, Alkohol- und Drogenkonsum oder wilden Autofahrten.

Wenn ein Vater seine Tochter nicht liebt, kann sie sich vielleicht auch selbst nicht lieben. Mütter können das nur zum Teil kompensieren. Das ist die Tragödie des Industriezeitalters, in dem Väter viel arbeiteten und erschöpft nach Hause kamen. Genauso wie Frauen im Falle des Scheiterns ihrer Ehe oft die Schuld bei sich suchen, tun das Kinder, wenn die Beziehung zum Vater misslingt. »Wenn Papa keine Zeit für mich hat«, so denken Töchter, »liegt das wohl daran, dass ich langweilig und unwichtig bin.«

Wenn ich bei Vorträgen für Eltern über die Väter spreche, gibt es immer irgendwann einen Moment, in dem sich Frauen verstohlen eine Träne aus dem Auge wischen. Die einen sind traurig über das, was ihnen fehlte, und die anderen erinnern sich gerührt daran, wie viel Liebe sie bekamen. Die Beziehung zwischen Vater und Tochter ist intensiv und lebensentscheidend.

EINE VERPASSTE GELEGENHEIT

Die Tochter eines meiner Freunde ist im Teenageralter. Er geht meistens am Samstagvormittag mit ihr spazieren. Sie setzen sich dann irgendwohin und reden, weil er unter der Woche sehr beschäftigt ist und meist spät nach Hause kommt. Eines Tages treffen sie dabei eine Schulfreundin, ebenfalls mit ihrem Vater. Sie grüßen, aber ganz instinktiv fordern sie die beiden nicht auf, sich dazuzusetzen. Die Zeit zu zweit ist ihnen heilig, und so soll es auch bleiben. Als sie weg sind, sagt mein Freund: »Wie schön, sie machen das Gleiche wie wir.« Aber seine Tochter ist sich da nicht so sicher: »Gemmas Eltern sind frisch geschieden. Sie muss die Wochenenden bei ihrem Vater verbringen.« Als sie weitergehen, sehen sie die beiden in einem Café sitzen. Aber sie sprechen nicht miteinander. Der Vater hält die Tageszeitung wie eine Wand vor sich, und Gemma klammert sich an ihre Kaffeetasse und sieht aus, als wäre sie lieber ganz weit weg. Es ist ein sehr trauriges Bild.

Ein Mann zum Üben

Für die Tochter ist der Vater ihr persönlicher Botschafter vom Planeten Mann. Mit ihm kann sie üben, herumzublödeln, zu streiten und ernste Gespräche zu führen: Fähigkeiten, die sie später auch in ihre Freundschaften mit Jungen einbringt. Sie wird dadurch selbstbewusster und resistenter gegen Fremdbestimmtheit. Wenn ihr Vater sie mit Respekt behandelt, wird sie später von den Männern in ihrem Leben das Gleiche erwarten.

Psychologen haben herausgefunden, dass die Rollen des Vaters und der Mutter sich ergänzen.[59] Ganz vereinfacht könnte man sagen, dass Mütter ihren Töchtern Sicherheit, Väter ihnen Selbstachtung vermitteln. Eine Mutter stützt ihre Tochter, ist standhaft und solide wie ein

Fels in der Brandung. Ein Vater ist mehr wie ein Hubschrauber, er nimmt sie auf Höhenflüge mit. Wenn eine Tochter merkt, dass der Vater sich für sie interessiert und ihre Meinung wissen will (und die nicht hinterher gering schätzt und in den Wind schlägt), dann fühlt sie sich klug und wertvoll. Wenn er sie am Samstag mit in den Baumarkt nimmt, weil er eine Klebepistole kaufen will, und auf dem Rückweg anhält, um mit ihr ein Eis zu essen, dann muss sie daraus einfach den Schluss ziehen, dass sie als Person interessant für ihn ist: »Er mag meine Gesellschaft!« Sie merkt, dass er nicht herumhetzt, dass sie nicht eine Aufgabe ist, die man erledigt und abhakt. Sie steht für ihn im Zentrum.

Taten sprechen für sich: Manche Männer, die sich selbst für gute Väter halten, sprechen kaum mit ihrer Tochter, sie leben ja praktisch nicht im selben Haus – jedenfalls fühlt es sich für ihr Kind so an. Andere sind entschlossen, echte Präsenz zu zeigen: Sie unterhalten sich täglich mit ihrer Tochter und nehmen sich Zeit zum Zuhören, sie unternehmen regelmäßig etwas gemeinsam. Einfach den Hund zusammen auszuführen ist schon eine Gelegenheit zum Gespräch. Sie fragen nach dem Leben, das sie führt. Sie hören zu, wenn ihre Tochter von ihren Freunden, von ihren Projekten erzählt, und was ihr in der Schule gefällt und was nicht. Wie wäre es zum Beispiel mit einem Fragеritual: »Was war das Blödeste, was dir heute passiert ist? – Und was war das Beste?«

Wie man Streit mit seiner Teenagertochter vermeidet

Sie sind schlau, sprechen schnell, machen Angst und leben im selben Haus: Mädchen im Teenageralter und ihre Väter erwischen sich ständig auf dem falschen Fuß und zoffen sich fürchterlich – aber nur, weil Väter die Geheimnisse der Mädchen nicht kennen:

1. Ihre Tochter liebt Sie. Sie waren seit vielen Jahren in ihrer Nähe, waren nett zu ihr, sorgten für ihre Sicherheit. Wenn Sie tot wären, wäre sie sehr traurig und würde Sie ihr Leben lang vermissen.

2. Trotzdem können Sie in ihren Augen ziemlich nervtötend sein. Das liegt daran, dass Sie Ihre Tochter ständig kritisieren und sie immer im falschen Moment auf irgendeinen Fehler aufmerksam machen.

In zahllosen Gesprächen in der Familientherapie versuchte ich herauszufinden, warum Mädchen im Teenageralter solchen Ärger machen. Wir landeten irgendwann immer am gleichen Punkt: Väter kritisieren ihre Töchter, streiten sich mit ihnen und können einfach nicht akzeptieren, dass sie unterschiedliche Standpunkte haben. Ihre Tochter entwickelt eine eigene Persönlichkeit und reagiert auf Kontrolle sehr empfindlich. Wenn Sie die Kontrolle verlieren, dann verliert sie sie umso mehr, und das Chaos ist perfekt. *Töchter wollen sehr behutsam behandelt werden.* Wenn Ihre Tochter es in einem Brief in ihre eigenen Worte fassen würde, dann klänge das etwa so:

Lieber Papa,
ich bin jetzt ein Teenager. Das ist ganz schön hart. Meine Gefühle sind so launisch wie das Aprilwetter. Das Leben ist furchtbar stressig, wegen der Schule, wegen der Jungs, weil ich nicht mag, wie ich aussehe, und weil die Welt so ein Sauhaufen ist. Und außerdem hasse ich meine Haare.

Deswegen muss ich mich zu Hause viel entspannen: fernsehen, wenn ich aus der Schule komme, ein bisschen herumhängen und ziellos durch die Wohnung laufen. Wenn Du mich dann kritisierst, bringt mich das auf die Palme. Dann muss ich einfach zurückschreien oder in mein Zimmer stürmen. Aber daran bin nicht ich schuld, sondern mein präfrontaler Cortex. Der wurde runtergefahren für ein Update und ist erst wieder okay, wenn ich ungefähr 22 bin. Darum ist nun meine Amygdala am Ruder, und die kennt nur Kampf oder Flucht. Mach mir Angst, und Du kannst Dir raussuchen, welche der beiden Reaktionen Du kriegst.

Du meinst, weil ich Dich totquasseln kann, bin ich sehr klug. Aber ich habe die wichtigste Fähigkeit verloren, die man braucht: Ich kann den Standpunkt der anderen Leute nicht mehr verstehen. Jedenfalls ist es alles andere als leicht. Es ist schon schwer genug, meinen eigenen im Blick zu behalten. Genau genommen werde ich viele verschiedene ausprobieren, um herauszufinden, ob einer zu mir passt. Heute bin ich mehr so Emo-Punk-Gothic-mäßig drauf und überlege, ob ich mich piercen lasse. Morgen will ich vielleicht Krankenschwester in Angola werden.

Du machst Dir Sorgen wegen Jungs? Darüber, wie ich mit Sex klarkomme? Ich auch! Wir sind auf derselben Seite.

Du machst Dir Sorgen, dass ich meine Hausaufgaben nicht mache? Wie würdest Du Dich fühlen, wenn man Dir ständig eintrichtert, dass Dein ganzes Leben von ein paar Prüfungen abhängt, und wenn Du Pech hast und vor der Prüfung schlecht geschlafen oder Deinen Stift vergessen hast, ist mit 17 alles vorbei. Da ist man gelähmt vor Angst!

Bitte – kritisier mich nicht dauernd. Ich mach das schon selbst so viel, dass es mich fast um den Verstand bringt. Und ich wäre wirklich traurig, wenn ich Dir mal vor Wut an die Gurgel ginge. Also sei nett. Frag, wie es mir geht. Achte aufs Timing. Manchmal will ich reden, manchmal nicht. Aber wenn mir danach ist, dann nimm Dir besser ein paar Stunden Zeit. Sei freundlich, lustig und geduldig. Irgendwann habe ich das alles hinter mir und dann werden wir wieder beste Freunde sein.

Deine (Dich liebende) Tochter

LASSEN SIE SIE AUSREDEN

Lassen Sie es zu, dass Ihre Tochter manchmal unzufrieden mit Ihnen ist. Wenn sie Ihnen sagt, was Sie falsch gemacht haben, versuchen Sie nicht, sich sofort zu verteidigen. Das ist so ein Männerding und funktioniert nicht bei Frauen und Mädchen. Versuchen Sie lieber, herauszufinden, über welche Art von Emotion sie gerade spricht. Fragen Sie sie, ob sie

- traurig ist (weil Sie schon wieder davonlaufen),
- wütend ist (weil Sie Ihr Wort nicht gehalten haben),
- Angst hat (weil Sie zu schnell fahren),

und passen Sie Ihr Verhalten entsprechend an. Fragen Sie sie, ob Sie es richtig verstanden haben. Und dann, auch wenn Sie ein wirklich vollkommener, tadelloser, unfehlbarer Vater waren, tun Sie etwas sehr Revolutionäres und schlagen Sie vor, Sie könnten ja versuchen, sich ein bisschen zu ändern, um ihr entgegenzukommen. Aus ihrer Sicht ist sie so klein und hilflos und Sie sind so mächtig, und wenn Sie Ihr Verhalten ändern oder etwas anderes tun, worum Ihre Tochter Sie bittet, dann hat sie das wunderbare Gefühl, dass ihre Wünsche zählen.

Als meine Tochter im Teenageralter war, war ich bei unseren schmerzhaften Auseinandersetzungen oft beeindruckt, wie klar und ehrlich sie darlegte, warum ich falschlag. Ich war hin- und hergerissen zwischen dem Wunsch, die Auseinandersetzung zu gewinnen, und dem Stolz, den ich ihretwegen empfand.

Wenn Sie sich öffnen, tut Ihre Tochter das vielleicht auch. Der größte Fehler, den wir Männer in Konflikten machen können, sind sogenannte Du-Botschaften: »Du bist so chaotisch! Du tust im Haushalt keinen Handgriff. Du bist faul. In dem Kleid gehst du mir nicht aus dem Haus!«

Ich-Botschaften funktionieren besser, weil sie die eigene Verwundbarkeit transportieren: »Ich war schrecklich besorgt, als du nicht rechtzeitig nach Hause kamst. Ich muss wissen, dass ich mich auf dich verlassen kann.« Das klingt weniger wie ein Angriff, weil es mit »ich« und nicht mit »du« beginnt. Es motiviert sie zum Mitfühlen statt zur Selbstverteidigung. Sogar »Ich bin stinksauer, weil die Küche wie ein Saustall aussieht und ich sie gerade erst vorher sauber gemacht habe« klingt besser als »Du hast die Küche eingesaut«.

WARUM RESPEKT SO WICHTIG IST

In der Schule oder im Fernsehen bekommen Kinder manchmal mit, dass es mehr oder weniger normal ist, andere unhöflich zu behandeln. (Hier bei uns in Australien hat eine aus Großbritannien übernommene Fernseh-Sitcom namens *My Family* schieres Entsetzen ausgelöst. Die Serie handelte ausschließlich von zutiefst unsympathischen Menschen, die sich gegenseitig unmöglich behandelten. Im echten Leben würde jemand mit so einer Familie Selbstmord begehen.) Andere schlechtzumachen unterhöhlt das Wohlbefinden und Selbstwertgefühl jedes Menschen. Es ist durchaus angebracht, dieses Thema in der Familie anzusprechen und auch zu vereinbaren, dass niemand respektlos über einen anderen spricht – weder die Eltern untereinander noch die Eltern mit den Kindern noch die Kinder miteinander.

Außerdem ist es wichtig, eine Aufteilung der Hausarbeit einzuführen. Fürs Kochen, Putzen, Waschen, den Garten und die Haustiere sind alle verantwortlich, und es ist nur fair, die Aufgaben aufzuteilen. Machen Sie auch deutlich, dass Sie Ihre Dienste (zum Beispiel Ihre Tochter zur Schule zu fahren, ihr bei allen möglichen Dingen zu helfen) gerne leisten, aber dass sie nicht für selbstverständlich gehalten werden sollten. Fehler sind unvermeidlich, aber man kann sie angehen und beseitigen und sich entschuldigen. Auf diese Weise wird Ihr Zuhause nach und nach zu einem freundlicheren Ort. Unhöflichkeit hinterlässt immer Wunden, und wenn sie zur Routine wird, dann bluten diese Wunden unablässig. Wenn Sie Ihren Teil zu einem guten Klima beitragen, dann zeigen Sie damit, dass Zuneigung sich auch in Taten zeigt, nicht nur in Worten. Das sollte Ihre Tochter wissen.

MACHEN SIE KEINE PRINZESSIN AUS IHR

Väter, besonders solche, die viel Geld und wenig Zeit haben, machen einen großen Fehler: Sie behandeln ihre Tochter wie eine Prinzessin. Sie machen ihr teure Geschenke, überhäufen sie mit Geld, ohne dass sie es verdient hätte, sie muss nie etwas im Haushalt tun, ihre Wäsche wird gewaschen und das Essen wird ihr vor die Nase gestellt. Was dabei herauskommt, ist eine junge Frau auf dem emotionalen Stand einer Zweijährigen. Selbstsucht im Endstadium ist ein furchtbares Schicksal für ein Mädchen. Wutanfälle und Anspruchshaltung, Gekreische und das Zerbrechen von Gegenständen sind alles Symptome dieser Krankheit. Es gibt nur eine Therapie: ihr freundlich, aber hartnäckig Grenzen zu setzen und zu fordern, dass auch sie ihren Beitrag leistet. Sorgen Sie dafür, dass Ihre Partnerin mit im Boot ist, stellen Sie einen Plan auf, und gehen Sie nötigenfalls zum Familientherapeuten, um Ihre Tochter wieder auf Kurs zu bringen. Wenn eine Prinzessin mit der Realität kollidiert, kann das sehr schmerzhaft werden. Deshalb braucht sie dringend die Hilfe ihrer Eltern, um wieder ein normaler Mensch zu werden.

DIE MAGIE DER ZWEISAMKEIT

Natürlich macht das Zusammensein mit allen Ihren Kindern viel Freude, aber ein guter Vater sollte mit jedem seiner Kinder manchmal Zeit alleine verbringen, um ihm wirklich nahezukommen. Übernachten Sie vielleicht einmal ein Wochenende mit Ihrer Tochter im Zelt oder in einer Hütte, kochen und putzen Sie gemeinsam, unterhalten Sie sich. Sie werden feststellen, dass Sie zu einem tieferen Verständnis füreinander finden. Machen Sie das mit jedem Ihrer Kinder, vielleicht unternehmen Sie mit jedem etwas anderes. Jedes soll erfahren, wie schön es ist, Sie einmal ganz für sich zu haben.

KLARE GRENZEN ZIEHEN

In der Beziehung von Vätern zu ihren Töchtern gibt es auch eine dunkle Seite: Eine sehr kleine Minderheit von Vätern und Stiefvätern beuten ihre Töchter zu ihrer sexuellen Befriedigung aus – das kann von sexuellen Berührungen bis zu tatsächlicher Vergewaltigung gehen.

Das Problem liegt nicht darin, dass Männer die Attraktivität ihrer Tochter oder eines beliebigen Mädchens wahrnehmen (auch wenn es die falsche Reaktion wäre, diese Gedanken zu verstärken, indem man ihnen in der eigenen Fantasie Raum gibt oder Kinderpornografie konsumiert). Zum Problem wird es erst, wenn Männer so krankhaft selbstsüchtig sind, dass sie keine Grenze ziehen können. Wenn diese Grenze verwischt oder überschritten wird, ist das immer ein großer Fehler, immer verletzend und selbstverständlich auch eine Straftat.

Eine viel weiter verbreitete Gefahr in vielen Familien aber ist, dass gerade aufgrund der Sensibilität für das Problem sexuellen Missbrauchs Väter ihre Teenagertöchter meiden. Sie umarmen sie nicht mehr, verbringen keine Zeit mehr mit ihr oder sind schlicht irrational wütend, weil ihre Tochter immer hübscher und attraktiver wird. Das Mädchen wiederum bekommt ein verstörendes, verletzendes, unverständliches Signal: »Er mag mich nicht, er umarmt mich nicht mehr, er ist in meiner Gegenwart seltsam und angespannt.« Vielleicht fühlt sie sich schlecht und kommt auf die Idee, dass mit dem Älterwerden und Frausein etwas faul ist. Dann versucht sie, wieder so süß und hilflos wie früher zu sein, statt erwachsen und selbstbewusst.

Ein Vater, der diesen Aspekt für sich geklärt hat, der mit diesen Gefühlen umgehen kann, der ein gutes Verhältnis zu seiner Frau hat und damit zurechtkommt, dass seine Tochter erwachsen wird, kann ihr ihre Schönheit und Klugheit zugestehen, ohne ihr oder sich selbst ein schlechtes Gefühl zu vermitteln.

Ein paar praktische Dinge

Früh übt sich

Schon mit dem Baby und Kleinkind sollten Sie knuddeln, es herumtragen und mit ihm auf dem Teppich Pferdchen spielen – so nimmt Ihre Tochter Sie von Anfang an als lustige und unterhaltsame Person wahr. Seien Sie behutsam und achten Sie auf ihren Gesichtsausdruck, um sicherzugehen, dass Sie sie nicht erschrecken.

Indem Sie Ihrem Kind vor dem Einschlafen nette Geschichten vorlesen oder welche erfinden, verschaffen Sie Ihrer Frau eine Auszeit und nutzen zugleich die Gelegenheit, eine Bindung zu Ihrer Tochter aufzubauen.

Wenn Sie von Anfang an als Vater präsent sind, wird es Ihnen später umso leichter fallen, Ihrer Tochter nahezukommen und eine gute Beziehung zu ihr aufzubauen.

Entwickeln Sie gemeinsame Interessen

Lesen Sie ihr vor oder erfinden Sie Geschichten für sie, wenn sie klein ist. Suchen Sie nach Büchern oder Charakteren, die Sie beide mögen. Reservieren Sie ihr ein Fleckchen im Garten, wo Sie gemeinsam gärtnern.

Basteln Sie gemeinsam, gehen Sie gemeinsam ins Theater oder Kino. Begründen Sie Traditionen, sodass sie sagen kann: »Mein Vater und ich machen immer dies und das ...« Vielleicht entwickelt sich ein gemeinsames Hobby wie Wandern oder Angeln. Suchen Sie nach Gemeinsamkeiten, die Ihnen beiden schöne Momente und Erinnerungen bescheren.

Hören Sie gut zu

Mädchen reden gerne, also müssen Väter das Zuhören lernen. Erforschen Sie ihre Gedanken, Wünsche und Lebensträume. Nehmen Sie sie ernst. Fragen Sie, was in dieser Woche ihr schönstes Erlebnis war. Und welches das schlimmste. Wenn sie Ihnen ein Geheimnis anvertraut, dann erzählen Sie es nicht weiter, außer vielleicht ihrer Mutter. Sie muss wissen, dass sie Ihnen vertrauen kann.

Schreiben Sie ihr Notizen und Briefe

Wenn Sie auf Reisen sind oder einfach nur in der Arbeit, schicken Sie ihr Briefe und E-Mails. Ihr Geburtstag ist eine gute Gelegenheit, ihr eine Karte zu schreiben, in der steht, wie lieb Sie sie haben und wie stolz Sie auf sie sind. Erläutern Sie das an Beispielen des vergangenen Jahres.

Geben Sie als Mann ein gutes Beispiel ab

Achten Sie auf Sauberkeit und guten Körpergeruch und kleiden Sie sich in ihrer Gegenwart anständig. Fluchen Sie nicht und erzählen Sie keine schmutzigen Witze. Töchter haben wache Sinne und sind sensibel, und obwohl sie selbst manchmal ein bisschen ruppig sind, mögen sie das nicht an ihrem Vater. Die Art, wie Sie Frauen behandeln, wird das spätere Männerbild Ihrer Tochter beeinflussen. Benehmen Sie sich ihr, ihrer Mutter und allen weiblichen Freunden und Verwandten gegenüber einwandfrei. Indem Sie höflich und freundlich sind, sorgen Sie dafür, dass Ihre Tochter später einmal hohe Ansprüche an die Männer in ihrem Leben stellt.

TIPPS FÜR ALLEINERZIEHENDE MÜTTER

Vielleicht sind Sie eine alleinerziehende Mutter und haben ein schlechtes Gewissen, weil Ihre Tochter ihren Vater nicht kennt oder er in ihrem Leben nicht wirklich präsent ist. Ich habe von vielen alleinerziehenden Müttern und ihren Töchtern dazu folgende Tipps bekommen:

1. Bitten Sie ein paar Männer Ihres Vertrauens, sich um sie zu kümmern und ihr etwas beizubringen. Großväter und Onkel könnten zurückhaltend reagieren, gerade wenn das Mädchen im Teenageralter ist, aber wenn Sie sie darum bitten, dann wird Ihre Tochter davon profitieren. (Lassen Sie sie nicht mit erwachsenen Männern allein, sondern bleiben Sie in der Nähe, dann fühlen sich beide Seiten sicherer und wohler.) Männer lassen sich gerne bitten, das aktiviert ihr Helfer-Gen, und sie machen ihren Job dann sehr gut.
2. Sie selbst sind ein wichtiges Rollenvorbild. Wenn Sie von Männern enttäuscht sind und wütend auf sie, dann kann Ihre Tochter darauf unterschiedlich reagieren: Entweder sie übernimmt Ihre negative Haltung, oder sie tendiert ins andere Extrem und wird sehr männerfixiert. Es ist wichtig, dass Sie Unterstützung bekommen, wenn Sie von Männern verletzt wurden. Ihre Beziehung zu Männern sollte von Stärke und Würde, aber auch von Wärme getragen sein, damit Ihre Tochter auch lernt, dass man mit Männern gut auskommen kann. Wenn Sie sich einen neuen Partner suchen, dann gehen Sie das langsam und behutsam an. Tun Sie es nicht, bevor Sie nicht bereit dafür sind. Auch eine alleinerziehende Mutter, wenn sie ausgeglichen und glücklich ist, kann für die Tochter ein Vorbild sein, nämlich in emotionaler Unabhängigkeit.

Was aus Kaycee wurde

Erinnern Sie sich noch an Kaycee? Ich hatte versprochen zu berichten, wie es mit ihr weiterging:

Als Kaycee im Zimmer des Familientherapeuten ihre Geschichte erzählte, brachen ihre Eltern in Tränen aus. Ihnen wurde schlagartig bewusst, dass sie absolut nicht nah genug an ihrer Tochter dran gewesen waren und sich nicht darum bemüht hatten, ihre Welt zu verstehen. In den folgenden Wochen besprachen ihre Mutter und ihr Vater zusammen mit dem Therapeuten, wie sie etwas zum Besseren ändern könnten. Die Probleme hatten sich über lange Jahre entwickelt und mussten behutsam, aber entschlossen in Angriff genommen werden.

Kaycees Mutter betrieb mehrere Modegeschäfte. Schon als ihre Kinder klein waren, hatte ihr Beruf viel Zeit und Energie beansprucht – zu viel, wie sie jetzt feststellte. Ihre anderen Kinder waren jünger als Kaycee, und sie machte sich nun auch um die beiden Sorgen. Deshalb begann sie, ihr Leben umzuorganisieren, mit einem klaren Ziel: Wenn ihre Kinder aus der Schule kamen, wollte sie zu Hause sein, um so eine stärkere Bindung zu ihnen aufzubauen. Sie machte keine großen Versprechungen, aber sie bemühte sich darum und kam diesem Ziel Schritt für Schritt näher. Und das verbesserte das Lebensgefühl der ganzen Familie.

(Einige von Ihnen werden jetzt vermutlich fragen, warum es wieder mal die Mutter sein musste, die berufliche Einschränkungen in Kauf nahm. Ich kann nur sagen, dass sie es so entschieden hatte. Das Leben ist nicht immer politisch korrekt.)

Kaycees Vater Dave war womöglich noch verzweifelter als seine Frau. Er dachte daran, Anwälte einzuschalten, und wollte am liebsten jemandem den Schädel einschlagen. Aber nach und nach sah er ein, dass das der leichtere Weg wäre, nur ein Ventil für seine Wut. Was wirklich nötig war, würde viel schwieriger werden. Langsam und schmerzlich wurde ihm bewusst, dass er, zumindest auf persönlicher Ebene, ein miserabler Vater gewesen war. Also begann auch er nach Wegen zu suchen, im Leben seiner Kinder präsenter zu sein.

Dave war beruflich viel unterwegs, und es ergab sich, dass eine Reise nach Cairns, im tropischen Norden des australischen Bundesstaats Queens, mit Kaycees Ferien zusammenfiel. Sie hätte vielleicht Lust, mit ihm zu kommen, und sie würden ein paar Tage Strandurlaub mit Schnorcheln anhängen können. Als er es vorschlug, erwartete er eigentlich, dass Kaycee ablehnte, weil mit einem alten Kerl wie ihm rumzuhängen vermutlich das Letzte war, was ihr vorschwebte. Deshalb war er sehr überrascht, als sie sofort Ja sagte und dabei ausgesprochen erfreut wirkte. Genau genommen sah sie auch ein bisschen ängstlich aus, als ob sie befürchtete, dass es vielleicht doch nicht klappen und ihr Vater in letzter Minute einen Rückzieher machen würde. Kaycee nahm ein Risiko auf sich. Sie beide fürchteten sich davor, dass es ein Reinfall werden könnte und sie nicht miteinander auskommen würden. So ist das mit echten Beziehungen – immer steht das Herz auf dem Spiel.

Die Reise verlief gut. Während der drei Tage, die ihr Vater seinen Geschäften nachging, konnte Kaycee nach Herzenslust am Pool liegen und lesen oder an der Strandpromenade shoppen gehen. Außerdem hatte sie auch die Gelegenheit, ihren Vater einmal bei einem Geschäftstermin zu erleben. Sie merkte, dass das kein Zuckerschlecken war, dass er unter Druck stand und eine Menge Energie brauchte, um alles im Griff zu haben. Ihr wurde nicht nur klar, dass er das jeden Tag machen musste, um seine Familie versorgen zu können, sie sah auch, welche Begabungen und Fähigkeiten er hatte und wie er sie einsetzte – eine Seite an ihm, die ihr bisher verborgen geblieben war.

Dann fuhren sie weiter nach Port Douglas, zum berühmten Great Barrier Reef im Korallenmeer vor der Nordostküste Australiens, wo, so war es geplant, der gemeinsame Urlaub stattfinden sollte. Doch am ersten Abend gab es einen kleinen Zwischenfall, irgendeine Verstimmung wegen des Aufräumens. Kaycee erinnerte sich nicht mehr genau, worum es ging, aber plötzlich begannen sie zu streiten, und alles kam hoch. (Sie haben das vermutlich auch schon erlebt: Irgendeine Kleinigkeit ist der Auslöser für eine große Explosion, bei der all der Groll und alle Verletzungen, die sich über Monate aufgestaut haben, aus einem hervorbrechen.)

Kaycee ließ alles heraus. Zum Beispiel, dass sie in der 4. Klasse in einem Konzert den Solopart spielte, er versprochen hatte zu kommen und dann doch nicht erschienen war. Dass er einmal ihre Mutter so angeschrien hatte, dass alle furchtbare Angst bekamen. Aber vor allem warf sie ihm seine Abwesenheit vor, seine Zerstreutheit, wenn er zu Hause war, dass er sich lieber hinter seiner Zeitung verkroch, statt mit seinen Kindern zu spielen und zu reden.

Dave verspürte den starken Drang, sich zu verteidigen, Gründe zu liefern und wiederum Kaycee anzugreifen für ihre Selbstsucht und ihre Verfehlungen. Doch er riss sich zusammen, atmete tief durch, hörte ihr einfach weiter zu und fragte nach. Und Kaycee redete und redete.

Am Ende sah sie in seinem Gesicht eine Mischung aus Reue und Stolz auf ihren Mut. Das war nicht einfach nur ein Ausraster – in dem, was sie sagte, steckten viele erlittene Verletzungen. Er war zutiefst beschämt darüber, seiner Tochter so wehgetan zu haben. Sein Blick drückte mehr aus als Worte, und so versöhnten sie sich.

Der nächste Tag beim Schwimmen und Tauchen

zwischen Schildkröten und Korallen war großartig. Sie kamen mit anderen Touristen ins Gespräch, und die Zeit verging wie im Fluge. Vater und Tochter, die sich noch immer vorsichtig aneinander herantasteten, lachten viel oder genossen einfach schweigend die gemeinsame Zeit.

Als die beiden wieder zu Hause waren, konnte ihre Mutter es kaum erwarten, von Kaycee zu erfahren, wie es gewesen war. Sie passte einen guten, ruhigen Augenblick ab, um zu fragen. Spätnachts, als sie mit ihrem Mann im Bett lag, sagte sie zu ihm: »Dave, ich muss dir was erzählen. Ich glaube nicht, dass es Kaycee was ausmachen würde. Ich habe sie gefragt, wie's war, und sie sagte, es wären die besten sechs Tage ihres Lebens gewesen.«

Nachwort

Wenn Sie eine Tochter haben, sollten Sie sich unbedingt einen Film ansehen (wenn sie schon 14 ist, dann mit ihr gemeinsam): Er heißt *Made in Dagenham,* und kaum einer scheint ihn so richtig wahrgenommen zu haben – wohl, weil weder Gewalt noch Angelina Jolie eine Rolle darin spielen. Dieser Film ist ergreifend, optimistisch, lustig und bleibt einem lange im Gedächtnis.

Er handelt von den Lebensbedingungen der Frauen in den 1960er-Jahren und erzählt, wie ein paar Arbeiterinnen in einer Londoner Fabrik den Aufstand proben und die Welt verändern. Diese positive, aber auch ein wenig schockierende Geschichte öffnet mir immer wieder die Augen. Ein interessanter Nebenaspekt der Story ist, dass die reichste, erfolgreichste Frau zugleich die unfreieste ist. Der Film zeigt, dass Frauen sich selbst befreien müssen – die Welt schenkt niemandem Freiheit, man muss sie sich nehmen. Und er zeigt auch, dass Männer damit durchaus umgehen können, wenn sie warmherzig und offen sind.

Ihre Tochter sollte wissen, dass sie Teil eines größeren Ganzen ist. Dass schon lange bevor sie geboren wurde, ein Kampf für sie begonnen hat, den sie weiterkämpfen muss. Noch vor 100 Jahren durfte eine Frau nicht einmal wählen, sie konnte ihren gewalttätigen Ehemann nicht verlassen und verdiente für die gleiche Arbeit nicht das gleiche Geld. In Afghanistan stirbt noch heute jede sechste Mutter im Kindbett. In den Städten Papua-Neuguineas stehen jedes Wochenende vor den Toren der Krankenhäuser verprügelte, blutende Frauen Schlange. In der Stadt, in der Sie wohnen, arbeiten Frauen – und vermutlich auch Kinder – als Sexsklavinnen. Es gibt noch viel zu tun.

Germaine Greer, die sich wie kaum eine andere für die Frauenbewegung eingesetzt hat, schreibt in ihrem letzten Buch *Die ganze Frau*: »Es ist Zeit, wieder zornig zu werden.« Ja, es ist höchste Zeit, all unsere Liebe und Entschlossenheit zu mobilisieren und die Dinge für alle Töchter dieser Welt in Ordnung zu bringen.

Beitragende und Danksagung

Paula Joye ist Journalistin und schreibt unter anderem über Mode. Sie war früher Herausgeberin der Magazine *Cleo* und *Madison*, betreibt die Website www.lifestyled.com.au und ist Mode- und Stilkolumnistin für das australische Medienunternehmen *Fairfax Media*.

Kym Pitman ist eine australische Liedermacherin. Sie hat viele erfolgreiche Alben veröffentlicht, zum Beispiel *Million Star Hotel*. Sie gründete das *Bellingen Wilderness Youth Theatre*. Dies ist ein einzigartiger Initiationsritus für Jugendliche, der Wanderungen in der Wildnis mit Theater und Musik verbindet. Kym Pitman schreibt und unterrichtet zum Thema Bedeutung von Naturerlebnissen in der Entwicklung junger Menschen zu gesunden Erwachsenen (www.kympitman.com).

Dr. Michael Carr-Gregg ist Australiens bekanntester Psychologe und eine Autorität auf dem Gebiet der Jugendpsychologie. Er gründete *CanTeen*, eine staatliche Organisation für jugendliche Krebspatienten, ist Professor im Fachbereich Pädiatrie der Universität Melbourne und rief das *National Centre Against Bullying* (www.ncab.org.au) ins Leben. Michael Carr-Gregg ist Autor folgender Bücher: *Surviving Adolescents* (2005), *The Princess Bitchface Syndrome* (2006), *Real Wired Child* (2007), *Surviving Step-Families* (2011), *Surviving Year 12* (2012) und *When to Really Worry* (2010). Auf Deutsch erschien von ihm *Wie badet man einen Fisch? Ein Überlebensbuch für Eltern mit Teenagern* (Kreuz Verlag 2011).

Lydia Jade Turner ist als Psychotherapeutin auf Essstörungen und ungesundes Abnehmverhalten spezialisiert. Außerdem arbeitet sie mit Patienten, die von Adipositas-Chirurgie betroffen sind, Probleme mit

»Übergewicht«, sexuellen Übergriffen, Traumata und ihrer geschlechtlichen Identität haben. Als entschiedene Gegnerin der Diätindustrie hält sie weltweit Vorträge. In der *BodyMatters Clinic* in Sydney ist sie als *Manager of Advocacy, Education & Social Health* tätig (www.bodymatters.com.au).

Sarah McMahon, Psychologin, ist auf die Behandlung von Essstörungen spezialisiert. In der *BodyMatters Clinic* in Sydney ist sie als *Manager of Clinical & Consultancy Services* tätig. Sarah McMahon verfügt über ein Jahrzehnt Erfahrung bei der Beratung von essgestörten Patienten, der Unterstützung von Selbsthilfegruppen und der Aufklärung der Öffentlichkeit über pathologisches Essverhalten. Sie arbeitet in Unternehmen, öffentlichen Krankenhäusern, Nichtregierungsorganisationen und in ihrer Privatpraxis (www.bodymatters.com.au).

Paul Dillon ist Australiens führender Aufklärer in Sachen Alkohol und Drogen. 2009 erschien sein Bestseller *Teenagers, Alcohol and Drugs*. Für die Polizei von New South Wales verfasste er den Leitfaden zum Umgang mit Alkohol und Gewalt, und für die Vereinten Nationen entwickelte er den *UNODC Global Youth Training Workshop* zum Thema Amphetaminmissbrauch bei Jugendlichen. Informationen über Paul Dillons Arbeit finden Sie auf darta.net.au.

Melinda Tankard Reist ist eine australische Feministin. Sie arbeitet als Kommentatorin für diverse Medien und setzt sich für die Belange von Frauen und Mädchen ein. Sie schrieb *Giving Sorrow Words* (2000), *Defiant Birth: Women Who Resist Medical Eugenics* (2006), *Getting Real: Challenging the Sexualisation of Girls* (2009) und ist zusammen mit Abigail Bray Herausgeberin von *Big Porn Inc: Exposing the Harms of the Global Pornography Industry* (2011). Alle Titel erschienen bei Spinifex Press, aber nicht auf Deutsch erhältlich (www.melindatankardreist.com).

Maggie Hamilton ist Schriftstellerin, Sozialforscherin und Publizistin und lebt in Neuseeland. Sie rückte die Verschlechterung der psychischen Verfassung von Mädchen ins Zentrum der Aufmerksamkeit und veröffentlichte unter anderem *What's happening to our girls?* (2009) und *What's happening to our boys?* (2011). Ihr neuestes Buch richtet sich direkt an Mädchen: *Secret Girls' Business* (2012) ist ein wunderschön gestaltetes Handbuch für Kreativität und Individualität als Mittel gegen Konformität und Konkurrenzdruck (www.maggiehamilton.org).

Collective shout ist ein Berufsnetzwerk von Frauen, die sich gegen die sexuelle Ausbeutung von Mädchen einsetzen. Ihre Freundschaft und ihre Anregungen haben dieses Buch besser gemacht. Auf collective-shout.org können Sie sich informieren und engagieren.

Micky Foss ist Psychotherapeutin und Mutter. Sie lebt in Lismore, Australien. Ihre Spezialgebiete sind Gestalttherapie, Familien- und Paartherapie.

Dr. Bruce Robinson ist Autor der Bücher *Daughters and their Dads* und *Fathering From the Fast Lane* (2001). Als Arzt und Medizinprofessor hat er mehr als 150 Artikel publiziert. Er gründete *The Fathering Project* an der University of Western Australia und hält auf der ganzen Welt Vorträge über Vaterschaft. Die überaus bewegende DVD des Projekts, *What Kids Really Need From Their Dads*, hat mich als Vater sehr positiv beeinflusst und ist für alle Väter sehr motivierend (www.thefatheringproject.org).

Außerdem möchte ich mich bei Rex Finch und Samantha Miles für die sorgfältige Betreuung dieses Buches bedanken und bei Sean Doyle von Lynk Manuscript Services für seine kluge und geduldige Hilfe.

Danke an Carole Tonkinson, Simon Gerratt und Kathy Dyke in London, Mauro Halfeld, Luciane Clausen in Brasilien und an alle Übersetzer und Lektoren weltweit, die an der Produktion dieses Buches beteiligt sind. Ich hoffe, Sie sind stolz darauf.

Ein ganz besonderer Dank geht an Alison Howard, Jane Geeson und Louise Mitchell für ihre unschätzbare Kleinarbeit und ihr Feedback beim Manuskript. Es hat sich wirklich ausgezahlt.

Danke an Julie Gale von *Kids Free 2B Kids.* An Johanna. An Linda Dalton, Arne Rubenstein, Caroline Richards. An Kate Hadwen. Und an Esther Kennedy, Lauris Pandolfini, Jane Bezzina und Ramesh Manocha für all die guten Seminare. Danke an Ariana Biddulph für die Unterstützung bei der Recherche, eine wissenschaftliche Herangehensweise und dass sie mir beibrachte, auch unter widrigen Umständen den Humor nicht zu verlieren. An Kirsty McGeoch, die mir als Erste von Peter Benson und der Idee des Funken erzählt hat.

Danke an Kim John Payne. An Doro Marden. An Shaaron, die mir zeigte, wie es geht.

Danke an Kaycee, Marielle, Genevieve und ihre Familien. Gut gemacht!

Steve Biddulphs Website: www.stevebiddulph.com

Anmerkungen

Liebe Leserinnen und Leser,
ich weiß, die meisten Menschen lesen diesen Abschnitt nicht. Ich erkläre darin, warum die jeweiligen Quellen verwendet wurden, und liefere zusätzliche Hintergrundinformationen, also vielleicht wollen Sie die Anmerkungen doch einmal durchblättern.

(Anmerkung d. Übers.: Leider sind die meisten der von Steve Biddulph verwendeten Dokumente, Aufsätze, Bücher und Filme nur auf Englisch erhältlich. Wo vorhanden, wurden deutsche Übersetzungen angegeben.)

1 Einen guten Überblick über die aktuelle Krise der psychischen Verfassung von Jugendlichen findet man bei Eckersley, R. (2011), »Troubled Youth: An Island of Misery in a Sea of Happiness, or the Tip of an Iceberg of Suffering?«, *Intervention in Psychiatry*, 5 (Suppl. 1): 6–11. Siehe auch Hinshaw, S., *The Triple Bind: Saving our Teenage Girls from Today's Pressures*, Ballantine, 2009. Stephen Hinshaw ist Psychologieprofessor an der University of California, Berkley, und liefert alarmierende Fallzahlen für Selbstmorde, Gewalt, behandlungsbedürftige psychische Probleme, autoaggressives Verhalten, Alkoholmissbrauch und Essstörungen bei Mädchen weltweit.

2 Die Forschung über Unterschiede zwischen den Geschlechtern ist umfangreich. Diese Unterschiede wurden zu verschiedenen Zeiten über- oder unterbewertet. Eltern finden eine gute Einführung in die Besonderheiten des Gehirns von Mädchen bei Nagel, M., *It's a Girl Thing*, Hawker Brownlow, 2008. Eine zeitgemäße Warnung vor der Überbewertung der Geschlechterdifferenzen liefert Fine, C., *Delusions of Gender*, Icon, 2010. Dieses Buch zeigt, dass die geschlechtsspezifischen Prädispositionen nur schwach ausgeprägt sind; sie sind gut zu beeinflussen, um Nachteile und Einschränkungen für beide Geschlechter zu vermeiden.

3 Manne, A., *Motherhood. How Should We Care for Our Children?*, Allen & Unwin, 2005, zeigt deutlich, wie wichtig die Harmonie zwischen Mutter und Kind ist – eine ermutigende, berührende Lektüre für alle, die sich intensiver damit auseinandersetzen wollen, was es heißt, Eltern zu sein, wenn die Gesellschaft es einem nicht leicht macht. Mehr zu den Sequenzen gemeinsamer Aufmerksamkeit finden Sie bei Carpenter, M., Nagell, K. u. a. (1998), »Social Cognition, Joint Attention, and Communicative Competence from 9 to 15 Months of Age«, *Monographs of the Society for Research in Child Development*, 63 (4), S. i, iii, v–vi und 1–174.

4 Seligman, M., *Helplessness: On Depression, Development and Death*, 1975. Seligman ist Begründer der Positiven Psychologie. Ein Baby bis zur Erschöpfung weinen zu lassen halten viele im Bereich der kindlichen Bindungsforschung für problematisch, weil es das Vertrauensverhältnis zwischen Eltern und Kind gefährdet. Es gibt ein paar großartige Bücher, in denen sanftere Methoden beschrieben werden, Kinder zum Schlafen zu bringen, z. B. Sears, W., und Sears, M., *The Baby Sleep Book*, Little Brown, 2005. *(Von William und Martha Sears ist auf Deutsch* Das Attachment Parenting Buch, *tologo Verlag, 2012, erschienen.)* und das exzellente australische Buch von Gethin, A., and Macgregor, B., *Helping Your Baby to Sleep*, Finch, 2012.

5 Eine sehr gute Zusammenfassung von Studien zur Vater-Kind-Interaktion findet man in Fletcher, R., *The Dad Factor*, Finch, 2011. Fletcher leitet das Family Action Centre an der University of Newcastle – googeln Sie seine Artikel. Er hat in den Forschungsbereichen Väter bei indigenen Völkern, Väter im Gefängnis und Väter mit postnataler Depression Pionierarbeit geleistet.

6 Paley, Vivian Gussin, *A Child's World: The Importance of Fantasy Play*, University of Chicago Press, 2005. Dieses hochgelobte Buch erklärt, wie wichtig, vielfältig und hilfreich die Fantasiespiele von Kindern sind und wie man sie fördert.

Ein guter Überblick zur Spielforschung findet sich bei Degotardi, S. (Hg.), *ECH13 Play and Inquiry in Early Childhood*, Macquarie University/Pearson, 2011.

7 Fivush, R., Brotman, M. A., Buckner, J. P. und Goodman, S. H. (2000), *Gender Differences in Parent-Child Emotion Narratives*, Sex Roles 42 (3–4): S. 233–253. DOI: 10.1023/a:10007091207068.

8 Mary Ainsworths Forschungen in Uganda in den 1950er-Jahren haben zum ersten Mal bewiesen, dass es alle Kulturen umfassende universelle Verhaltensmuster zwischen Mutter und Kind gibt. Ainsworth begründete zusammen mit John Bowlby die Bindungstheorie, die erklärt, unter welchen Umständen Kinder gedeihen. (Indigene Völker wussten das natürlich bereits seit 300 000 Jahren.) Der folgende Artikel ist nur einer von Hunderten, die sie verfasst hat: Ainsworth, M. (1989), »Attachments Beyond Infancy«, *American Psychologist*, 44 (4) April: S. 709–716.

9 Auf Kim Paynes Appell, das Leben von Kindern zu vereinfachen und ihren natürlichen Rhythmus von Aktivität und Ruhe wiederherzustellen, sollte die Welt dringend hören: Payne, K. J., und Ross, L. M., *Simplicity Parenting*, Ballantine 2010. Die dazugehörige gute Website enthält viele Quellen: www. simplicityparenting.com.
Die große Bewegung, die den Schutz, die Verlangsamung und intensivere Erfahrung der Kindheit fordert, wird von ihren führenden Vertretern umfassend behandelt in: House, R., (Hg.), *Too Much Too Soon*, Hawthorn Press, 2011.

10 Eine ausführliche Beschreibung, wie man sicher und freundlich die Methode »Stillstehen und Nachdenken« nutzt, findet sich in meinem Buch *Weitere Geheimnisse glücklicher Kinder*, Heyne Verlag, 2001

11 Zur Abwechslung mal eine DVD-Empfehlung aus Neuseeland: *The Topp Twins: Untouchable Girls*. Eine bewegende Geschichte mit Comedy- und Musikdarbietungen. Erhältlich unter www.topptwins.com.

12 Gurian, M., *The Wonder of Girls*, Atria, 2002. Dieses Buch spaltet die Leserschaft. Es ist anregend und tiefgründig, die Gurians sind engagierte Eltern und geben zu vielen Aspekten der Mädchenerziehung detaillierte Hilfestellung. Aber ab und an driftet ihre Argumentation in eine Richtung, die man als biologischen Determinismus bezeichnen könnte. Wenn Sie zu den Leuten gehören, die Freunde schätzen, selbst wenn sie manchmal ganz unterschiedlicher Meinung sind, dann können Sie auch bei diesem Buch das herausgreifen, was Ihnen gefällt, und über den Rest hinwegsehen.

13 Thompson, M., and Grace, C., *Best Friends, Worst Enemies: Understanding the Social Lives of Children*, Ballantine, 2001. Hinsichtlich des detaillierten Wissens über die Welt von Kindern nimmt es dieses Buch beinahe mit der

Psychologin Penelope Leach auf. Einen großen Nutzen der Lektüre kann man in folgendem Zitat zusammenfassen: »Meiner Erfahrung nach beeinträchtigen in diesem Bereich die eigenen schmerzlichen Kindheitserfahrungen ein kluges Verhalten der Eltern am meisten.« (Das bewahrt Sie davor überzureagieren.)

14 David, D. und Lyons, R. K. (2005), »Differential Attachment Responses of Male and Female Infants to Frightening Maternal Behaviour: Tend and Befriend vs. Fight or Flight?«, *Infant Mental Health Journal*, 21 (1): S. 1–18. Wenn Sie so etwas mögen: Die Website parentingscience.com ist eine Schatztruhe guter Erziehungswissenschaft.

15 Peter Bensons inspirierenden, bewegenden Vortrag über den *spark*, den Funken, finden Sie bei YouTube (nach Benson und »spark« suchen; es ist ein Vortrag für die Nonprofit-Organisation TED talk). Sein Buch enthält Quiz, Fragebögen und anderes auf seinen Forschungen basierendes Material, um Sie und Ihr Kind auf der Suche nach dem Funken zu unterstützen: Benson, P., *Sparks: How Parents Can Ignite the Hidden Strengths of Teenagers*, Jossey-Bass, 2008, http://www.search-institute.org/sparks.

16 Okay, legen Sie den Sicherheitsgurt an, denn die Besorgnis über endokrine Disruptoren in Alltagsgegenständen wie Kunststoff, Lufterfrischern und Kassenzetteln ist so groß, dass ich zahlreiche Belege anführen möchte. Erstens: Die Pubertät tritt tatsächlich früher ein: Euling, S. u. a. (1. Februar 2008), »Examination of US Puberty-Timing Data from 1940 to 1994 for Secular Trends: Panel Findings«, *Pediatrics*, 121, Supplement 3: S. S172–S191; siehe auch Golub, M. S., Collman, G. W., Foster, P. u. a. (1. Februar 2008), »Public Health Implications of Altered Puberty Timing«, *Pediatrics*, 121, Supplement 3: S. S218–S230. Zweitens: Das ist tatsächlich ein Problem. Bei früher Pubertät besteht die Gefahr beschleunigter Skelettreife und Kleinwüchsigkeit, früher sexueller Aktivität, sexuellen Missbrauchs und psychosozialer Probleme. Das frühere Einsetzen der Pubertät erhöht auch das Risiko von Krebserkrankungen der Fortpflanzungsorgane im Erwachsenenalter. So ist eine frühe Menarche ein Risikofaktor für Brustkrebs. Ebenso wird die frühe Pubertät mit einem häufigeren Auftreten von Verhaltensstörungen in der Adoleszenz in Verbindung gebracht. Schließlich wird davon ausgegangen, dass eine frühe Pubertät auch anfälliger für die

Reproduktionstoxizität von Chemikalien macht. Erst kürzlich hat die US-Gesetzgebung verbesserte chemische Testverfahren vorgeschrieben, um die Gesundheit von Kindern zu schützen, und ein Screening endokriner Disruptoren beschlossen (a. a. O.). Drittens: BPA und Phthalate wirken bei Babys und Kindern sehr stark, besonders, wenn Ungeborene ihnen schon im Mutterleib ausgesetzt sind.

17 Braun, J. M. u. a., »Impact of Early Life Bisphenol A Exposure on Behaviour and Executive Function in Children«, *Paediatrics Online*, 24. Oktober 2011. Die Belastung im Mutterleib mit Bisphenol A (BPA), das häufig zur Herstellung von Kunststoffen, u. a. Bechern und Lebensmittelverpackungen, verwendet wird, wird mit Verhaltensstörungen bei Dreijährigen (insbesondere bei Mädchen) in Verbindung gebracht. Eine erhöhte Belastung mit BPA in der Schwangerschaft führt vermutlich auch häufiger zu Depressionen bei Mädchen. Laut Joe M. Braun von der Harvard School of Public Health in Boston und seinen Kollegen führte jede Verzehnfachung der BPA-Konzentration im Schwangerschaftsurin zu einem entsprechenden Anstieg des Auftretens von Angstzuständen. Dieser Anstieg war bei Mädchen ausgeprägt, bei Jungen minimal, berichteten die Forscher online in der Zeitschrift *Pediatrics*. Schon vorher hatten sie herausgefunden, dass die BPA-Belastung des Schwangerschaftsurins mit Hyperaktivität und aggressivem Verhalten bei zweijährigen Mädchen in Verbindung gebracht werden kann.

18 Eine 2008 im *Journal of American Medicine* publizierte Studie untersuchte bei 1455 erwachsenen US-Amerikanern den BPA-Spiegel im Urin. Das Ergebnis: Je höher die BPA-Konzentration, desto höher die Gefahr von Herz-Kreislauf-Problemen und Diabetes: Lang, I. A., Galloway, T. S. u. a. (17. September 2008), »Association of Urinary Bisphenol A Concentration with Medical Disorders and Laboratory Abnormalities in Adults«, *JAMA*, 300 (11): S. 1303–10. EPUB 16. September 2008.

Was man tun kann: Frühere Studien führten zur Vermutung, dass das Meiden von Lebensmittelverpackungen aus Plastik die Belastung reduzieren kann, ein Rat, den auch Braun und seine Kollegen geben. Besonders problematisch sind in dieser Hinsicht Dosensuppen. »Die Untersuchungen des FDA zeigen, dass BPA von der Dosenbeschichtung in die Nahrung übergeht, und auch eine Harvard-Studie von 2008 fand einen erhöhten

BPA-Spiegel bei Menschen, die regelmäßig Dosensuppen konsumieren.« Das zu vermeiden ist ja nicht so schwer, oder?

19 Carwile, J., Luu, H. u. a., »Use of Polycarbonate Bottles and Urinary Bisphenol A Concentrations«, *Environmental Health Perspectives*, online 12. Mai 2009. Eine Harvard-Studie stützt, was viele Gesundheitsexperten schon lange vermuteten: Über Getränkeflaschen aus Hartplastik mit Bisphenol A werden vom menschlichen Körper beträchtliche Mengen dieser umstrittenen Chemikalie aufgenommen. Hier noch mehr Belege, nur falls Sie noch zweifeln: Caserta, D., Maranghi, L. und Mantovani, A. (2008), »Impact of Endocrine Disruptor Chemicals in Gynaecology«, *Human Reproduction Update*, 14 (1): S. 59–72; Sathyanarayana, S. (Februar 2008), »Phthalates and Children's Health: Current Problems«, *Pediatric and Adolescent Health Care*, 38: S. 34–49; Vandenberg, L. N., Hauser, R., Marcus, M. u. a. (2007), »Human Exposure to Bisphenol A (BPA)«, *Reproductive Toxicology*, 24: S. 139–177; Austen, Ian (19. April 2008), »Canada Takes Steps to Ban Most Plastic Baby Bottles«, *New York Times*; Colon, I., Caro, D., Bourdony, C. J., Rosario, O. (2000), »Identification of Phthalate Esters in the Serum of Young Puerto Rican Girls with Premature Breast Development«, *Environ Health Perspect*, 108: S. 895–900; Reddy, B. S., Rozati, R., Reddy, B. V., Raman, N. V. (Mai 2006), »Association of Phthalate Esters with Endometriosis in Indian Women«, *BJOG*, 113 (5): S. 515–20.

20 Das englische Gedicht ist enthalten in Pallotta-Chiarolli, M., *When Our Children Come Out*, Finch, 2005. Mehr von Pamelas Gedichten finden Sie auf www.angelfire.com/pq/pam/poems.html.

21 Wolfson, Amy R. und Carskadon, Mary A. (2003), »Understanding Adolescents' Sleep Patterns and School Performance: A Critical Appraisal«, *Sleep Medicine Review*, 7 (6): S. 491–506.
Carskadon, M. A. (Hg.), *Adolescent Sleep Patterns: Biological, Social, and Psychological Influences*, Cambridge University Press, Cambridge, 2002.
Wolfson, Amy R. und Carskadon, Mary A. (1998), »Sleep Schedules and Daytime Functioning in Adolescents«, *Child Development*, 69: S. 875–887; *JSTOR*, 19. Oktober 2005. Owens, J., Belon, K. und Moss, P. (2010), »Impact of Delaying School Start Time on Adolescent Sleep, Mood, and Behavior«, *Archives of Pediatrics and Adolescent Medicine* 164 (7): S. 608–614.

22 Eine ausgezeichnete Website über Mädchen in der Pubertät ist www.ritesforgirls.com. Deren Gründerin Kim McCabe ist eine in der Jugendarbeit tätige Mutter. Sie hat sich mit dem Thema ausgiebig beschäftigt, die Idee spezieller Pubertäts(selbst)hilfegruppen entwickelt und unterstützt andere bei der Gründung solcher Gruppen.

23 Dieser Abschnitt beruht auf dem Leitartikel »Out of the Dark« des Journalisten Chris Johnston. Er erschien im Magazin *Good Weekend*, 19. Mai 2012. Ein ähnlicher Artikel mit Zusatzmaterial erschien im *Sunday Tasmanian*. Siehe auch Adams, C. (4. April 2012), »Missy Higgins' Secret Musical Crisis«, *Herald Sun*.

24 Agius, P.A., Pitts, M.K. u.a. (2010), Australian Research Centre in Sex, Health and Society, »Sexual Behaviour and Related Knowledge Among a Representative Sample of Secondary School Students Between 1997 and 2008«, *Australian and New Zealand Journal of Public Health*, 34 (5): S. 476–481. Bemerkenswert ist auch der spürbare Anstieg der Zahl von Schülern, insbesondere im 12. Schuljahr, die Sex mit mehreren Partnern haben. Faktoren wie ein früher Beginn von sexueller Aktivität und Beziehungen sowie erhöhter Alkoholkonsum stehen in Verbindung mit der Anzahl sexueller Kontakte bei Jugendlichen … und können symptomatisch sein für einen generellen Wandel adoleszenter Sexualität und Identität. In Australien hat der Alkoholkonsum bei Schülern der höheren Schulen ebenso deutlich zugenommen wie die Zahl derer, die sich unter Alkohol- und Drogeneinfluss auf sexuelle Kontakte einlassen …

25 Dass unseren Mädchen die Gemeinschaft und die Bindung an Erwachsene verloren gegangen ist, beschreibt am besten und eindringlichsten Mary Pipher in ihren Büchern. Besonders empfehlenswert: Pipher, M., *Reviving Ophelia: Saving the Selves of Adolescent Girls*, Ballantine, 2002; Pipher, M., *The Shelter of Each Other*, Riverhead, 2008.
(Einige ältere Bücher von Mary Pipher sind auch auf Deutsch erschienen.)

26 Large, M., *Set Free Childhood*, Hawthorn Press, 2003. Dieses populäre, an Eltern gerichtete Buch enthält eine exzellente Zusammenfassung der Forschung zum Thema Kinder und Medien und behandelt insbesondere die Beeinträchtigungen des Gehirns und der Entwicklung durch zu viel Bildschirmkontakt und zu passive Spielgewohnheiten.

27 »Media Guidelines for Parents« (ohne Datum), *American Academy of Pediatrics*. Abruf 24. August 2006 auf http://www.aap.org/pubed/ZZZGVL-4PQ7C.htm?'»_cat=17.

Die American Academy of Pediatrics empfiehlt höchstens ein bis zwei Stunden qualitativ hochwertigen Fernsehkonsum pro Tag für ältere Kinder, während unter Zweijährige überhaupt nicht vor dem Bildschirm sitzen sollten. Ebenso empfehlen die amerikanischen Kinderärzte, dass Eltern Fernseher, Videorekorder, Videospiele und Computer aus den Kinderzimmern fernhalten sollten.

28 Tolman, D., *Dilemmas of Desire: Teenage Girls Talk About Sexuality*, Harvard University Press, 2005. Ein ausgezeichnetes Buch für alle Eltern, die sich mit der Sexualität ihrer Tochter auf lebensbejahende statt ablehnende Weise befassen wollen.

29 www.ncab.org.au: Australiens National Centre Against Bullying ist eine hervorragende Informationsquelle für Schulen, Eltern und Kinder.

Hier noch ein paar statistische Angaben: Jeder vierte australische Schüler ist in der Schule von Mobbing betroffen. Gemobbte Kinder haben laut dem Centre for Adolescent Health ein dreifach erhöhtes Risiko für Depressionen, und manche Studien sagen, sie hätten neunmal öfter suizidale Gedanken. Laut britischen Studien bleiben Mädchen, die in ihrer frühen Schulzeit Opfer von Mobbing waren, auch im späteren Leben häufig in der Opferrolle, und Kinder, die von Gleichaltrigen gemobbt werden, zeigen in der frühen Adoleszenz auch mehr psychotische Symptome. Eine Studie des Murdoch Children's Research Institute besagt, dass Mädchen sehr viel häufiger Opfer von realem oder Internet-Mobbing werden als Jungen. Kanadischen Forschern zufolge werden bereits Dreijährige gemobbt. 25 Prozent der Jugendlichen, die andere mobben, werden bis zu ihrem 30. Lebensjahr straffällig. Mobbing ist der vierthäufigste Grund, warum Kinder in Kinderschutzeinrichtungen Hilfe suchen.

30 www.ncab.org.au.

31 Ein guter Leitfaden, wie man Mobbing zurückdrängen kann, indem man das Klima und die Kultur an Schulen verändert: Cross, D., Thompson, S., Waters, S., Pearce, N., Thomas, L. (2012), *Friendly Schools Plus Evidence for Practice*, STEPS Professional Development, ISBN 978-1-021321.

32 Wiseman, R., *Queen Bees and Wannabes: Helping Your Daughter Survive Cliques, Gossip, Boyfriends and the New Realities of Girl World*, Three Rivers Press, 2009. Rosalind Wiseman hat auch eine hervorragende Website mit viel Videomaterial: www.rosalindwiseman.com.

33 Diese Erklärung habe ich aus Maggie Hamiltons Vortrag »What's happening to our girls?« Ihr gleichnamiges Buch erschien bei Viking Penguin, 2009.
Eine wunderbare praktische Ideenquelle für Mädchen mit Anregungen zu allen möglichen kreativen Betätigungen sowie klugen Ratschlägen ist: Hamilton, M., *Secret Girls' Business*, Penguin, 2012.

34 Brady, N., »Empathy Tactic Fails on Worst Bullies«, *The Age*, 19. August 2012. Die Ergebnisse von Kate Hadwens Forschungsgruppe sind seit Ende 2012 verfügbar.

35 Siehe The National Eating Disorders Collaboration: http://www.nedc.com.au/eating-disorders-explained.

36 Ebenda.

37 Bacon, Linda, *Health At Every Size: The Surprising Truth About Your Weight*. BenBella Books, San Francisco, 2010.

38 Bacon, L. und Aphramor, L. (2011), »Weight Science: Evaluating the Evidence for a Paradigm Shift«, *Nutrition Journal Online*, 10: S. 69. DOI: 10.1186/1475-2891-10-9.

39 Priya, S., Prendergast, L., Delbridge, E., Purcell, K., Shulkes, A., Kriketos, A., Proietto, J. (2011), »Long-term Persistence of Hormonal Adaptations to Weight Loss«, *New England Journal of Medicine*, 365: S. 1597–1604.

40 Neumark-Sztainer, D., Wall, M., Guo, J., Story, M., Haines, J., Eisenberg, M. (2006), »Obesity, Disordered Eating, and Eating Disorders in a Longitudinal Study of Adolescents: How Do Dieters Fare 5 Years Later?« *J Am Diet Assoc.*, 106: S. 559–568.

41 Field, A., Austin, S., Taylor, C., Malspeis, S., Rosner, B., Rockett, H., Colditz, G. A. (2003), »Relation Between Dieting and Weight Change among Preadolescents and Adolescents«, *Pediatrics*, 112 (4): S. 900–6.

42 The National Eating Disorders Collaboration (2011). Abruf 2. August 2012 auf http://www.beactive.wa.gov.au/assets/files/Guidelines/Evaluating%20the%20Risk%20of%20 Harm180311%20FINAL.pdf.

43 Lumeng, J., Forrest, P., Appugliese, D., Kaciroti, N., Corwyn, R., Bradley, R. (2010), »Weight Status as a Predictor of Being Bullied in Third through Sixth Grades«, *Pediatrics*, 125 (6), S. 1301–7.

44 O'Dea, J. (2005), »Prevention of child obesity: ›First, do no harm‹«, *Health Education Research*, 20 (2): S. 259–265.

45 Turner, Lydia (9. Juli 2010), »Look Good by Doing Very Little«, Australian Broadcasting Corporation, *The Drum.* Abruf auf http://www.abc.net.au/unleashed/36460.html.

46 Treasure, J., Tchanturia, K., Schmidt, U. (2005), »Developing a Model of the Treatment for Eating Disorders: Using Neuroscience Research to Examine the How Rather than the What of Change«, *Counselling and Psychotherapy Research*, 5 (3): S. 1–12.

47 Ebenda.

48 Bacon, Linda, *Health At Every Size: The Surprising Truth About Your Weight*, BenBella Books, 2010.

49 Ebenda.

50 National Eating Disorders Association, »The Impact of Media Images on Body Image and Behaviours: A Summary of the Scientific Evidence« (Presseerklärung), Abruf 2. August 2012 auf www.nationaleatingdisorders.org/uploads.

51 Grabe, S., Ward, M., Hyde, J. (2008), »The Role of the Media in Body Image Concerns Among Women: a Meta-analysis of Experimental and Correlational Studies«, *Psychological Bulletin*, 134 (3): S. 460–476.

52 Ich danke Paul Dillon für seine Unterstützung beim Schreiben dieses Kapitels sowie für die Statistiken und Beispiele. Seine Website: www.darta.net.au.

53 Dillon, P., *Teenagers, Alcohol and Drugs*, Allen & Unwin, 2009. Das exzellente Buch öffnet einem die Augen dafür, worum es wirklich geht. Es ist positiv, leicht lesbar und enthält viele Fallgeschichten. Wenn wir unseren Kindern helfen wollen, müssen wir wissen, womit sie konfrontiert werden.

54 Wenn man Forschern und Gesundheitsaktivisten glaubt, dann profitieren Alkoholproduzenten und -handel sowie die Aktionäre der entsprechenden Firmen davon, dass unseren Jugendlichen unfassbares Leid angetan wird. Der Abschnitt fasst die Wirkung der Werbung auf das Trinkverhalten von

Jugendlichen zusammen. Die an Jugendliche gerichtete Alkoholwerbung sollte verboten werden: www.generationnext.com.au/2012/08/how-alcohol-ads-target-kids/14 August 2012.
Auch wenn Eltern ihr Bestes tun, um ihre Kinder von Alkoholwerbung fernzuhalten, so tun doch auch die Alkoholproduzenten ihr Bestes, um sie dennoch zu erreichen – das jedenfalls ist das Ergebnis neuer Untersuchungen. Sie zeigen, dass Werbeanzeigen für Alkohol in Zeitschriften besonders dann gegen die Branchenrichtlinien verstoßen, wenn die Zeitschrift eine maßgeblich junge Leserschaft hat. Die Untersuchung des Center on Alcohol Marketing and Youth (CAMY) der Johns Hopkins Bloomberg School of Public Health fand heraus, dass Anzeigen in Magazinen mit 15 Prozent und mehr jugendlichen Lesern sehr häufig eine unverantwortliche Form von Alkoholkonsum zeigten. Ein Beispiel unter vielen ist die Darstellung von Alkoholkonsum in der Nähe von oder auf Gewässern, die zu einem erhöhten Konsum animieren sollten. Fast ein Fünftel der Anzeigen enthielten zugleich sexuelle Anspielungen oder zeigten Menschen als Sexualobjekte. In mindestens 14 Studien wurde herausgefunden, dass der Alkoholkonsum bei Jugendlichen umso wahrscheinlicher ist, je häufiger sie Alkoholwerbung ausgesetzt sind, bzw. dass sie, wenn sie bereits trinken, zu vermehrtem Konsum angeregt werden. Das sollte ein Alarmsignal für Eltern und alle anderen sein, die sich um die Gesundheit Jugendlicher Gedanken machen. Die Forscher untersuchten 1261 Anzeigen für Alkopops, Bier, Spirituosen oder Wein, die mehr als 2500-mal in elf verschiedenen Zeitschriften mit überdurchschnittlich hoher jugendlicher Zielgruppe erschienen. Sie wurden auf unterschiedliche riskante Inhalte hin analysiert: Verletzungsrisiko, Überkonsum, Alkoholabhängigkeit, sexuelle Anspielungen und den Verstoß gegen die Branchenrichtlinien. Letzterer Aspekt bezieht sich auf den freiwilligen Verhaltenskodex der Alkoholhandelsorganisation hinsichtlich guten Marketings. Laut der CAMY ist Alkohol pro Jahr für 4700 Tote unter 21 Jahren verantwortlich und wird mit den drei Haupttodesursachen bei Jugendlichen in Verbindung gebracht: Verkehrsunfälle, Mord und Selbstmord.

55 Lewis, S., Heath, N. u. a., »Helpful or Harmful? An Examination of Viewers' Responses to Non-suicidal Self-injury Videos on YouTube«, *Journal of Adolescent Health*, online 4. April 2012.

56 Parker, K. (13. Januar 2011), *A Portrait of Stepfamilies*, Pew Research Center report, http://pewsocialtrends.org/2011/01/13/a-portrait-of- stepfamilies/.

57 Gibbs, N., »The Magic of the Family Meal«, *Time Magazine*, 4. Juni 2006. Kinder, die jeden Abend gemeinsam mit ihren Eltern essen, haben auffallend bessere Schulnoten (auch wenn die gemeinsame Mahlzeit möglicherweise nur der Ausdruck eines generell ruhigen, geordneten, liebevollen Familienlebens ist und nicht der eigentliche Grund). Durch gemeinsame Mahlzeiten wird Oxytocin ausgeschüttet, ein Hormon, das für die Zuneigung zu anderen verantwortlich ist. Forscher haben außerdem herausgefunden, dass die Wirkung durch die *Regelmäßigkeit* der gemeinsamen Mahlzeit (zumindest der Abendmahlzeit) hervorgerufen wird. Versuchen Sie es einen Monat lang, und Sie werden den Unterschied merken.

58 Jetzt bin ich dran: Biddulph, S., *The New Manhood*, Finch, 2010. (Auf Deutsch erschienen ist ein anderes Männerbuch von Steve Biddulph: *Männer auf der Suche*, Heyne, 2003).

59 Greer, G., *Die ganze Frau*, dtv, 2000.

Register